DICTIONNAIRE
HISTORIQUE
ET ARCHÉOLOGIQUE
DU
DÉPARTEMENT DU PAS-DE-CALAIS

PUBLIÉ PAR LA

COMMISSION DÉPARTEMENTALE DES MONUMENTS HISTORIQUES

Arrondissement de Saint-Omer

TOME III

ARRAS
SUEUR-CHARRUEY, IMPRIMEUR-LIBRAIRE-ÉDITEUR
20 ET 22 PETITE-PLACE

1883

Arras. — Imp. Sueur-Charruey, Petite-Place 20 et 22.

DICTIONNAIRE

DU

PAS-DE-CALAIS

DICTIONNAIRE
HISTORIQUE
ET ARCHÉOLOGIQUE
DU
DÉPARTEMENT DU PAS-DE-CALAIS

PUBLIÉ PAR LA

COMMISSION DÉPARTEMENTALE DES MONUMENTS HISTORIQUES

Arrondissement de Saint-Omer

TOME III

ARRAS
SUEUR-CHARRUEY, IMPRIMEUR-LIBRAIRE-ÉDITEUR
20 ET 22 PETITE-PLACE

1883

CANTON NORD

DE

SAINT-OMER

CLAIRMARAIS

Clarus mariscus xiie siècle, cart Sith.
Claromaresch 1142, A. Mir. dip. belg.
Claremaresch, 1142, A. Mir. dip. belg.
Clermaresch, 1270. A. Duchesne, maison de Guines.
Domus de Claromaresc, 1164. A. Duchesne, maison de Guines.

Clairmarais, doit son origine à la célèbre abbaye de ce nom, de l'ordre de Citeaux, fondée par Saint Bernard en 1142. Le pays qu'allait fertiliser la nouvelle colonie était alors inculte, la forêt de Rihoult s'étendait jusqu'au pied des marais qui environnent Saint-Omer de ce côté. Ce fut là dans les environs de son château, que sur un terrain concédé par Thierry d'Alsace, comte de Flandre, s'éleva la première demeure des religieux cisterciens qu'envoyait l'abbaye de Clairvaux. Les premières années furent pénibles, la terre était ingrate, couverte de ronces ou de bois ; il fallut la défricher, dessécher les marais, arracher les joncs et les roseaux et parvenir par un labeur incessant à faire produire à la terre ce qu'elle semblait refuser.

L'abbaye naissante ne resta pas longtemps dans cet état de dénuement, les dons affluèrent bientôt; les hautes vertus de son premier abbé Gunfrid, et l'illustration de son fondateur Saint Bernard, dont la médiation était invoquée de tous côtés par les seigneurs et les princes, lui attirèrent de nombreuses donations, parmi lesquelles il faut citer surtout le domaine de Nieurlet (aujourd'hui Muncq-Nieurlet). Cependant malgré l'augmentation de ses propriétés, le nombre des religieux s'étant accru considérablement, la détresse régnait toujours dans le monastère. Voyant que Clairmarais ne pouvait subvenir à l'entretien et à la nourriture de ses habitants, Gunfrid conçut l'idée de le transférer dans le nouveau domaine de Nieurlet, qu'il devait à la générosité du comte et de la comtesse de Guines. Il entreprit plusieurs voyages pour solliciter l'autorisation d'opérer la translation qu'il désirait. Elle lui fut enfin accordée, grâce à l'intervention de Saint Bernard, qui obtint également du souverain Pontife que l'abbaye du Clairmarais et toutes ses dépendances seraient désormais placées sous la protection immédiate du Saint Siège.

Le nouveau monastère fut donc entrepris par Gunfrid, mais la mort l'arrêta au milieu de son œuvre. Son successeur l'abbé Guillaume mit tous ses soins à la continuer, et il hâtait, autant que possible, le moment désiré où il pourrait y transporter définitivement ses religieux, lorsque le Comte de Flandre, Thierry d'Alsace, qui voyait avec peine la colonie naissante s'éloigner de son domaine de Rihoult, et du lieu de leur première fondation, offrit à l'abbé Guillaume un terrain plus vaste, plus commode, moins exposé aux inconvénients que le premier pour y former un autre établissement. Cette offre fut acceptée avec reconnaissance, les travaux de Nieurlet furent abandonnés vers 1152, les pierres transportées à Rihoult et le nouveau monastère s'éleva bientôt dans l'emplacement qu'il a occupé jusqu'en 1792.

Les bâtiments n'étaient pas encore achevés que le monastère reçut dans ses murs l'illustre archevêque de Cantorbery, Thomas Becket. L'accueil qui lui fut fait par les moines de Clairmarais leur valut les remerciements et les félicitations du souverain Pontife. Ce ne fut toutefois que treize ans après leur commencement, que les constructions du nouveau monastère furent assez avancées, pour permettre de songer à une translation que l'abbé Guillaume appelait de tous ses vœux. Les bâtiments étaient couverts et ils suffisaient déjà à recevoir de nombreux solitaires. La translation fut donc décidée, et le Vendredi Saint de l'année 1166, les religieux quittèrent processionnellement le vieux monastère, pour aller prendre possession de leur nouvelle demeure, précédés de l'abbé portant le reliquaire de la vraie croix donné par Thierry d'Alsace, et qui parvenu jusqu'à nous est connu sous le nom de Croix de Clairmarais. Toutefois bien que, d'après les annalistes, le nouvel édifice ressemblât plutôt à une résidence seigneuriale qu'à une étroite et chétive solitude comme la précédente, il n'était pas complètement terminé. Indépendamment d'autres parties inachevées, l'abbé Guillaume ne put élever que la grande nef de l'église et les collatéraux ; sa mort arrivée en 1169 empêcha qu'il put achever l'œuvre qu'il avait entreprise.

Sous le successeur de Guillaume, la prospérité du nouveau monastère s'accrut d'une manière sensible : les donations affluant de divers seigneurs, aussi cet état florissant ne tarda pas à exciter la jalousie. Les moines de Saint Bertin ne voyaient pas sans envie s'élever à leur porte une abbaye dont la renommée menaçait de leur faire ombrage; ils suscitèrent aux enfants de Saint Bernard des tracasseries de divers genres, et cela leur était facile. Les propriétés concédées aux deux monastères étaient tellement enchevêtrées et se touchaient par tant de points que la chose devait infailliblement arriver. Ce fut sous le 3e abbé de Clairmarais, David, que commença la première discussion au sujet de dîmes et de limites de terrains ; elle dura vingt trois ans et ce ne fut pas la dernière.

Les Abbés de Clairmarais eurent encore à cette époque à subir des embarras d'un autre genre ; il leur fallut résister aux prétentions des héritiers des donateurs, qui prétendaient leur retirer ce qui leur avait été concédé. Ils durent se pourvoir devant le souverain Pontife qui parvint à faire revenir les pertubateurs de leur repos à des meilleurs sentiments. Les maux de la guerre se firent sentir aussi à diverses reprises ; la première fois lorsque Baudoin comte de Flandre vint en 1193 mettre le siége devant St-Omer ; puis vers 1204 lorsque le même prince voulut s'emparer du château d'Arques, ce qui fit subir au monastère de Clairmarais peu éloigné de là, de graves préjudices et des pertes notables.

Il n'entre pas dans notre plan de faire une histoire détaillée de l'abbaye, ou de rapporter tous les faits qui la concernent, d'autres l'ont fait avant nous d'une manière beaucoup plus heureuse et notamment H. de Laplane. Nous passerons par conséquent sous silence une assez longue période pendant laquelle on rencontre les abbés poursuivant l'amélioration de leur monastère, obtenant de nouvelles concessions ou la confirmation d'anciennes. Mentionnons seulement le don de 300 mesures dans la forêt de Rihoult, faite à l'abbé Lambert, l'an 1218, par Louis fils aîné du roi de France.

Parmi les prélats qui se succédèrent dans cet intervalle, il y en eut quelques uns qui marquèrent dans l'histoire, soit par les négociations auxquelles ils se trouvèrent mêlés, soit par d'autres circonstances. Et d'abord nous trouvons Simon de Marquette, qui reprit l'œuvre interrompue de la construction de l'Église de l'abbaye, en 1226, et l'acheva complètement sauf les voûtes du transept. Ce fut aussi ce prélat qui en 1247 construisit la petite chapelle que l'on voit encore à côté de la Porte d'entrée et qui est connue sous le nom de chapelle des domestiques.

Robert de Béthune, ou plutôt de Dampierre qui lui succéda, tout en voyant s'améliorer la situation matérielle du monastère par les dons et les acquisitions successives, dues à ses soins, ne négligeait pas la culture des lettres. On a de lui un manuscrit original reposant à la bibliothèque de Saint-Omer, et en tête duquel il est représenté offrant son livre à la Vierge.

Pendant l'administration d'Henri d'Ypres, 20e abbé, les Flamands envahirent l'Artois ; une bataille sanglante eut lieu sur le territoire d'Arques en 1301. La proximité du monastère lui fit ressentir le contre-coup des dévastations que ces événements causèrent au pays. La préoccupation des religieux était habituellement si forte, que pendant six années jusqu'en 1307, l'on négligea d'écrire dans les annales de la communauté, le récit de ce qui s'était passé. Lorsque le calme revint, l'abbé Henri voulut continuer les travaux de son église interrompus depuis le temps de Simon de Marquette. Il acheva la toiture, et entreprit même le petit clocher placé à la croisée du chœur et du transept, lequel ne fut cependant terminé que plus tard sous un de ses successeurs. Cet abbé eut aussi, vers la fin de sa prélature, à faire face aux désastres que causèrent les guerres et l'inondation survenue en 1316 qui fit un tort considérable aux récoltes.

La période qui commençait sous les successeurs d'Henri d'Ypres, fut une époque de désastres pour la partie de l'Artois où se trouve l'abbaye de Clairmarais, et dont celle-ci devait fatalement se ressentir. Elle fut inaugurée par une révolte de Robert d'Artois, revendiquant les armes à la main, le riche héritage dévolu par la Cour de Paris à sa tante Mahaut, et s'efforçant d'attirer Saint-Omer dans son parti. Puis vinrent les guerres de rivalité entre la France et l'Angleterre, et la fatale bataille de Crécy, à la suite de laquelle Edouard III, s'étant emparé de Calais, eut un pied à terre pour débarquer ses troupes qui plus d'une fois vinrent désoler le pays. Les villes fermées, bien défendues, redoutaient peu ces bandes de pillards, mais il n'en était pas de même des abbayes répandues dans les campagnes, ce qu'on appelait le *plat pays*. L'abbé de Clairmarais dût plus d'une fois avoir recours aux lettres de sauve-garde qu'il avait obtenues des belligérants, et dont les annalistes du monastère sont unanimes pour constater le bon effet, car ils ne mentionnent aucun dommage sérieux, ni aucun préjudice majeur causé à l'abbaye par cet état de guerres incessantes. Notre malheureux pays eut d'ailleurs un moment de répit sous l'administration des puissants ducs de Bourgogne, surtout après la réconciliation de Philippe le Bon avec Charles VII roi de France, et l'abbaye de Clairmarais en ressentit les heureux effets. Bien que malgré les malheurs publics, les abbés de Clairmarais n'eussent jamais cessé de veiller autant qu'il était possible, aux intérêts de leur monastère, ils profitèrent de ce calme relatif pour lui procurer diverses améliorations. Jean III, Gheers, vers 1411, achève l'abside et le côté droit du transsept de son église que Jean IV, Serlans, terminait vers 1448 par l'achèvement de la partie de voûtes qui restaient à faire et qui cependant ne fut consacrée qu'en 1467 par l'évêque de Thérouanne. Jean le Moine, 32° abbé, obtenait en 1439, du duc de Bourgogne la ratification de toutes les donations antérieures.

La tranquillité dont jouissait le monastère fut de nouveau troublée à la mort de Charles le Téméraire. Louis XI venait d'envahir l'Artois à la tête d'une puissante armée et se rendait bientôt maître d'Arras; il arrivait ensuite sous les murs de Saint-Omer dont pourtant il ne put s'emparer (1477): mais en même temps, l'abbaye de Clairmarais devint la proie de l'armée française, qui la dévasta et la livra aux flammes, excepté, disent les chroniqueurs, les lieux destinés aux exercices réguliers. Rien ne fut épargné, et on enleva aux toits plus de 2000 livres de plomb. La communauté dut se disperser, et ne put revenir habiter les lieux qu'après la bataille d'Enguinegatte, gagnée par Maximilien sur son redoutable rival.

Un nouveau temps d'arrêt dans les hostilités, et l'éloignement momentané de leur théâtre, permit aux moines de Clairmarais de réparer les dommages qu'ils venaient d'éprouver; ils en profitèrent pour achever complètement et embellir leur église, en même temps que les abbés veillaient à la conservation de leurs droits. L'un d'eux, Gilles Dupont, eut même affaire à cet égard à forte partie. En 1521, le cardinal Maladuci, *orateur* de Charles Quint, voulut évincer cet abbé sous prétexte qu'il n'avait pas reçu la confirmation du souverain Pontife, dans les six mois de son élection; mais en réalité il cherchait à être pourvu de cette abbaye comme commandataire. Gilles Dupont résista à ses prétentions, et se défendit vivement. L'affaire dura longtemps, et fut portée devant diverses juridictions; mais enfin l'Empereur par ses lettres du 25 septembre 1523, ordonna au Cardinal de se désister de toute poursuite, annulant toutes les sentences rendues antérieurement en sa faveur. La bienveillance de Charles Quint pour le monastère de Clairmarais se manifesta encore en d'autres circonstances, et notamment sous le successeur de

Gilles Dupont, Louis Heurtaud, auquel il accorda la charge de confesseur de l'Impératrice. Au reste celui-ci était digne de la faveur qu'on lui accordait, son éloquence rendit service à l'Empereur lors de la révolte des Gantois en 1539; il parvint, par sa parole, à apaiser le tumulte populaire et à amener la reconciliation entre le peuple et le souverain. Au reste, il n'abusa pas de cette faveur pour lui-même, mais il en fit usage dans l'intérêt de son monastère et pour le bien des autres. C'est ainsi qu'en 1543, Louis Heurtaud obtint de Charles Quint une indemnité de 800 livres tournois pour les Bénédictins de Saint Thierry de Rheims, à cause des dommages qu'ils avaient éprouvés sur leurs biens en Artois pendant la dernière guerre.

Ce fut à la mort de cet abbé, que, pour la première fois, le souverain intervint dans l'élection de son successeur. Ce mode fut suivi désormais, et l'élection directe par les moines ne fut plus admise, du moins l'abbé élu dut recevoir son brevet de la Cour.

La guerre s'était rallumée entre la France et l'Espagne, elle avait naturellement pour théâtre l'Artois et les provinces voisines. Le sort des armes favorisait tantôt l'un des partis, tantôt l'autre. Après la prise et la destruction de Thérouanne par Charles Quint, les bandes françaises se ruèrent à leur tour sur la Flandre, brûlant et saccageant tous les villages par lesquels elles passaient. Dunkerque venait d'être pris d'assaut, Bergues avait été brûlé (1558); les Flamands irrités se soulevèrent de tous côtés et se mirent à la poursuite des Français, les traquant de tous côtés. Une partie de ceux-ci cernés dans la forêt de Clairmarais, crurent pouvoir trouver un refuge dans l'abbaye. Ils recoururent donc à une hospitalité que les moines furent forcés de leur accorder. Mais ils furent bien mal récompensés de leur pitié. Les Flamands de la chatellenie de Cassel, qui poursuivaient les Français entrèrent de force dans le monastère, brisèrent tout et se livrèrent à un pillage considérable menaçant d'y mettre le feu, s'ils y trouvaient des Français qu'heureusement ils ne trouvèrent pas. Ce fut un désastre épouvantable, et une perte énorme pour l'abbaye. **Plus tard, en**

1566, nouvelles dévastations causées par les hérétiques de Bailleul, Poperinghes et environs, qui vinrent s'abattre sur le monastère, en brisant les images partout où ils les rencontraient.

Pendant quelque temps l'abbaye se trouva préservé de nouveaux désastres. Le théatre de la guerre n'était plus immédiatement aux environs de St-Omer. Elle ne ressentit pas non plus de contre-coup de l'attaque de cette ville en 1594, par l'armée française, cette attaque, qui fut repoussée de suite, ayant eu lieu du côté opposé à Clairmarais. Les abbés profitèrent de ces instants de répit pour réparer les dégats antérieurs, améliorer la situation du monastère, et payer les dettes que la dureté du temps avait forcé de contracter. L'un d'eux D. Morand Bloeme, 43e abbé, fait fondre en 1598 les sept plus grosses cloches de l'église du monastère. Plus tard en 1609 il fait construire les cuisines du refuge de St-Omer. Il avait doté antérieurement son église d'ornements magnifiques. L'abbé de Clairmarais était à cette époque un grand personnage jouissant d'une grande position. Pour l'augmenter encore, et mettre son abbaye sur le même pied que les abbayes rivales, D. Morand Bloeme, fit les démarches nécessaires pour obtenir l'autorisation de porter la mitre et se servir des ornements pontificaux. Elles n'eurent pas un succès immédiat, cet honneur était réservé à son successeur, D. Martin Tirant, qui l'obtint du souverain Pontife en 1616. Cet abbé et celui qui le suivit, D. Gilles Dumont continuèrent d'ailleurs les améliorations commencées avant eux. Ce dernier surtout dota son monastère d'un superbe bâtiment pour le logement des étrangers, et augmenta le trésor de son église de plusieurs objets précieux. C'est lui aussi, qui fit placer en 1633, les magnifiques orgues, qui se voient aujourd'hui dans l'église d'Aire où elles furent transportées lors de la destruction de l'abbaye.

Cette ère de prospérité devait malheureusement bientôt avoir sa fin. Les Français sous la conduite du Maréchal de Chatillon étaient venus en 1638 mettre le siège devant St-Omer. A la première nouvelle de son approche, le Magistrat envoya quelques soldats pour défendre l'abbaye que les religieux avaient quittée pour se réfugier en ville. Mais cette petite troupe ne put tenir contre l'attaque des Français qui vinrent s'en emparer dès les premiers jours du siège. En cette circonstance, on dut au bon vouloir des généraux de pouvoir sauver les ornements d'église les vases sacrés et une partie de la bibliothèque.

Tout le reste devint la proie d'une soldatesque effrénée. Clairmarais resta entre les mains de l'armée française, qui n'en partit que le 16 Juillet, lorsque Chatillon fut obligé de lever le siège de St-Omer, après sept semaines d'investissement. Les religieux purent alors retourner dans leur monastère qu'ils trouvèrent dévasté. Mais ils ne pouvaient encore se considérer comme en parfaite sécurité. Les troupes françaises n'étaient pas éloignées et souvent des groupes de partisans faisaient des incursions dans les possessions espagnoles. En 1639 une troupe de ceux-ci surprend l'abbaye à une heure de la nuit, s'introduit dans le monastère, et fait une razzia complète de tout ce qu'ils purent emporter. La perte fut considérable. Les ressources étaient épuisées, et il fallait cependant réparer les dommages éprouvés; C'est ce que Dom Georges d'Affringues, et son successeur Dom Denis Pecqueur entreprirent de faire, toutefois sans grand succès, car la guerre était toujours dans le voisinage, et les troupes des deux partis venaient à tour de rôle, rançonner le monastère, et consommer les provisions que l'on s'était donné tant de peine à rassembler.

Cependant le théâtre de la guerre s'éloignant, les moines de Clairmarais jouirent de quelque temps de tranquillité pendant lequel un certain nombre d'améliorations indispensables furent faites. Ce ne fut pourtant qu'à partir de 1677, lorsque la bataille de Cassel eut ouvert à Louis XIV les portes de St-Omer, qu'ils purent se considérer désormais comme en sûreté. Si ce monarque, prenant possession de sa nouvelle conquête, ne vint pas visiter l'abbaye, du moins le territoire de Clairmarais fut honoré de sa présence, lorsqu'il voulut voir les iles flottantes et qu'il descendit sur l'une d'elles qui porta désormais le titre d'Ile Royale.

A partir de ce moment aucun événement remarquable n'est à citer dans l'histoire de l'abbaye. Il faut arriver à l'époque de la révolution. L'assemblée constituante avait fait table rase des anciennes institutions de la France, et établi un nouvel ordre de choses. Clairmarais fut alors érigée en commune et une administration municipale fut installée. Mais bientôt le 13 février 1790, un décret de l'assemblée nationale prononçait la suppression des ordres religieux. Plusieurs autres mesures suivirent; il n'entre pas dans notre plan d'insister sur cette période en ce qui concerne l'abbaye de Clairmarais. Les mêmes péripéties se présentèrent partout. Après avoir remis, conformément aux prescriptions de l'autorité, tous les papiers, et avoir vu enlever toute l'argenterie de leur monastère, les moines ayant à leur tête leur dernier abbé D. Omer de Schodt, quittèrent l'abbaye le 29 Août 1791, et se retirèrent en partie à l'abbaye de St-Eloy près d'Arras où d'ailleurs ils ne restèrent pas longtemps.

Désormais privée de son abbaye qui faisait sa gloire et lui donnait la vie et de l'importance, la commune de Clairmarais comprenant une superficie de 2079 hectares, rentre dans la catégorie de ces villages, qui n'ont pas d'histoire et que quelque événement d'un intérêt majeur pour eux, vient rappeler de loin en loin. Pendant la tourmente révolutionnaire, les bâtiments de l'abbaye vendus à vil prix furent livrés à la destruction. Le besoin de se procurer du salpêtre fut même la cause de leur disparution complète, de sorte que l'on peut leur appliquer à juste titre ce mot du poète :

Etiam periere ruinæ

L'on ne conserva exactement que les bâtiments de la ferme : aucune agglomération importante ne l'accompagne. Les habitants disséminés dans les marais n'ont de rapport entre eux qu'au moyen de nombreux canaux de tout ordre qui sillonnent le territoire. Longtemps encore ils restèrent sans communication directe avec la ville, et pour y arriver par la voie de terre l'on devait faire le détour par Arques. Cet état de choses qui n'était pas de nature à faciliter les relations avec St-Omer, changea en 1862, lorsque fut construite à travers les marais, la route directe établissant la communication beaucoup plus courte entre la ville et Clairmarais. Si cette route, qui traverse tout le territoire de la commune était achevée suivant la direction qui paraît la plus rationnelle, elle relierait par la voie la plus courte la ville avec les communes voisines du département du Nord, et leurs habitants ne seraient pas forcés, pour se rendre à St-Omer, de faire un détour assez considérable pour passer par le pont de Saint-Momelin, ou Arques.

Une autre amélioration a été apportée, au point de vue religieux, depuis quelques années. Après le départ des moines, la commune de Clairmarais fut longtemps privée des secours spirituels. Lors du rétablissement du culte, elle fut rattachée à la paroisse d'Arques. Le service divin fut célébré pendant quelque temps dans une chapelle située à l'entrée des bâtiments de la ferme et qui était désignée du temps du monastère, sous le nom de chapelle des domestiques. Nous ignorons pourquoi ce local cessa d'être affecté à cet usage, toujours est-il qu'il y a de longues années qu'il est transformé en grange. En vain les curés d'Arques avaient fait diverses tentatives pour obtenir qu'il y eut un ministre du culte attaché spécialement à Clairmarais, leurs démarches étaient restées sans effet. Frappé des inconvénients qui résultaient pour les habitants, de leur éloignement considérable de l'église, un vénérable prêtre de Saint-Omer, l'abbé Limoisin, dont le dévouement et le zèle resteront dans la mémoire de tous, entreprit de faire cesser cet état de choses si préjudiciable au bien-être spirituel de ceux à qui il s'intéressait. L'œuvre des Barraques près de Calais, due à l'initiative de ce saint prêtre, était terminée par la construction d'une église et d'un presbytère ; l'abbé Limoisin dirigea alors son zèle vers ce qu'il appelait éloquemment la *commune abandonnée*. Il sollicita tout le monde et parvint à réunir les fonds nécessaires pour commencer. Il construisit d'abord, au-delà de la forêt, dans cette partie qui joint le département du Nord et est désignée sous le nom de *coin perdu*, une chapelle provisoire destinée à être plus tard transformée en une maison d'école et à l'usage de la population disséminée dans cette partie du territoire.

Ce n'était là qu'une partie de l'œuvre qu'il avait entreprise. La guerre de 1870-1871 vint l'interrompre un instant, mais il la reprit bien vite lorsque le calme fut revenu. Faisant appel à ses amis, frappant à toutes les portes, il parvint à faire élever l'église principale et un presbytère, à l'entrée de la forêt, vis-à-vis l'entrée de l'antique monastère. Cette église a été bénie et livrée au culte en 1875. Elle est desservie par les P.P. de l'Assomption, qui habitent, au-de-là de la forêt, une autre maison où ils ont établi un alumnat, pour l'éducation de jeunes enfants qu'ils destinent à l'état ecclésiastique. Cette maison est accompagnée d'une chapelle de secours. Quant à l'église dont nous venons de parler elle est à une seule nef, plafonnée et construite dans le style de la fin du xiiie siècle. Son abside est décorée d'un vitrail peint, assez médiocre, et représentant l'apparition de la Vierge à Pont-Main. L'église est en effet sous l'invocation de N.-D. de Pont-Main.

Le Scoubroucq — *La terre d'Escalembruec*. 1270 (Chartes de Flandres) — *Schalembroek* — idem — *Scoubrouck* ; xvie siècle, (Simon Ogier) — *Schoubroucq* et cloquette, paroisse (Maillard.) — *Scodebroek* (De Vissery, hist., ms. claro.) —, Hameau de la commune de Clairmarais, est un enfoncement ou petit vallon marécageux, entre la forêt de Clairmarais et la terre ferme de Lederzelle et de Nort pène. Son nom dérive des mots flamands *schael broeck,* marais de l'écaille ou de la coquille. Dans ce hameau, suivant J. Derheims, se trouvait un hermitage où Saint-Bernard se retirait souvent, des mois entiers.

L'abbé Guillaume fit élever en cet endroit, en 1168, une chapelle qui fut détruite en 1477 par les troupes de Louis XI. Cette chapelle sous l'invocation de N. Dame, attirait de nombreux visiteurs qui venaient demander à Dieu d'être préservés des inondations, et d'avoir des bonnes récoltes. Postérieurement, l'abbaye y avait une grange placée sous la surveillance d'un de ses religieux. Une charte de 1247 relative à Renescure mentionne parmi les témoins, *Simon conversus, dictus noster magister in scodebroek.*

La Cloquette, autre hameau de la commune de Clairmarais, avait été érigé en commune en 1790, mais cessa de l'être en 1801. En 1261, Arnoud de Guînes fonda en ce lieu un couvent placé sous le patronage de *Notre Dame de Nazareth* en faveur des moines de Saint-Guillaume, les religieux y demeurèrent jusqu'en 1457, époque à laquelle ils transférèrent leur demeure à Houtkerque.

La forêt de Clairmarais. Nous ne pouvons quitter la commune de Clairmarais sans parler de la forêt qui couvre une partie de son territoire, et connue anciennement sous le nom de forêt ou bois de Rihoult. Cette forêt domaniale aujourd'hui, avait été donnée en partie aux religieux de Clairmarais par les comtes de Flandre, qui possédaient sur la lisière un chateau sur lequel Alex. Hermand a donné dans les mémoires de la société des antiquaires de la Morinie, une excellente notice que nous allons résumer ici.

La forêt de Rihoult s'étendait autrefois sur une bien plus grande étendue de terres qu'aujourd'hui. Son existence remonte à une très haute antiquité, et elle faisait évidemment partie des immenses bois qui couvraient tout le Nord de la Gaule. Sans vouloir nous arrêter à une époque aussi lointaine, nous dirons seulement qu'il y a probabilité qu'une partie de ses produits fut utilisée pour la construction de la flotte que César préparait pour la conquête de la grande Bretagne. La proximité du golfe formé par l'embouchure de l'Aa, donnait toutes les facilités nécessaires pour accomplir les ordres du général Romain.

Sur la lisière méridionale de la forêt, existait un château dont l'origine se perd dans la nuit des temps : il parait pourtant probable qu'il existait au temps des invasions des Normands, et que les fossés qui le protégeaient et qu'on voyait encore au moment de sa destruction n'avaient d'autre but que de le mettre à l'abri d'un coup de main, et de permettre à ses habitants de repousser une première at'aque. Car jamais, avant la formation du comté d'Artois, il n'est désigné sous le titre de *Castrum* ou *Castellum* (Château fort) ; les seuls noms qui lui sont donnés jusqu'au XIIIe siècle, sont ceux de maison ou manoir. Ce château d'une médiocre étendue, a été sans doute élevé pour servir de maison de plaisance aux comtes de Flandre, à l'imitation des *Villa* royales. L'existence de la forêt giboyeuse, à laquelle il était adossé, vient à l'appui de cette hypothèse.

D'après ce qui vient d'être dit, le château de Rihoult existait probablement au commencement du Xe siècle; il parait avoir été élevé par Baudoin II comte de Flandre sur le territoire du comté d'Arques, qui était passé sous l'administration de ce prince lorsqu'il se fit nommer abbé de St-Bertin en 900. Quand en 952 un de ses successeurs, Arnould-le-vieux rendit la terre d'Arques au monastère, il se décida à conserver le château de Rihoult qui formait une annexe utile de la forêt.

Le château devint bientôt une résidence favorite des comtes de Flandre. Baudoin V surnommé de Lille, y fit plusieurs séjours plus ou moins prolongés. Ce fut pendant l'un de ces séjours qu'il fit creuser en 1055 un large et profond fossé de trois lieues et demie de longueur, ayant pour objet d'ajouter à la défense du territoire. Ce retranchement connu sous le nom de *Neuf-fossé*, se joignait à la Lys près d'Aire, passait sous le château de Rihoult auquel il s'appuyait et venait aboutir aux marais de l'Aa.

Le domaine utile de Rihoult fut réduit considérablement sous Thierry d'Alsace, par la donation que ce prince fit à l'abbaye de Clairmarais, d'une étendue considérable de prairies de bois et de marais qui en faisaient partie, lorsque, à la voix de St Bernard, s'élevait le nouveau monastère qu'il venait de fonder (1140). Comme complément de ce don, peu de temps après vers 1145 intervint un acte entre les chanoines de Thérouanne et les religieux de Clairmarais, ceux-ci abandonnant certains droits aux premiers qui leur donnent en échange les dîmes de Rihoult alors situé dans la paroisse de Renescure.

Philippe d'Alsace résida fréquemment à Rihoult ; ce fut pendant un de ces séjours, que la ville de St-Omer se débarrassa de l'obligation où elle était de fournir une partie du mobilier du château, en cédant, du consentement du prince, à Guillaume de Malines, un terrain situé dans l'enceinte de la Ville, à condition que le dit Guillaume de Malines ou ses ayant cause, entretiendraient la cuisine du château de tous les ustensiles nécessaires. Sous ce prince, Rihoult reçut plusieurs améliorations. Philippe y fit amener l'eau d'une source située à environ 1000 mètres du château : il créa des chemins dans la forêt, et par échange avec l'abbaye de St-Bertin, il acquit la propriété d'une terre voisine qu'il transforma par suite en vivier. Il dota en outre richement la chapelle qui faisait partie de son habitation, et pour assurer le sort des chapelains, fonda dans le chapître de St-Omer une prébende dite de Rihoult.

Philippe d'Alsace n'ayant pas d'enfants, disposa d'une partie de ses états en faveur de sa nièce Isabelle de Hainaut qu'il fit épouser au fils du roi de France, connu plus tard sous le nom de Philippe Auguste. Il lui donna pour dot, la partie du comté de Flandre situé à l'occident du Neuf-Fossé, et y annexa la forêt de Rihoult placée sur la lisière orientale. C'est ce qui forma alors le comté d'Artois qui fut attribué par Saint-Louis, à son frère Robert, conformément aux volontés de son père Louis VIII, fils de Philippe Auguste.

Dans ce nouvel état de division du territoire, le Neuf-Fossé formait sur presque tout son parcours la limite de la Flandre et de l'Artois, et le château de Rihoult qui n'avait été jusque-là qu'une maison de plaisance, dût se transformer en forteresse. On y fit dans ce but de grands travaux de défense qui furent entretenus avec soin dans le courant des siècles suivants. Les habitants des cantons voisins y trouvaient un refuge en cas de péril, mais en compensation ils étaient tenus de faire le guet du château.

Les travaux effectués au château furent suffisamment efficaces pour qu'en 1303 les Flamands qui s'étaient avancés jusqu'aux portes de Saint-Omer, et qui s'étaient réfugiés dans la forêt de Rihoult après leur défaite, n'osassent pas attaquer cette forteresse. En 1340 Robert d'Artois, neveu et compétiteur de la comtesse Mahaut, s'étant avancé à la tête des Brugeois jusqu'à Arques, essaya vainement de s'emparer du château de Rihoult; plusieurs assauts furent victorieusement repoussés par la garnison. En 1342, cette forteresse était munie de canons, arme toute nouvelle, aussi dut-elle à ce moyen de défense ainsi qu'aux nombreux défenseurs qui s'y trouvaient, d'échapper aux Flamands qui se trouvaient en armes dans son voisinage. Elle fut moins heureuse en 1347, lors du siége de Calais. L'armée française forcée d'abandonner la défense de cette ville vint camper vis-à-vis le fort de Rihoult. Lorsqu'elle eut quitté le pays, les Flamands qui s'étaient avancés pour s'opposer aux secours dirigés sur Calais, se portent vers le château de Rihoult qu'ils vinrent assiéger, et qui ne pouvant recevoir d'assistance dut se rendre par composition, et fut détruit de fond en comble par les assiégeants.

Le château resta vraisemblablement longtemps en ruine et bien que reconstruit vers 1380, son rôle militaire cessa par suite de la nouvelle réunion des deux comtés d'Artois et de Flandre, dans les mains de Philippe le Hardi (1382).

Ce fut sous ce prince en 1390, que fut effectuée la délimitation du domaine dépendant du château de Rihoult du côté des propriétés de l'abbaye de St-Bertin à Arques. Voici les limites qui furent assignées. Le domaine du comte commençait au lieu nommé les *cinq chênes*, allait vers Arques jusqu'au champ appelé *Ameit*, suivait le grand chemin qui va au *grand Zonelinghem*, jusqu'au-dessous du Gibet d'Arques, en passant jusqu'auprès du Pilori *au lez de la rue envers Ruhout et du dit lieu oval le ruissel qui flue et queut envers le dit bois du Ruhout et jusqu'au dit bois*. — Derrière le château se trouvait la forêt proprement dite limitée par les bois de Scoubroucq, de Westine, de Blandecques, et de Renescure. La chasse était conservée au profit du Comte, qui faisait respecter ses droits avec un soin scrupuleux. Il permettait néanmoins aux bourgeois de St-Omer l'accès de la forêt et d'y venir même prendre des branches. Tous les ans les archers et arbalétriers y venaient en corps le premier jour de Mai, chercher des branchages pour faire le Mai. C'était une gracieuseté du comte à leur égard, mais on tenait à ce que cela ne dégénérât pas en abus. Il fallait prévenir le châtelain de Rihoult, et afin qu'il n'y eût pas une trop grande foule, la ville de St-Omer délivrait aux archers et arbalétriers et à ceux qui avaient le droit ou le devoir de les accompagner des méreaux que l'on devait représenter pour pouvoir entrer au bois. C'était d'ailleurs un jour de réjouissance que ce premier jour de Mai.

On transportait de la ville des vivres et des boisssons, et il y avait un repas auquel prenaient part le châtelain, le Magistrat de St-Omer, les grands maîtres des corporations guerrières et d'autres.

La forêt était restée dans le domaine des Comtes de Flandre dans son intégrité sauf la partie donnée dans le principe à l'abbaye de Clairmarais. En 1487, le besoin de se procurer de l'argent força Maximilien à en aliéner une nouvelle partie connue sous le nom de la *vallée de Fondrinberghes*, au profit du même monastère.

Le château de Rihoult subsista encore longtemps dans un état incomplet de fortification : il ne put servir à la défense de St-Omer lors du siège de 1638. C'est à peine s'il est mentionné par les chroniqueurs. On le retrouve cependant sous le nom de *Vieil chateau* à l'occasion de la prise du Neuf-fossé par les Français qui s'ouvrirent ainsi l'entrée de la Flandre, malgré la résistance opposée par la compagnie du Vicomte de Furnes, soutenue par 3000 paysans de la chatellenie de Cassel. Cependant il ne fut même pas attaqué, il était hors d'état de défense. En 1650, le gouverneur général des Pays-Bas eut le projet d'élever en ce point un fort royal, mais il ne fut pas donné suite à cette idée. Depuis cette époque il ne fut plus question de cette ancienne résidence de nos comtes. Le nom de Rihoult serait même tout-à-fait tombé dans l'oubli, s'il n'avait servi à indiquer la maîtrise des eaux et forêts établie à St-Omer au XVIIe siècle

HOULLE

Huneles, 1075, cartulaire de St-Omer.
Hunela, 1093, — —
Honela. 1178, — —
Honule, 1186, — —
Houlle, 1296, grand cartulaire de St-Bertin.

Le village d'Houlle appartenait en partie à l'abbaye de St-

Bertin. En 850, Hunroc qui se qualifiait comte d'Houlle, père d'Adalard, 13ᵉ abbé, reçut dans ce monastère, l'habit religieux des mains de son fils, et donna en même temps à la dite abbaye, sa terre d'Houlle. Cette donation est rappelée dans la charte de 1117 de Baudoin VII, Comte de Flandre. En 1075, les propriétés du monastère vinrent s'accroître du moulin d'Houlle, donné par Héribert 38ᵉ abbé. Elles comprenaient également un marais qui donna lieu à plusieurs difficultés. En 1172, le chatelain de St-Omer prétendait avoir des droits sur ce marais, mais grâce à l'intervention de Philippe d'Alsace, la contestation fut appaisée et le chatelain reconnût lui-même que l'abbaye possédait le marais depuis plus de soixante ans et en jouissait en toute liberté ; mais en même temps l'abbé Godescalque, dut faire un cadeau de vingt cinq marcs d'argent au châtelain. Peu après en 1186, autre contestation, mais cette fois avec l'un des Co-seigneurs de la terre d'Houlle. Walter de Formiselles, *ex occasione comitatus quem in villa de Houlle habebat*, était usufruitier du marais qui appartenait à l'abbaye depuis environ trois cents ans, il voulut prétendre à la propriété: Philippe d'Alsace intervint encore dans cette occasion, et Walter de Formiselles mieux conseillé, renonça à ses prétentions, mais en même temps, le comte ordonna que l'abbaye lui donnât 70 livres pour être exonéré à l'avenir de toute réclamation.

La propriété du moulin d'Houlle, fut aussi une source de procès pour l'abbaye. Indépendamment de ceux que les religieux intentèrent à diverses époques, à des individus qui mettaient dans la rivière des obstacles au libre écoulement des eaux, il y en eut un beaucoup plus important, motivé par la destruction du moulin faite à main armée par Jean de Nièles et ses complices, lequel procès ne fut terminé que le 10 Septembre 1386, par une sentence du chancelier du Duc de Bourgogne, ordonnant que le moulin serait relevé et rétabli aux frais des délinquants, indépendamment de l'amende honorable, qu'ils durent faire dans l'église du monastère.

L'abbaye de Saint-Bertin étendit peu à peu ses domaines dans cette paroisse, soit par des acquisitions, soit par des donations qui lui furent faites. Nous ne nous arrêterons pas à les énumérer. Mais il ne parait pas qu'il en soit jamais résulté qu'elle ait acquis plus de droits que ceux qu'elle tenait de la donation primitive d'Hunroc, et qui se bornaient à la Seigneurie foncière d'une partie du territoire, lui donnant les droits inhérants à cette espèce de Seigneurie. Ainsi le 9 avril 1383, le prévôt de Montreuil adjuge pour ce motif à St-Bertin, le droit de bâtardise contre la Dame de la Jumelle, réservant à celle-ci le droit d'écauwage des chemins dépendant de la juridiction vicomtière. Précédemment, au mois de septembre 1349, Robert d'Holchain et Pierrotte de Northout sa femme, reconnaissent que l'abbaye n'est aucunement tenue aux écauwages des chemins d'Houlle et de Moulle, mais seulement les sujets de l'abbaye qui y ont quelque intérêt. Il est assez difficile dans cet enchevêtrement de Seigneuries diverses, qui souvent reposaient sur un fief plus ou moins grand, de discerner quel était le véritable Seigneur de la terre. Ainsi nous trouvons, dans un état des reliefs tenus du roi à cause de son chateau de St-Omer, qu'en 1517 Philippe Seigneur du Vrolant, de Houlle etc, est porté pour la Seigneurie de Houlle venue de D^{me} Jeanne de Berghes sa mère.

En 1549, c'est Claude de Fontaine, Seigneur de Neuville, époux de Demoiselle Jeanne du Vrolant, pour la même Seigneurie venue de Philippe du Vrolant son père. Puis en 1560 figure Louis de Créquy pour la Vicomté d'Houlle venue de Demoiselle Jeanne du Vrolant sa mère. Enfin en 1633, il est porté pour l'achat de la terre et Vicomté d'Houlle, acquises de l'abbé de St-Bertin, et en 1637, figure Hector de Créquy, qui tenait en un seul fief la Seigneurie et Vicomté d'Houlle à dix livres parisis de relief. Il résulterait de ces dernières mentions que l'abbé de St-Bertin avait quelque droit de se prétendre Seigneur d'Houlle, ainsi que le dit Courtois dans son dictionnaire topographique de l'arrondissement de Saint-Omer.

Ce qui augmente encore l'incertitude sur ce sujet, c'est que les rôles des centièmes dressés en 1569, après avoir parlé de la Seigneurie et Vicomté de Houlle, appartenant au Seigneur du Vrolant, ajoutent qu'il se trouve aussi sur ce territoire, une cense de St-Bertin contenant 308 mesures, et une autre nommée Hassinghem contenant 120 mesures. Quant au motif qui aurait amené l'abbaye à aliéner cette terre, nous n'avons pu le connaître. Il est vraisemblable que les nécessités urgentes où elle se trouva, dans ces temps de guerres incessantes entre la France et l'Espagne, provoquèrent cette mesure. Dans le XVIIIe siècle, la Vicomté de Houlle appartenait au Seigneur de la Jumelle.

Houlle fut brûlé par les troupes de Louis XI en 1477. Les Français saccagèrent encore son territoire en 1522. Le Maréchal de Gassion s'en rendit maître en 1664.

Le territoire d'Houlle comprend des marais situés sur la rive gauche de la rivière qui le sépare du territoire de Moulle, et dont une grande partie appartenait à St-Bertin. Ce terrain bas est protégé contre l'envahissement des eaux par une digue qui, ayant été rompue en 1524, fut réparée par l'auteur du délit, suivant sentence du bailli de St-Bertin, mais le défaut d'entretien amena en 1768 une inondation assez forte dont toutes ces terres eurent grandement à souffrir.

L'église d'Houlle figure en 1093 parmi les biens de l'abbaye dans la bulle d'Urbain II confirmant les propriétés du monastère et dans les actes postérieurs relatifs au même objet. Primitivement cette paroisse et celle de Moulle étaient réunies. En 1241, intervint une convention entre le chapitre de Thérouanne et le couvent de St-Bertin à leur sujet. Les deux paroisses s'étant accrues au point d'exiger un curé séparé, tandis que jusqu'alors elles avaient été desservies par le même, la division fut prononcée, sous la condition que la présentation à la cure d'Houlle où l'abbaye avait la plus grande partie de ses revenus, resterait au chapitre de Thérouanne, jusqu'à ce que les revenus de l'église de Wizernes et d'Hallines sa succursale, dont les curés sont à la présentation du monastère, se soient assez accrus pour avoir chacune un curé séparé. Alors seulement la présentation à la cure d'Houlle appartiendra à St-Bertin, nous voyons en effet en 1254, cette convention sortir son plein effet; l'archidiacre de Boulogne, dans l'église de Thérouanne nomme à la cure d'Houlle.

Après la révolution, lors du rétablissement du culte, contrairement à ce qui s'était passé antérieurement à 1241, l'Eglise d'Houlle, fut considérée comme annexe de celle de Moulle. Cet état de choses dura jusqu'en 1829 : aujourd'hui ces deux paroisses sont de nouveau séparées.

L'église actuelle contient peu de parties anciennes. Le chœur est de construction récente. Les murs de la nef, en maçonnerie de cailloux, sont d'une date antérieure. On aperçoit à l'extérieur la trace d'anciennes petites fenêtres ogivales, qui ont été bouchées. Les ouvertures que l'on y voit aujourd'hui sont plus larges. Quant à l'intérieur, il se compose d'une seule nef étroite et assez basse, dont tout le pourtour est couvert de boiseries. Elle n'offre plus aucun caractère. La tour située à l'ouest, en pierres blanches et en grès, a conservé à sa partie supérieure sur chaque face deux petites fenêtres cintrées, surmontées d'un gros tore en archivolte.

Les pieds droits sont également munis d'une grosse moulure torique formant le tour de la fenêtre. La porte d'entrée située sur la face ouest est à plein cintre d'un caractère très simple. Tout porte à penser que cette tour pourrait remonter à la fin du XII° siècle.

La flèche en charpente qui la termine est moderne.

Le territoire d'Houlle comprend une superficie de 628 hectares. Sa population est de 575 habitants.

MORINGHEM

Mornigehem 850. Cart. Sith.
Mouringhem, 1431. Cart des Chartreux.
Moringhem, 1451. Cart. de St-Omer, anniv.

L'abbaye de St-Bertin, possédait d'assez nombreuses propriétés à Moringhem, ainsi que le constate le dénombrement des biens du monastère fait en 850 par ordre de l'abbé Adalard; ces propriétés formaient divers bénéfices concédés à différents individus, dont les noms sont relatés dans la pièce que nous venons de citer. Mais ce n'étaient pas les moines de St-Bertin qui étaient gros décimateurs à Moringhem, c'était l'abbaye de Licques. Une bulle d'Alexandre III, du 8 des Calendes de novembre, 1164, confirme la donation faite aux moines de Licques, du courtil de Moringhem avec l'autel, la dîme et les dépendances tenues de l'abbaye de Ham. Cette donation qui avait été faite par Hubert de Bouquehaut est encore confirmée par Adam évêque de Thérouanne, au mois de Février 1223. La dîme indiquée ci-dessus reçut son complément par la donation que fit à l'église de Licques, Gui de Wisseke chevalier, confirmée en 1245, par Guillaume Chatelain de St-Omer.

L'importance de ces donations engagea les religieux de Licques à établir à Moringhem une prévoté où l'abbaye pouvait envoyer des moines pour la culture des biens et desservir l'église du lieu. Une charte du jeudi après l'Épiphanie 1245, émanée de Pierre évêque de Thérouanne, visant les bulles et chartes antérieures, le confirme et dit que la paroisse de Moringhem sera désormais régie et gouvernée par les chanoines de Licques, sous l'autorité des évêques de Thérouanne. Cependant malgré des confirmations si formelles, l'abbaye de Licques éprouva quelquefois des difficultés pour être maintenue dans ses droits; c'est ainsi que nous voyons en 1386 l'abbé de Saint-Bertin nommé juge et commissaire apostolique dans une discussion, au sujet de la dime de Moringhem. Plus tard en 1680, lesdits religieux sont obligés de faire constater par acte authentique, qu'ils ont sur le territoire de la commune droit de Justice, haute moyenne et basse.

L'abbaye de Licques eût plusieurs fois des contestations au sujet de sa seigneurie dans cette paroisse, mais elle parvint toujours à faire respecter ses droits. En 1670 la confrérie du Saint-Sacrement reconnait que deux pièces de terre qui lui appartiennent sont tenues de cette abbaye. En 1706 une transaction est passée à St-Omer entre le prieur et Jacques Rémond qui permet de payer les arrérages et les droits de censive par lui dûs à ladite abbaye à cause de sa seigneurie de Moringhem. En 1729 l'Hôpital de Saint Louis, à St-Omer, possédait des terres à Brouxole, dimage de Moringhem, pour lesquelles il acquittait annuellement une redevance en grains à l'abbaye de Licques; cette redevance donna lieu à un procès qui alla jusqu'au Conseil d'Artois; il se termina par une transaction dont nous ne connaissons pas les termes, mais qui implique toujours une reconnaissance des droits de l'abbaye par les administrateurs de l'hôpital.

Mais si elle obtenait gain de cause pour les droits utiles attachés à sa seigneurie, il n'en était pas toujours de même pour les droits honorifiques. C'est ce que nous voyons en 1723. Le seigneur de Guzelinghem, qui se trouvait sur le territoire de la paroisse de Moringhem, avait suivant un ancien usage sa chaise posée dans le chœur de l'Eglise et jouissait de la prérogative de recevoir l'eau bénite avant tous les assistants. Les prieur et religieux de Licques joints au curé de Moringhem se prétendant uniques seigneurs de la paroisse, avaient fait enlever le siège du seigneur de Guzelinghem, qui était alors Jacques Liot, écuyer et mettre un banc à sa place. Il en résulta un procès terminé par une sentence du bailliage de St-Omer, du 4 novembre 1723, maintenant ledit seigneur dans son droit d'avoir son siège dans le chœur et enjoignant au curé de lui donner l'eau bénite par aspersion avant tous les habitants, lorsqu'il se trouvera à sa place. Ordre est intimé aux curé et religieux de Licques d'avoir à faire disparaître le banc qu'ils avaient mis au lieu et place de la chaise dont il s'agit. En même temps il leur est enjoint d'avoir à justifier de leur *prétendue* justice et seigneurie de Moringhem, et de leur droit de patronage de la cure. Il ne leur fut pas difficile du reste d'obtempérer à cette dernière partie de l'arrêt.

Indépendamment de la seigneurie de Guzelinghem dans la paroisse de Moringhem, se trouvait aussi la seigneurie de Barlinghem qui en 1787 appartenait au Sieur de Mailly, baron de Beblinghem. L'abbaye de Saint-Bertin y possédait quelques terres et son nom est indiqué *Bermingahem* vers 850, dans le relevé des biens du monastère fait par l'ordre d'Adalard.

Le même document fait connaitre aussi le nom d'un autre hameau *Bermingahem*, aujourd'hui Barbinghem.

Suivant les rôles des centièmes dressés en 1569, l'abbaye de Licques possédait à Moringhem une cense avec 120 mesures de terre et la dîme entière, partagée en deux portions valant chacune 100 florins en argent, six chapons et six livres de cire. En 1787, les propriétés étaient augmentées, car nous voyons qu'à cette époque la ferme et dépendances avec 140 mesures de terre et les dîmes, censives et droits seigneuriaux rapportaient en tout 1400 livres.

L'Eglise de Moringhem n'offre aucun caractère. Rebâtie au commencement de ce siècle ou vers la fin du siècle dernier, elle se compose d'une seule nef plafonnée et d'un chœur un peu plus étroit. Elle est terminée à l'ouest par un petit clocher carré surmonté d'une petite flèche en charpente.

Difques, — Dont le nom ancien a été successivement *Diffeca*, 1117 (Chron. Andr.) *Diffeke*, 1194, (Ibid.) et s'orthographiait en 1543 comme aujourd'hui, a été de tout temps l'annexe de Moringhem. Le chapitre de Saint-Omer était possesseur de deux tiers de la dîme dont le troisième tiers appartenait à l'abbaye de Licques. Cette partie de dîme lui avait été donnée au xiiie siècle par Baudouin de Diffeke qui la tenait de Henri de Bouchout : elle consistait en une gerbe pour tout le territoire de Difques. La donation fût ratifiée en 1266 par le même Baudoin et Agnès sa mère qui la complétèrent par le don de l'autre moitié. L'abbaye possédait en outre en cet endroit une cense de 200 mesures et le chapitre, de son côté avait en propriété un Château et ses dépendances avec 90 mesures de terre qu'il donnait en location.

Le registre des fiefs tenus du roi à cause de son château de Saint-Omer nous fait connaitre plusieurs fiefs existant sur le territoire de Difques indépendamment des deux fourches de dîme appartenant au chapitre de St-Omer. Il n'est pas facile de discerner parmi les titulaires de ces fiefs quels étaient ceux qui possédaient la véritable seigneurie de cette terre, comprenant un manoir amazé, plusieurs parties de terre et autres droits. Quoiqu'il en soit, il semble résulter de l'inspection de ce répertoire, qu'il y avait deux fiefs principaux a Difques ; nous allons en énumérer séparément les possesseurs successifs.

Pour le premier, nous trouvons en 1408, Gérard Dubroeucq qui avait acheté à Hue de le Quines un fief en la paroisse de Difques contenant 7 mesures. En 1446 Enguerrand Dubroeucq, fils et héritier de Gérard figure pour un fief consistant en manoirs, rentes, hommages et autres droits venus audit Gérard. Il est évident que cela comprend plus que le petit fief de 7 mesures dont il est question ci-dessus. Puis en 1463, le même Enguerrand se trouve repris pour l'aliénation faite par lui de 30 livres de rente distraite dudit fief. En 1482 on trouve un Colinet ou Nicolas Dubroeucq fils de Gilles, héritier de deux fiefs contenant ensemble 100 mesures de terre, sans que l'on voie quel lien de parenté l'unit à Enguerrand. En 1502 Antoine Dubroeucq fils et héritier de Nicolas est porté pour deux fiefs, l'un consistant en manoir, terre, rente, hommages et autres droits et l'autre en un manoir amazé, courtil et terre, ce qui rattache bien celui-ci à la filiation de Gérard Dubrœucq. En 1548 Jacques Dubrœucq ici qualifié d'écuyer, fils d'Antoine, figure pour les deux mêmes fiefs que lui. Enfin en 1561 Somer le Gay, se disant curateur commis par justice aux biens vacants de Jacques Dubrœucq, seigneur de Difques, est repris pour les dits fiefs. Il semble résulter de cette mention que la descendance directe de Dubrœucq était éteinte et que leurs propriétés allaient passer en d'autres mains. C'est en effet, ce qui résulte de cet autre passage du même registre en 1605; François de la Motte y est inscrit pour la seigneurie de Difques venue de Damoiselle Marguerite Dubrœucq sa mère; en 1642-1644, messire André de la Motte chevalier seigneur de Barraffle y figure pour le relief de la terre de Difques, et en 1657 Messire François de la Motte baron d'Azincourt, pour la terre et seigneurie de Difques à lui donnée par André de la Motte seigneur de Baraffle.

Quant au second fief, il est rappelé pour la première fois en

1533 où nous trouvons cette mention ; Nicolas de Sempy pour les droits de 80 livres de rente que Pierre de Sempy son père avait données à Françoise de Sempy sa sœur lors de son mariage avec Jean de Sailly écuyer, sur sa terre et seigneurie de Difques. Puis, sans transition indiquée, en 1558, nous voyons Damoiselle Catherine de Bersacques veuve de Messire Nicole de Stiembecque, pour le fief de Difques venu à Oudart de Stiembecque leur fils ainé par partage, et enfin en 1591, Jérôme de Stiembecque frère et héritier de Oudard de Stiembecque seigneur de Difques pour la dite seigneurie de Difques venue dudit Oudard son frère. D'un autre coté dans l'indication des fiefs tenus du Château de St-Omer, nous voyons figurer Jérôme de Stiembecque, écuyer, seigneur de Difques, tenant cette seigneurie et celle de la Motte etc etc.. Y aurait-il eu parenté entre cette famille de Stienbecque et celle de la Motte, héritière de Dubrœucq c'est ce que nous ne nous chargeons pas d'expliquer. Quoiqu'il en soit, en 1739, lors de la rédaction de la coutume de St-Omer c'est un membre de la famille de Bernimicourt qui était seigneur de Difques.

Pendant quelques temps après la révolution Difques forma une commune séparée, mais par ordonnance du 12 février 1820 elle fût de nouveau réunie à Moringhem dont elle forme une annexe, comme cela avait lieu anciennement.

Les événements historiques sont nuls pour ce village. Nous ne pouvons omettre cependant qu'en 1596, plusieurs habitants désirant se mettre à l'abri du pillage des soldats français qui parcouraient le pays, se réfugièrent dans les carrières ouvertes sur le territoire de Difques; le 20 mars de cette année les français mirent le feu aux broussailles qui se trouvaient à l'entrée; 14 personnes furent étouffées, deux à trois seulement échappèrent à demi mortes. Difques fut encore pillé et ravagé le 11 décembre 1636 par des soldats allemands en garnison à St Omer.

Ce village possède aussi une église petite mais en bon état. Le chœur plus étroit que la nef parait avoir été construit tout récemment dans le but d'agrandir l'édifice. Toute l'Eglise est plafonnée. La partie la plus ancienne est éclairée par quatre fenêtres terminées en ogive, mais dépourvues de meneaux. Il n'y a point de portail: on entre dans l'édifice par une petite porte latérale. Le clocher carré est placé à l'extrémité ouest: en retraite sur les faces latérales de l'Eglise, il se confond avec le pignon plein de ce coté contre lequel sont appliqués trois contreforts. Dans la partie supérieure, où se trouve la cloche, trois ouïes ont été percées : celle qui correspond au pignon est sans caractère mais les deux ouïes latérales sont formées par une arcade en plein cintre partagée en deux par une petite colonnette très-simple recevant sur son chapiteau deux petits arcs surbaissés. Nous ne les croyons pas pourtant très anciennes; elles remontent tout au plus au XVIe siècle. La cloche qui est renfermée dans le clocher date de 1781 époque où elle a été refondue et porte sur son flanc les armoiries du seigneur de Difques.

La superficie totale de Moringhem-Difques est de 912 hectares. Le nombre d'habitants est de 525.

MOULLE

Monela,   1186 Chron. Andr.
Moulla,   1200 id. id.
Mousle.   1243 Cart. de Thérouanne.

Le village de Moulle séparé de celui de Houlle par la petite rivière qui porte son nom et traverse le marais pour rejoindre la rivière d'Aa, doit certainement remonter à peu près à la même époque que son voisin. Cependant ce n'est qu'en 1241 que nous en voyons pour la 1re fois la mention dans les livres, à propos de la séparation des deux paroisses dont nous avons parlé à l'article d'Houl-le. L'année suivante au mois de janvier, Guillaume d'Hamettes bailli de Fauquembergues, du consentement de Jacques son fils ainé, vend à l'église de Thérouanne la dîme de Moulle, qu'il tenait en fief d'Adam de Bours. Arnould avoué de Thérouanne, de qui le dit Adam tenait cette dîme en fief consent à cette cession. Par ce fait, l'église de ce village passait dans les propriétés du chapitre de Thérouanne et nous voyons en effet en 1254, un chanoine de cette cathédrale, appelé *Petrus de advocatis,* nommer à la cure de Moulle.

L'abbaye de St-Bertin était propriétaire de moulins à Moulle ainsi que du vivier qui les faisait mouvoir. Ce fait est constaté dans un acte de décembre 1357, par lequel Robert d'Olchain Sgr de Northout et Pierrotte sa femme reconnaissent que le cours d'eau de leur vivier de Moulle, contenant environ 7 mesures, appartient à l'église de St-Bertin au profit des moulins qu'elle y a, et que les religieux peuvent comme bon leur semble, hausser ou baisser le niveau des dites eaux.

Ce vivier était comme il l'est encore aujourd'hui dans les limites du château de Moulle, et cependant le dit Robert d'Olchain, n'était pas le véritable Sgr de ce village. D'après le registre des *fiefs tenus du Roi à cause de son château de St-Omer,* il n'était possesseur que d'un fief appelé le Hap, lequel s'étendait aussi sur le territoire de Moulle. Le véritable seigneur de Moulle était en 1383 Jean de Rabodengues et la seigneurie lui venait de Madame Jeanne de Bilques, sa mère. En 1386, cette seigneurie appartenait à Robert de Rabodengues fils du précédent, puis en 1405 à Guillaume de Rabodengues. En 1450, c'était Alard de Rabodengues fils de Guillaume qui était seigneur de Moulle. Celui-ci étant mort sans postérité, la terre de Moulle échut à sa sœur Marguerite qui la possédait en 1476. En 1492 nous voyons ce fief transmis à Jean de Ste Aldegonde, devenu Sgr de Rabodengues par son mariage avec Marguerite. En 1506 Jacques de Ste-Aldegonde hérite de la terre de Moulle ; mais l'année suivante il la vend avec d'autres Seigneurie à Jean de Bournel, chevalier, Sgr de Boncourt. En 1523, c'est Roland de Bournel qui figure comme possédant cette seigneurie, qui passe en 1539 aux mains de la veuve Dame Marguerite de Noyelle, comme garantie de son douaire.

Arrivée à ce point, la transmission de la terre de Moulle n'est plus aussi certaine. Le registre des fiefs cité plus haut nous fait connaitre qu'en 1540, Jean Hourdel était curateur des biens délaissés après le trépas de Roland de Bournel Sgr de Boncourt, puis en 1556 nous trouvons Jean Manessier légataire mobiliaire du revenu de trois ans de biens délaissés par Damoselle Nicole Bournel veuve du Sgr de Rogy. Mais nous n'avons pu savoir de quelle manière la terre et Seigneurie de Moulle avait pu devenir la propriété de la dame du Rossignol, ainsi qu'il est dit dans l'extrait du dit registre relatant qu'en 1570, Jean de Créquy, Seigneur de Raimboval, en était devenu possesseur comme neveu et héritier de Dame Ysabeau de Thienbronne, dame du Rossignol.

Après lui, le fief et la seigneurie de Moulle échurent à Antoinette de Créquy sa fille aînée. Mais en 1612, c'est François de Monchy, chevalier mari de Claude de Créquy qui est porté pour la dite Seigneurie, qu'il ne garda pas longtemps, car il la vendit la même année à Denys de Massiette chevalier, Sgr de Staples. Celui-ci la transmit à son fils ainé qui la possédait en 1633.

Vers la fin du xviie siècle, ou au plus tard au commencement du xviiie, la terre de Moulle était entrée dans la famille de Beaufort. Nous trouvons en effet à la date du 27 août 1705, la vente et adjudication de la haute, moyenne et basse justice de la dite terre en faveur de Louis François de Beaufort, Seigneur de Moulle. Au mois de juillet 1733, des lettres patentes portent réunion des terres et Seigneuries d'Houlle et de Buuscheure à la terre de Moulle, et érigeant celle-ci en Comté sous la dénomination de Comté de Beaufort, en faveur de Christophe de Beaufort comte de Croix.

La famille de Beaufort a continué à posséder le chateau de Moulle jusqu'à nos jours. Elle ne l'a aliéné qu'il y a peu d'années.

A la suite de la funeste bataille de Crécy en 1346, tandis que le gros des troupes d'Edouard III se dirigeait vers Calais pour en faire le siège, un parti de soldats anglais parcourut le pays pour marauder et piller. Ils se présentèrent devant Moulle. Il y avait à cette époque dans ce village une confrérie d'Archers sous l'invocation de Saint-Sébastien. Les confréres se retirèrent dans l'église et se défendirent vaillamment contre l'ennemi qu'ils forcèrent à se retirer. En récompense des services rendus, Philippe le bon accorda à cette confrérie des privilèges en 1450.

Ce village tomba aussi en 1644 au pouvoir du maréchal de Gassion.

L'ancienne église tombait paraît-il de vétusté, car celle qui existe aujourd'hui est d'une date toute recente : le 14 Mars en 1839, le Cardinal Evêque d'Arras en bénissait la première pierre. L'édifice actuel ne comprend qu'une seule nef large et élevée, éclairée par des fenêtres cintrées placées à la partie supérieure des murailles. Un clocher carré en pierre surmonte la porte d'entrée décorée d'un fronton et de pilastre.

Les dépendances de Moulle sont des hameaux de peu d'importance, deux d'entre eux sont réunis aujourd'hui au village lui-même, ce sont les hameaux *de Bouquelboise* et *Calbarne*. Ce dernier remontait à une origine assez ancienne, ou du moins le nom du vallon où il se trouvait était connu an xve siècle, car il est désigné dans le cartulaire des chartreux, à l'année 1448 sous cette mention ; *La Vallée de la quellebarne*.

Le Haut Mont est la partie du village de Moulle située sur la hauteur, et traversée par la route nationale N° 43 de Bouchain à Calais : sur le sommet se trouve une petite chapelle sous l'invocation de *Jésus flagellé*. Avant la révolution il se tenait en cet endroit, une foire qui devenait chaque jour plus considérable.

La superficie du territoire de Moulle est de 527 hectares, et sa population est de 1368 habitants.

St-MARTIN AU LAERT

Sanctus Martinus extra burgum 1123 Cart. Sith.
Sanctus Martinus in suburbio. 1139 Cart. de St-Omer.
Sanctus Martinus extra muros 1256 id. de id.
St-Martin dehors la porte Boulizienne 1447 Cart. de St-Omer.
Sanctus Martinus de Lart 1469 Synopsis Sti Bertini.
St-Martin au Lart 1469 id. id.

Saint-Martin-au-Laert connu généralement sous le nom du Nard, a toujours fait partie de la Banlieue de Saint-Omer; mais primitivement plus rapproché de la ville, ce village en formait un faubourg, situé en dehors de la porte Boulenizienne. On ne lui donnait pas alors ilest vrai, le nom relativement moderne qu'il porte actuellement mais il était connu sous le nom de Paroisse Saint-Martin hors les murs. Nous en avons parlé quand il s'est agi des faubourgs de St-Omer, et nous avons dit qu'il fut détruit complètement par ordre du Magistrat, pour dégager les approches de la ville lors du siége de 1477. Outre ce faubourg, il existait un hameau entre la rue du petit Pont, et le courant d'eau *le Naar Stroom*, placé à portée des arquebuses de la place. La destruction de l'Eglise de St-Martin avait privé les habitants de ce hameau de secours spirituels, aussi lorsque le siége fut levé et les français partis, une autre église fut construite au Nord de la place de l'ancienne, sur les bords du courant d'eau précité, où elle forma aussi une nouvelle paroisse. C'est dans cette nouvelle église, située dans l'enceinte fortifiée appelée la herse du Nord, que les Bourguignons avaient préparé en 1489, les petites barques et les échelles de corde, qui devaient leur permettre avec l'aide des conjurés audomarois, de reprendre St-Omer tombé au pouvoir des Français, 22 mois auparavant, ainsi que nous l'avons raconté en un autre endroit. Vers 1539, elle fut transférée en de ça et aux environs du

Petit Pont sur une partie de la Pâture commune appelée *le Laer*, d'où lui vint son nom de St-Martin au Laert.

Cette troisième église ne devait pas être solidement bâtie, car en 1570, le chœur fut renversé par un coup de vent. Il ne fut rétabli que 34 ans après en 1604. Mais le siège de 1638 fut funeste à l'édifice qui fut brulé et démoli complètement. L'on fut obligé de se refugier dans la redoute de l'est et là un autel fut dressé dans le corps de garde de cette redoute pour y célébrer les saints mystères. Lorsque les troupes françaises eurent quitté définitivement les environs de St-Omer, en 1654, les pasteur, connestable et paroissiens de St-Martin-au-Laert adressèrent au Magistrat une requête, dans laquelle ils lui représentaient que le refuge où ils s'étaient retirés n'était pas convenable, d'ailleurs qu'il était trop exigu, et trop éloigné des habitants. Ils demandent en conséquence l'autorisation de construire une autre chapelle en planches, provisoire, sur un coin de la pature commune. La permission leur fut accordée. Cette chapelle provisoire qui avait vingt pieds de large, et 36 à 40 pieds de long, fut élevée à leurs frais, et ils purent ainsi attendre que la paix fut faite pour reconstruire leur vieille église. Nous ignorons si cette reconstruction eut lieu dans cet emplacement. S'il en fut ainsi, ce ne fut pas le dernier, car vers la fin du XVIIe siècle, l'église fut rebâtie définitivement dans l'emplacement qu'elle occupe actuellement.

Aux événements historiques dont ce village fut le théâtre et que nous venons de rappeler à propos des divers emplacements qu'occupa successivement l'église, nous croyons devoir adjoindre les suivants. En 1595 après la reddition du Châtelet, les troupes espagnoles avaient été cantonnées dans les villages autour de Saint-Omer jusqu'au 14 novembre, puis envoyées en garnison à Fauquembergues. Mécontentes de cette résidence, elle revinrent bientôt au Nard, où elles achevèrent de piller et détruire ce qui restait encore debout. Elles y restèrent quinze jours, espérant toujours entrer en ville pour y tenir garnison. Comme le Magistrat leur en refusait l'entrée, les soldats se logèrent par force dans les maisons des paysans, ainsi que chez les Hautponnais et les Iselards. L'année suivante 1596, St-Martin-au-Laert fut exposé aux incursions des troupes françaises qui, cherchant toujours à s'emparer de Saint-Omer, avaient forcé, au moyen d'un pétard, *l'entrée de la Herse du Nord*; mais il ne purent s'y maintenir, et furent obligés d'en déloger.

Sur le territoire de St-Martin-au-Laert, à l'extrémité de la traverse bâtie, le long de la route de Calais, sur le côté gauche, on aperçoit à peu de distance de la route, dans un champ, une colonne isolée qui était autrefois surmontée d'une croix. C'est la *croix Pélerine*, et l'endroit où elle est, marque l'emplacement où en 1449, Jean, bâtard de St-Pol, sire de Haubourdin, et cinq de ses compagnons, soutinrent une joûte contre tous venants, en présence de Philippe-le-Bon et du comte de Charolais.

Vis-à-vis sur le côté droit était le château de Long-Jardin, détruit en 1832. C'était un fief appartenant autrefois au prévôt du chapitre de Saint-Omer. Comme il se trouvait dans les limites de la banlieue, et que les bannis se retiraient sur les terres de cette seigneurie, au lieu de sortir des *mettes* de la banlieue, comme le prescrivait l'arrêt de bannissement, le Magistrat de cette ville fit un échange avec le prévôt de manière à faire cesser toute anomalie et toute équivoque à cet égard.

Outre les deux fiefs précédents, il en existait encore un autre plus important qui gênait les échevins de St-Omer dans l'exercice de leur juridiction sur les terres de la banlieue. C'était le fief de Burques appartenant primitivement au chapitre de la collégiale. Le Magistrat dut transiger avec lui à ce sujet et une charte de Philippe-le-Bon duc de Bourgogne, de 1423, consacre l'accord intervenu entre les deux parties dans cette circonstance.

Le Hameau de Burques est celui de la Tour Blanche. Sur la carte de la Banlieue dressée en 1626, le chateau de la Tour Blanche est désigné sous le nom de le *Bourg ou Beurg*, et sur une autre carte de 1744, sous son nom actuel. Mais l'avenue qui conduit à ce chateau, porte encore le nom de Beurg, et le petit manoir avec tourelles au sud est désigné sous le nom de *Cense du Beurg*. (1) C'est à ce hameau que le vallon dit, *Vallée de Beurkes* va s'embrancher à la vallée de l'Aa.

L'église de St-Martin-au-Laërt, refaite à neuf il y a quelques années, a été construite avec beaucoup de goût en style du XIIIe siècle. Elle se compose d'une seule nef assez large et de deux Transepts formant chapelles, où se trouvent des autels avec retables en pierre sculptée. L'ornementation est très simple. L'église est terminée par une tour carrée en pierre, couronnée d'une flèche en charpente.

Nous ne pouvons quitter St-Martin-au-Laert sans parler de l'avenue en ligne droite, qui relie ce village aux fortifications de St-Omer et qui a joui de quelque célébrité sous le nom *d'allée du Nard*. Abattue en partie le 29 Mars 1595 et le 6 juillet 1635, la plantation a été totalement renouvelée en 1724. Le 24 Décembre 1792, on demanda de l'abattre au profit de la commune de St-Omer. Cette demande n'eut pas de suite. L'année suivante l'avenue en question courut un plus grand danger. Au moment où les alliés étaient devant Dunkerque, dont ils ne purent s'emparer malgré sa faible garnison, l'on s'occupa de mettre la ville de St-Omer en défense. Carnot qui se trouvait à St-Omer, comme Capitaine du Génie, voulut qu'on abattit tous les arbres de l'allée du Nard, qui empêchaient la vue des remparts de s'étendre au loin, et s'opposaient par conséquent à la défense de la place. Heureusement pour les Audomarois qui tenaient à cette avenue, la nouvelle de l'éloignement de l'armée des alliés arriva presque aussitôt et l'allée du Nard échappa à la destruction.

On comprend l'émoi qu'avaient causé aux habitants de St-Omer, les menaces dont avait été l'objet leur chère avenue. C'était en effet pour eux un lieu de rendez-vous et de promenade, et il le fut encore longtemps après. Depuis, les choses sont bien changées : l'allée du Nard est complètement délaissée. Il est vrai que le peu de soins que l'on a pris des plantations, et le défaut d'en-

---

(1) Il est possible que ce petit manoir d'apparence très élégante et très pittoresque, soit le même que le chateau de Scadenbourg qui existait aux environs du château de Long-Jardin. Aucune carte ne nous a renseigné sur son emplacement.

tretien, sont pour beaucoup dans ce fait. Cette promenade est aujourd'hui en voie de transformation.

L'étendue de la Commune de St-Martin-au-Laert est de 492 hectares. Elle a une population de 1189 habitants.

SALPERWICK

Salperoinck 1096 Cart. sith.
Salperwic 1184 Chron. Andr.
Saupruich 1253 de Godefroy.
Sauprwic 1256 Cart. St-Omer, Annivers.
Salprewic 1460 Cart. St-Omer.
Salpruich 1460 Cart. St Omer, Anivers.
Salbruca » Pouillé de Thérouanne.
Sauprewic 1342 Comptes de recettes de la baillie de Merck.
Salbruic 1477 Pierre le prêtre.
Soperwicq 1477 Bignon.
Solperwich 1477 Maillart.

Ce village qu'on désigne encore dans le langage populaire sous celui de Saubruwi ou *Saubruit* apparait d'assez bonne heure dans l'histoire. Sans nous arrêter aux Etymologies que donne Piers d'après Malbrancq, et dans lesquelles il est permis de ne pas avoir grande confiance, nous trouvons dans le cartulaire de Folquin, en 1096, mention d'un Bauduin de Salperwich à l'occasion d'une discussion avec l'abbé Lambert, au sujet de trois livres de deniers qu'il prétendait lui avoir été données par l'abbé Jean, et que les religieux réclamaient comme revenus de cellier.

L'abbaye de St-Bertin possédait à Salperwick des propriétés importantes, provenant soit de donations soit d'acquisitions, et une grande étendue de marais. Vers 1171, nous la voyons racheter au châtelain de St-Omer, le marais dont elle avait la jouissance, parce que celui-ci prétendait que le marais aux environs de son château lui appartenait en fief. En 1286, Hugues de Sawinghem, chevalier, donne à St-Bertin 5 mesures et demie environ de terre et deux dans le marais Delnoort, à l'endroit appelé le Wal de Salperwick, à charge de deux obits par an pour le repos de son âme. Une sentence du prévôt de Montreuil, du 31 juillet 1476 condamne un nommé Mangin Pique, au rétablissement et à la restitution du poisson enlevé par lui au grand et petit *War* (Rivière) de Salperwich, appartenant à St-Bertin, le premier en totalité, le second pour un cinquième. Le 22 juin 1481, l'abbaye achète la 4ᵉ partie d'un grand war existant entre Tilques et Salperwich, sur le quel elle avait déjà acquis le 9 février 1478, douze sous de rente. Une rente de onze sous parisis assignée sur un War et terre maresque était également achetée le 22 mai 1483, et le 24 novembre 1496, un don de 51 sous 7 deniers parisis de rente affectée sur terre et eaux à Salperwich lui était donné pour le salut de son âme par Wilhelmine Raoulle et pour être associée aux prières de l'abbaye.

Comme conséquence de l'importance des propriétés qu'elle possédait dans les marais, et de la grande étendue d'eaux qui s'y trouvaient, la dite abbaye obtenait le 18 mars 1393, le droit d'avoir deux cygnes à Salperwich droit qui ne s'accordait, on le sait, qu'aux propriétaires d'une terre seigneuriale.

Le principal établissement de St-Bertin à Salperwick, était une maison, dite *cense des moines*, entourée de jardins, et de nombreuses terres à labour et patures. Dès le quatorzième siècle elle servait de maison de plaisance et les religieux y venaient souvent pendant la belle saison, indépendamment de ceux que leur santé forçait de l'habiter d'une manière plus continue. Elle fut entourée de fossés en 1424. Un incendie la consuma en partie au commencement de 1507, et en 1592. Elle fut rebâtie de fond en comble en 1751. Ce fut dans cette belle maison de campagne que fut préparé en 1804 le logement du premier consul qui y séjourna deux jours. Elle servit encore deux années de quartier général pour la grande armée pendant le camp de Boulogne. Par suite de cet événement, le nom de *Villa Napoléone* lui fut donné. En 1856 cette ancienne habitation fut détruite, et l'emplacement occupé par un champ de betteraves.

Ce village par sa proximité de St-Omer et le charme de la situation devait attirer l'attention, et inviter quelques unes des nombreuses maisons religieuses de St-Omer à s'y créer un lieu de distraction et de repos pendant les chaleurs de l'été. Les Jésuites y avaient en effet une maison de campagne et une grande ferme dont il ne reste plus aucun vestige. Les chanoines de St-Omer devaient y avoir aussi des propriétés d'une certaine importance, car le 20 Juillet 1657, on les voit accorder 15 florins sur la bourse des anniversaires pour la réparation du toit de l'église.

Peu d'événements remarquables se sont passés à Salperwick. Son voisinage de St-Omer lui attira nécessairement la visite des armées qui vinrent, à plusieurs reprises, faire des tentatives sur la ville, et il dut en éprouver quelques dommages. En février 1489, le maréchal d'Esquerdes y était établi, cherchant vainement à conserver le chateau de St-Omer.

Henri VIII avait logé à la cense de St-Bertin le 9 Aout 1513, quittant un instant le siége qu'il avait mis devant Thérouanne. Le 11 Avril 1597, les Français s'emparèrent du fort de Tanfin situé à proximité de ce village. — Salperwick fut pillé et brûlé lors du siége de 1638, par les troupes françaises qui y construisirent un fort pour protéger leurs opérations. — Le Prince de Soubise y logea en 1755.

La Paroisse de Salperwick était dans le Doyenné de St-Omer pendant l'existence du diocèse de Thérouanne. Mais après la destruction de cette ville, lorsque St-Omer devint un évêché, elle fit partie du doyenné de Longuenesse. Elle avait un curé spécial, à la présentation de l'abbaye de St-Bertin. Cependant il arriva un moment où cet état de choses fut modifié. A la mort du titulaire, arrivée le 25 Mars 1705, l'évêque de St-Omer, Mgr Louis Alphonse de Valbelle, fit sommer les habitants de ce village, qui avaient toujours refusé de loger leur curé, de bâtir au plus tôt une maison pour qu'il put habiter sur les lieux, faute de quoi il les menaça de supprimer la cure. La réponse de ceux-ci ayant été évasive, Mgr de Valbelle mit sa menace à exécution : il supprima la cure qu'il réunit au séminaire diocésain et fit de Salperwick un hameau dépendant pour le spirituel de la cure de St-Martin-au-Laert. Les habitants ne tardèrent pas à s'apercevoir des inconvénients de cette situation, et en 1732 la maison presbytérale était rebatie.

Tout n'était cependant pas terminé. Les dépenses avaient été réparties sur les habitants par arrêt exécutoire du bailliage en date du 16 décembre 1737. Deux individus réclamèrent, contestant la compétence du bailliage en cette matière, parce que Salperwick faisait partie de la banlieue de St-Omer. Mais ils furent déboutés par arrêt du parlement. Ayant ainsi satisfait aux justes prétentions de l'évêque, les habitants purent obtenir un desservant spécial pour leur village, et l'état provisoire, créé en 1705 cessa. Il en fut ainsi jusqu'au moment de la Révolution.

Lors du rétablissement du culte, Salperwick fut réuni pour le spirituel à Tilques, la proximité des deux communes le permettant. D'ailleurs l'église du premier de ces villages avait été détruite, et ce ne fut qu'en 1818 que la fabrique d'accord avec la commune de Salperwick bâtit une petite chapelle, dans l'emplacement de l'ancienne. Depuis un certain nombre d'années seulement, cette paroisse est desservie par un curé qui lui est spécialement attaché.

L'église n'offre rien de remarquable; c'est une simple chapelle en forme de croix latine à une seule nef; la tour surmontée d'une flèche en charpente restée seule debout à la révolution, peut dater de la fin du XVIe siècle. De nombreux pèlerins s'y rendent pour vénérer l'image de Notre-Dame de Bonne Fin. La neuvaine du pèlerinage commence tous les ans le 15 août. On remarque dans l'église des fonds baptismaux en pierre. Leur plan est un hexagone régulier; ils reposent sur un fut cylindrique trapu, muni d'une base. Une astragale sépare le fut de la vasque qui forme chapiteau. Ces fonds baptismaux, sans ornements du reste, paraissent remonter au XVIe siècle.

La superficie de la commune de Salperwick est de 344 hectares : sa population est de 454 habitants.

SERQUES

Segerke, 1135 Cart. de St-Omer.
Sigerka, Segherka, ⎫
Sijerka, Segherke, ⎬ XII° Siècle. Obit. de St-Omer.
Zeghercke, 1276 Cart. St-Om. Anniv.
Serques, 1294, id. id.
Serkes, Pouillé de Thérouanne.

Suivant Malbrancq, en 874 la sœur de Gérard Sgr d'Eperlecques donnait à l'Eglise de St-Omer, le village de Serques comprenant une église, onze maisons, deux pâtures ou prairies, et quantité de terres à labour. Il semble que l'auteur *de Morinis* ait exagéré l'importance de cette donation, car la bulle d'Innocent II, datée de 1139, qui constate les possessions du chapitre, comprend seulement ce qui suit pour le territoire qui nous occupe. « Apud villam Segerka, duas partes decime cum hospitibus,
» terris et cultura decem mensurarum et paludosa terra cujus
» termini sunt dehinc Lelee usque ad lee de Serke usque ad Ven-
» triam. » Il serait d'ailleurs impossible de concilier le fait cité par Malbrancq avec les libéralités dont fut l'objet l'abbaye de Licques dans le même village. Dans ses annales manuscrites de St-Omer, Deneufville nous fait connaître en effet, qu'Arnould, seigneur de Serques se fit religieux au monastère de Licques, et donna à l'abbaye la moitié de ses biens, laissant le reste à ses deux enfants. Une charte de Guillaume chatelain de St-Omer, datée de 1170, confirme cette donation de la moitié de tous les alleux qu'Arnould possédait dans la paroisse de Serques, en terres, prés, eaux et marais, (1) et ordonna en outre que ses deux fils Arnould et Gauthier tiendront l'autre moitié de l'abbaye moyennant le paiement annuel de trois deniers, par le premier et de six deniers par le second. Outre ces terres, une bulle d'Alexandre III, datée du 8 de Kalendes de Novembre 1164, fait

---

(1) L'étendue de ces marais était de 100 mesures.

connaître que l'abbaye de Licques, possédait encore à Serques un courtil et la justice du dit lieu, donnés par Gauthier de Vormezelles, ainsi qu'un marais qui lui avait été concédé par Gérard, Prévôt de St-Omer, ledit marais situé entre Hunerledit et Avelerrled. La donation de Gauthier de Vormezelles avait été faite moyennant un cens annuel de 6 sous 8 deniers. Par une charte de 1190, ce seigneur et son fils remettent à l'abbé de Licques, ce droit, confirmant le monastère dans la Seigneurie qu'il lui avait concédée, et le déchargeant de tous droits, redevances et centièmes. Ils leur donnent en outre une mesure de blé à recevoir annuellement au dit lieu.

Toutes ces donations furent confirmées à plusieurs reprises par les Evêques de Thérouanne et notamment par Adam en 1223.

Indépendamment de ces propriétés territoriales, les religieux de Licques avaient été gratifiés de l'autel de Serques, par la munificence de Milon 1er Evêque de Thérouanne, moyennant une redevance de 5 sous par an. Cette concession fut également ratifiée par le successeur de cet évêque.

Le voisinage des propriétés que le chapitre de Saint-Omer et l'abbaye de Licques avaient à Serques, devait donner naissance à de fréquents conflits, qui se terminaient presque toujours par la confirmation des droits de la dite abbaye. En 1170, la charte de Didier évêque de Thérouanne constate que les religieux ont à Serques, Justice et Seigneurie. En 1244, un règlement intervient à ce sujet entre l'abbaye et le chapitre de Saint-Omer, qui concède en outre à la première trois rasières de blé à prendre sur trois mesures en deux parties au dit Serques. Le 8 janvier 1365 un accord plus explicite est conclu entre les deux parties : L'église de St-Omer reconnait à l'abbaye de Licques la jouissance de la justice et de la Seigneurie à Serques dans tous les tennements du dit monastère, et par conséquent qu'elle peut y percevoir les rentes, reliefs, droits et autres échéances. La nature de cette Seigneurie était Vicomtière. Pour en exercer les droits, l'abbaye de Licques avait un bailli, un procureur d'office et autres officiers. Les tenanciers étaient tenus au service des plaids toutes les fois qu'ils étaient légitimement convoqués. La maison Seigneuriale où ils se réunissaient, était la ferme nommée *Costèl* ou *costède*.

La donation de l'autel de Serques à l'abbaye de Licques, donnait à celle-ci le droit de présenter à la cure, et c'était presque toujours un religieux dudit monastère qui en était le titulaire. Un certificat du 24 septembre 1611 constate que les dits religieux étaient en effet les curés primitifs de cette paroisse. De son côté le chapître de St-Omer, propriétaire d'une assez grande partie de terrain joignant l'église devait contribuer à l'entretien du chœur. Mais il y avait aussi un seigneur séculier de Serques qui prétendait à la jouissance de plusieurs droits honorifiques, et c'est avec lui que l'abbaye de Licques eut les contestations les plus vives, qui aboutirent presque toujours à la condamnation de ses prétentions, comme mal fondées.

Au commencement du XVII° siècle, les droits Seigneuriaux attachés au clocher de Serques, étaient revendiqués à la fois par Robert le Normand vicomte du dit Serques, et par les religieux de Licques. Le premier, lors de la paix conclue entre la France et l'Espagne, avait fait rétablir dans le chœur de l'église une verrière à ses armes, en remplacement de celle détruite pendant la guerre. Celle-ci, avant la destruction, avait été examinée par deux experts, en présence de l'abbé de Licques, et il avait été reconnu qu'elle remontait au moins à deux cents ans ; il parait même que l'abbé avait alors déclaré que l'abbaye de Licques n'avait aucun droit de fondateur sur l'église de Serques. Les choses étaient en cet état, lorsque le prieur de Licques, frère Valentin de Bonnehem arriva à Serques, se transporta dans l'église, fit enlever un tableau de famille armorié que Robert le Normand avait fait placer, remplacer la verrière par une autre aux armes de l'abbaye et défendit au curé de recommander au prône le dit Robert comme Seigneur. Sur la réclamation de celui-ci une enquête fut faite en 1604, d'après laquelle ses droits paraissent bien établis et en effet, un arrêt du Conseil d'Artois, du 20 Janvier 1612, vint consacrer ses justes prétentions, en ordonnant le rétablissement des objets enlevés par l'ordre du prieur, et condamnant celui-ci aux dépens.

Nonobstant cet arrêt, en 1681, l'abbé de Licques recommença les hostilités. La tour qui était tombée depuis une vingtaine d'années avait entraîné la destruction des verrières et des autres marques constatant les droits Seigneuriaux appartenant au Vicomte de Serques. Le Marquis de Lugy, alors en possession de cette Seigneurie, après le décès de madame de la Couture, voulut les faire rétablir. L'abbaye s'y opposa. Une enquête eut lieu en 1711, et il fut prouvé par le dire des habitants les plus âgés de la commune, que les prédécesseurs du Marquis, jouissaient de droits nombreux et positifs inhérents à la seigneurie Vicomtière, et notamment de toutes les marques honorifiques dont la suppression ordonnée par l'abbé de Licques, avait été l'origine du litige. Un arrêt fut rendu le 7 février 1724, par lequel l'abbaye de Licques fut déboutée de ses prétentions. Cet arrêt fut signifié au curé de Serques, qui était en même temps moine de Licques. Mais il parait qu'il ne s'y conforma pas, car le Sr Marcotte, successeur du Marquis de Lugy, fut obligé en 1716 de porter une nouvelle plainte, à la suite de laquelle le dit curé fut condamné à la réparation du trouble causé, il lui fut en outre défendu de récidiver dans le refus de rendre au seigneur les droits seigneuriaux, tels qu'ils étaient repris dans l'arrêt de 1714.

Les Religieux de Licques ne renoncèrent pas pour cela à leurs prétentions, et ne se considérèrent pas comme battus, car en 1739, appelés à assister à la rédaction de la coutume de St-Omer, ils protestèrent contre le titre de Seigneur de Serques que prenait Philippe Alexandre Marcotte, écuyer, Seigneur de Roquetoire. (1)

Entre temps, un nouveau compétiteur s'était présenté qui prétendait aussi aux droits honorifiques attachés au titre de seigneur. C'était le chapitre de St Omer.

En sa qualité de Seigneur foncier des terres joignant l'église

---

(1) Voir pour plus de détails sur toute cette affaire, dans les mémoires de la société des antiquaires de la Morinie. T. I., une notice d'Alexandre Hermand sur Serques.

et comme chargé de l'entretien du chœur, il prétendait avoir droit à être recommandé au prône. Nous ne savons quelle fut la suite de cette nouvelle discussion, au moins pour le moment. D'ailleurs la révolution vint bientôt apporter un terme à toutes les compétitions.

Les événements historiques dont Serques a été le théâtre sont peu nombreux. Le plus important fut l'attaque dont ce village fut l'objet à la fin du XVIe siècle. Le 13 Janvier 1597, les Français voulurent s'emparer par surprise de l'église où étaient réfugiés les paysans avec leurs bestiaux. La première nuit l'attaque ne réussit pas, et les Français se retirèrent. Mais la seconde nuit, ils revinrent en force et malgré la vive résistance des paysans, ils les obligèrent à se retirer sur la voûte de l'Eglise, dont ils forcèrent alors la porte. Ils pillèrent l'église complètement et en partant ils mirent le feu à la paille et au fumier qui étaient dedans, pour étouffer les défenseurs ; mais les paysans purent échapper.

Au commencement de 1598, Serques fut encore pillé par les troupes espagnoles que le Magistrat ne voulait pas admettre dans la ville. Cette commune fut aussi dévastée par les troupes françaises au moment du siège de 1638.

L'église de Serques fut vendue à la révolution et rachetée par les habitants qui s'empressèrent de la rendre à sa destination lors du rétablissement du Culte. Elle est en forme de croix latine, et n'a qu'une seule nef. Il devait y avoir anciennement trois nefs, la longueur exagérée des bras de la croix l'indique. On peut en outre remarquer une différence dans la construction des extrémités de ces transepts, et des parties qui joignent la nef, différence indiquant nettement que ces dernières sont d'une date beaucoup plus récente. La tour surmontée d'une flèche en charpente qui s'était écroulée vers 1660, parait avoir été reconstruite peu après. Elle est d'ailleurs sans caractère. La chaire de vérité parait provenir de l'ancienne église. La cuve offre cinq panneaux sculptés représentant en buste, le Christ et les quatres évangélistes. Au dossier on voit le Père Éternel accosté de deux Séraphins. Sans être d'une grande finesse, ces panneaux ne sont pas dépourvus de mérite.

Le territoire de Serques a une superficie de 979 hectares et sa population est de 1056 habitants.

TILQUES

Tilleke, 1139, cart. St-Omer.
Tilleka, XII° S. obit. St-Omer
Tilque, 1370. cart. St-Omer.
Tilke, Pouillé de Thérouannne.
Tilques, Pouillé de St-Omer.

L'existence de Tilques paraît ancienne. Sans cependant essayer de la faire remonter jusqu'à Jules César, comme le fait Malbrancq, nous savons d'après la bulle d'Innocent II, datée de Mai 1139, qu'à cette époque le chapitre de St-Omer y possédait une portion de dîmes : *Appud villam Tilleke duas partes decime*. La dîme totale paraît avoir été partagée entre la collégiale et l'abbaye de Saint-Bertin, car les bulles de Lucius II en 1144 et d'Eugène III en 1145, confirmant la propriété de cette dernière, y comprennent la dîme de Tilques. Ce fait tendrait à démontrer que la dîme totale de ce village fut donnée au monastère de Sithiu, avant la séparation des deux églises opérée par Fridogise. M. Harbaville dit en effet que Tilques était compris dans la donation d'Hunroc. Au reste le chapitre et l'abbaye n'étaient pas les seuls à prélever des revenus dans ce village; les chanoines de Thérouanne possédaient une rasière de blé à Tilques, ainsi que le constate une charte de 1151. En outre par acte du 3 juin 1249 Arnulphus avoué, de Thérouanne et Béatrix sa femme, concèdent à Pierre, évêque de Morins, le droit qu'ils avaient *jure hereditario*, de prendre certaines gerbes, sur chaque monceau de gerbes (*de moncello garbarum*) dans la paroisse de Tilques, même sur la part de l'évêque et des autres qui possédaient des dîmes. Les donateurs stipulent qu'ils abandonnent tous leurs droits tant au possessoire qu'au pétitoire.

Tilques était compris en partie dans la banlieue de St-Omer, et le Magistrat de cette ville veillait avec un soin jaloux qu'on n'empiétât pas sur ses droits de juridiction dans toute son étendue. Un conflit s'éleva en 1661 pour le fait suivant. M. N, Taffin, écuyer, seigneur du Hocquet, conseiller au conseil d'Artois, avait fait faire une chapelle de la Vierge au village de Tilques, sur un flégard où se trouvait une image de la Vierge attachée à un arbre, et avait apposé un tronc à ses armes pour recevoir les offrandes. Ce lieu étant compris dans les limites de la banlieue, le Magistrat de Saint-Omer, à qui aucune autorisation n'avait été demandée, intenta une complainte contre le sieur Taffin, comme ayant empiété sur sa juridiction. Mais celui-ci ayant déclaré qu'il ne prétendait aucun droit de justice, haute, moyenne ou basse pour ce fait et qu'il reconnaissait au contraire que le Magistrat était en possession de la juridiction dans toute l'étendue de la banlieue comprenant aussi l'emplacement de la chapelle en question, l'affaire se termina à l'amiable; le Magistrat, de son côté, renonça à la prétention qu'il avait émise de tenir le fond de la dite chapelle pour flégard ou lieu commun et à tout droit au possessoire et au pétitoire en ladite chapelle ni au plantis qui y avait été fait; sa compétence pour la juridiction seule étant reconnue.

Comme les autres villages des environs de Saint-Omer, pour lesquels nous n'avons pas jugé à propos de mentionner le fait, Tilques comprenait plusieurs fiefs tenus du roi à cause de son château de Saint-Omer, parmi lesquels nous trouvons en 1438 et 1454, un désigné sous le nom de fief de l'avoué, tenu par un membre de la famille de Ste-Aldegonde, et en 1639 un autre fief sans désignation acquis par Pierre Taffin, ecuyer seigneur de Viegris par l'achat fait à M. Nicolas Taffin, écuyer seigneur du Hocquet; mais parmi tous ces fiefs plus ou moins importants nous n'avons pas vu figurer la seigneurie de Tilques proprement dite. La seule mention qui nous soit fournie est de l'année 1560 ; elle concerne les droits d'hypothèque pris sur cette seigneurie appartenant alors à Mme de Bomelles ; mais au moment de la rédaction de la coûtume de St-Omer, elle était entre les mains de Messire Philippe François, prince de Rubempré, qui avait donné son rapport pour ladite terre ainsi que ses autres seigneuries, le 26 janvier 1721, en affirmant qu'il y avait droit de justice haute moyenne et basse, administrée par un bailli des hommes de fief, sergents et échevins pour juger suivant les cas.

Après la Seigneurie de Tilques, un des fiefs les plus importants de cette paroisse était certainement celui d'Ecout dont le château, ancienne forteresse, existe encore en partie. Au treizième siècle cette seigneurie était entre les mains d'une famille qui en portait le nom et qui jouissait en outre de divers cens assis sur un assez grand nombre de maisons à Saint-Omer, sur le grand marché et dans la rue de la basse Boulogne. L'ensemble de tous ces revenus formait un fief désigné sous le nom de fief d'Ecout, dont le possesseur avait le droit d'avoir un aman pour rendre la justice et une prison pour y mettre les malfaiteurs. Ce fief avait été vendu en février 1286, à Jehan de Ste-Aldegonde par Aêlis dame d'Ecout et Philippe de Kienville son mari. Dans l'acte de cession, il est dit avoir appartenu jadis à Willaume d'Ecout chevalier. Il fut donné aux chartreux par la famille de Ste-Aldegonde. Depuis cette époque la seigneurie d'Ecout changea de possesseur. En 1638, elle appartenait à Jacques de Croix qui fut mayeur de St-Omer et qui alors était juré au Conseil.

Le château d'Ecout était une véritable forteresse dont la position au milieu des marais inspirait à son possesseur une grande sécurité qui pouvait quelquefois lui devenir funeste, témoin cette anecdote racontée par notre vieux chroniqueur Hendricq. « le 29 décembre 1595, les français d'Ardres, prendrent de
» nuit Monsieur d'Ecout dans son château et le menèrent à
» Ardres : iceluy par sa nonchalance pensait bien estre aussi
» asseuré en son château comme en la ville de SaintOmer,
» tellement que se fiant en ses profonds et larges fossés et

» hauteur de ses rempars, ne se donnait de faire si bon guet
» comme il debvoit »

Aujourd'hui, il ne reste plus que fort peu de chose de ce château, transformé en maison particulière. On y voit l'entrée principale composée d'un corps de bâtiment, flanqué de deux tours. Tout le reste a été rasé, il n'y a plus que la partie inférieure des murailles plongeant dans les fossés.

L'Eglise de Tilques a été reconstruite à neuf peu de temps après 1840. Elle est à une seule nef en style du XIVe siècle et décorée de vitraux peints. Le chœur est plus étroit que la nef. Un plafond simulant des voutes gothiques la recouvre et elle est précédée d'une tour carrée. Nous avons eu le regret de ne pas retrouver dans le chœur les marbres consacrés à la famille Taffin de Huppy et Deslyons de Moncheaux, dont parle Piers dans sa notice sur Tilques. Il eut cependant été bon de les replacer après la reconstruction de l'église et de conserver ainsi le souvenir de deux familles du pays.

La superficie du village de Tilques est de 704 hectares.

La commune contient 1158 habitants.

CANTON SUD

DE

SAINT-OMER

ARQUES

Araca, 828 Cart. Sithiense.
Arecas, X⁰ siècle, Cart. Sithience.
Arkas, 1107 Cart Sithience.
Arcœ, Lambert d'Ardres.

L'origine d'Arques est impossible à préciser. Les découvertes faites à diverses époques dans les coteaux qui bordent la rive droite de la rivière d'Aa, tendent à démontrer que le pays fut habité à l'époque Romaine. Son nom, dit Malbrancq, dérive de celui d'une des forteresses (*arx, arces*) construites par le peuple conquérant dans l'étendue du territoire conquis, et qui existaient à Arques, Sithiu, Watten, la Montoire, Guines etc. Le même auteur prétend que la terre d'Arques fut donnée en 526 à Mathide fille de Léger II Comte de Boulogne. La première fois que nous voyons le nom d'Arques paraître d'une manière certaine dans les titres, c'est à propos de la donation de cette terre par Walbert, descendant de Mathilde, et portant le titre de Comte d'Arques. Ce seigneur ayant reçu la visite de St. Omer et de St. Bertin, se lia d'amitié avec eux, et à la prière de St. Omer, il construisit une église que ce saint Evèque consacra et dédia à St. Martin, et où il vint souvent célébrer les Saints offices et instruire le peuple. Peu de temps après, en 668, Walbert se retira avec son fils à l'abbaye de St-Bertin, où tous les deux prirent l'habit religieux, après avoir fait don à l'abbaye de la ville et Comté d'Arques.

En 790, Odland, 9ᵉ abbé de St-Bertin, aggrandit le château, où il établit sa résidence, répara ou peut-être même reconstruisit l'église St-Martin, et décida que chaque semaine, cinq religieux tirés du monastère de St-Bertin, et autant du monastère de St-Omer (monastère d'en haut) viendraient habiter Arques, pour servir Dieu. C'est à cet abbé qu'est due la construction du moulin d'Arques. Un de ses successeurs en 1102, obtint du Comte de Flandre une charte défendant d'établir aucun moulin sur la rivière, entre Arques et la mer, sans l'autorisation de l'abbé de St-Bertin. Cette prohibition fut invoquée plusieurs fois et notamment en 1119, lorsque les chanoines de Watten voulurent élever un moulin entre St-Momelin et Watten; sur la réclamation de l'abbé Lambert, le comte de Flandre leur interdit d'exécuter ce travail.

En 901, Baudoin le Chauve, comte de Flandre, devenu abbé de de St-Bertin, s'empara de tous les biens du monastère et notamment du comté d'Arques, qui ne fut rendu aux religieux qu'en 952, par Arnould le Vieux, oncle d'Hildebrand, 26ᵉ Abbé, à la prière de sa femme, Athala Comtesse de Flandre : cette restitution fut confirmée en 962 par Lothaire, qui en même temps confirma l'Alleu (Allodium) donné après son décès par Evrard avoué d'Arques. Depuis ce moment, les comtes de Flandre se montrèrent zélés protecteurs et défenseurs des droits de St-Bertin. En 1056 une discussion s'était élevée entre l'abbé Bovon et Gerbodon, avoué de l'abbaye, au sujet des exactions que celui-ci voulait faire supporter aux serviteurs du monastère et à ses sujets dans le comté d'Arques. L'affaire déférée à Baudoin comte de Flandre, fut réglée par une charte du 6 Janvier qui fixa les droits des parties.

En 1093 Robert le Frison confirme et augmente par sa charte les droits et immunités de l'abbaye à Arques. Il reconnait que le comté d'Arques est soumis à St-Bertin en tout, sans qu'il puisse être molesté par qui que ce soit. L'abbaye pourra faire paître ses porcs et ses troupeaux dans la forêt de Rihoult, sans être soumise à aucun droit à ce sujet. La possession du marais qui est situé entre les terres à labour, le vieux monastère, le vieux fossé, la forêt, etc, est aussi confirmée ainsi que certains autres droits pécuniers. Ce n'était point encore là instituer la commune d'Arques, mais c'était un acheminement. Guillaume chatelain de St-Omèr, en affranchissant, en 1202, les habitants de la servitude, leur donnait presque les privilèges d'une commune. Aussi quelques années plus tard, en 1231, Jacques 1er 47e abbé, en leur donnant la charte connue sous le nom de *Koeure* d'Arques, ne fit-il que règler d'une manière définitive, ce qui existait déjà depuis quelque temps. Jetons un coup d'œil sur cette institution.

La commune d'Arques avait à sa tête sept échevins et des Koeuriers (*choremanni*), les premiers ayant les attributions administratives, et les autres les fonctions judiciaires. Les échevins pouvaient rester en place tant que l'abbé le jugerait bon, mais les Koeuriers étaient renouvelés tous les ans. L'élection des échevins avait lieu comme il suit: les cinq premiers étaient choisis par l'abbé et son conseil au sein du quel ils étaient appelés successivement pour procéder à la nomination des autres. Les deux derniers étaient élus par les cinq échevins déjà nommés. Quant aux Koeuriers, ils étaient choisis par les échevins sur l'avis de l'abbé, parmi les hommes les plus sages et les plus prudents du comté, et à leur entrée en fonctions ils juraient de conserver les droits de l'église, de l'abbé et du couvent, des veuves et des orphelins, des riches et des pauvres dans toutes les causes qui leur sraient déférées, et de rendre une justice impartiale pour tous.

Viennent ensuite les prescriptions pour le maintien de la commune. Tous ceux qui demeurent à Arques, sont tenus de jurer la Koeure. — Si un étranger veut venir habiter le comté, il devra jurer la Koeure dans le délai de quarante jours, et paiera un droit de 10 sous. Dans le cas où il n'aurait pas rempli cette obligation dans le délai voulu, il paiera cinq sous d'amende outre le droit, et jurera la Koeure s'il veut rester. Sur le montant de l'amende, le Prévost aura deux sous, la commune deux sous et le Mayeur douze deniers. — Si après avoir juré la Koeure on s'absente pendant une année, à son retour, on sera obligé de la jurer de nouveau en payant les droits précités. Quiconque sera émancipé ou mis hors de tutelle devra incontinent jurer la Koeure, et si l'on soupçonne quelque fraude, on en référera au prévost. Si l'un des habitants ayant juré la Koeure veut se retirer de l'association, ses biens immeubles resteront à l'abbé, à moins qu'il ne les ait vendus ou laissés à un autre habitant, offrant une garantie suffisante. Cette condition avait pour objet de conserver intacts les droits de seigneurie de l'abbaye sur le Comté, et une note spéciale ajoutée au texte recommande de ne jamais le changer.

La division de la pature commune faite entre la ville d'Arques et l'abbaye, restera telle qu'elle a été établie. Le fossé qui la divise appartient à l'abbaye, mais son entretien et sa réparation regardent la commune. L'abbaye a seule le droit d'extraire des tourbes dans le marais. — Un étranger qui viendrait habiter Arques ne pourrait user de la pature qu'après avoir juré la Koeure. — Les Koeuriers disposeront de la pature après avoir pris l'avis du prévost.

Ce qui suit est un véritable code pénal à l'usage des habitants d'Arques. Nous ne nous y arrêterons pas, il ne diffère pas essentiellement de ce que l'on rencontre pour d'autres communes. La connaissance des crimes pouvant entraîner la peine capitale est réservée à l'abbé, qui les jugera une fois par an.

La charte finit par la reconnaissance que la Koeure pourra être améliorée, recommandant toujours de préférer les bonnes dispositions aux mauvaises et les meilleures aux bonnes. Si quelque nouveau cas se présentait qui ne fut pas prévu, on devra en référer aux francs hommes de l'église de St-Bertin, dans la cour abbatiale, ou bien demander l'avis des choremanns du bourg de Furnes.

La Koeure ou loi d'Arques, telle que nous venons de l'analyser, n'est pas la première rédaction de cette pièce importante. Il fau admettre, d'après le récit d'Ypérius, que celle-ci était antérieure de plusieurs années. Mais en 1231, la commune d'Arques ayant usurpé le marais de l'abbaye, et ayant voulu le transformer en paturage commun, l'abbé se transporta sur les lieux litigieux où l'avaient appelé les échevins d'Arques, sous prétexte de négociation. Là il fut indignement traité par une multitude furieuse et eut de la peine à s'échapper. L'insulte ne pouvait rester impunie. La loi d'Arques fut retirée et la communauté des habitants fut privée de ses droits et privilèges. Le roi de France Louis IX, qui se trouvait en ce moment à St-Bertin, approuva cette mesure de rigueur, et ce ne fut que quelque temps après que l'abbé Jacques rendit à la commune la Koeure ou loi amendée, et ne pouvant donner lieu à aucune fausse interprétation. Après avoir refusé pendant un mois de la recevoir, les habitants finirent par se soumettre, les nouveaux statuts furent exécutés, et peu à peu formèrent la coutume du pays.

La loi d'Arques continua à être observée sous sa forme ancienne pendant toute la durée de l'existence de l'abbaye de St-Bertin. La nouvelle édition qu'en donna Guillaume Fillastre en 1468, n'est à proprement parler qu'une traduction française de la Koeure primitive, dans laquelle cet abbé avait introduit les modifications qui étaient une conséquence de la marche du temps et qui sont surtout relatives au taux des amendes et peines pécuniaires. Quelques articles sont ajoutés à la partie que nous avons appelée le Code Pénal. De plus, tandis que la rédaction première laissait à la volonté des koeuriers, de fixer les jours de jugement, dans celle-ci, il est prescrit à ces agents de s'assembler à cet effet tous les mercredis après la messe. Cette nouvelle charte fixe aussi le nombre des koeuriers à neuf, et réserve à l'abbé le droit de les révoquer avant l'année révolue.

La Koeure d'Arques fut confirmée en 1515 par François 1er. Sous l'influence des institutions libérales qui avaient été données et de la haute protection de l'abbaye, Arques ne tarda pas à acquérir un grand degré de prospérité. L'industrie de la draperie s'y établit, malgré l'opposition de la ville de St-Omer.

Malheureusement les fabricants, au lieu de s'en tenir à leurs produits, s'avisèrent de contrefaire les produits audomarois. Il en résulta une hostilité déclarée, qui dégénéra promptement en désordres graves. Nous avons raconté dans l'histoire de St-Omer, les diverses péripéties de cette véritable guerre entre les deux communes. Nous n'y reviendrons pas. A partir de ce moment, l'industrie de la draperie alla en décroissant à Arques, comme du reste dans tout le pays. L'état de guerres incessantes dont il fut longtemps le théâtre, n'était pas propre à la faire prospérer.

Dans cette circonstance l'abbaye avait pris fait et cause pour ses vassaux, et avait obtenu une réparation convenable. L'amende honorable que dut faire le Magistrat de Saint-Omer était de nature à satisfaire son amour-propre. Les abbés ne négligeaient d'ailleurs jamais de saisir les occasions propices pour faire constater leurs droits. En 1247, ils avaient obtenu la délimitation de la banlieue de St-Omer du côté d'Arques et des bornes avaient été plantées pour indiquer clairement les limites jusqu'où s'étendaient les droits de juridiction de chacune des parties. En 1251, l'abbé de Clairmarais reconnait que l'abbaye de St-Bertin a toute justice séculière dans la pâture d'Arques tant vers St-Omer que vers Clairmarais. En 1429 le Magistrat de St-Omer donne à l'abbaye un acte de non préjudice pour un exploit fait à Arques envers un individu pour une amende de 60 sous parisis.

Entre temps, l'abbaye ne négligeait aucune occasion d'accroître son domaine réel à Arques. Indépendamment des acquisitions nombreuses que nous renseigne le grand cartulaire, nous trouvons encore divers actes d'incorporation de biens par voie de confiscation, conformément à la coutume, comme en 1461 où nous voyons une sentence du bailli et des francs hommes de St-Bertin en date du 22 août, adjuger au monastère les biens de Marguerite Macharde qui s'était pendue et étranglée dans sa maison; de plus le couvent avait acquis en 1265 de Guillaume de Clarkes, le droit de rouage à Arques. En un mot, indépendamment de la propriété réelle d'une grande étendue de terres l'abbaye était en jouissance de tous les droits utiles dépendant de la seigneurie d'Arques, et y exerçait la justice haute, moyenne et basse. Diverses décisions avaient consacré et reconnu ces droits. Nous ne citerons que l'arrêt du grand conseil de Malines du 17 Mars 1542 qui reconnaît à St-Bertin toute justice haute, vicomtière et foncière dans ses seigneuries, au nombre des quelles figurait Arques : d'un autre côté les abbés veillaient avec un soin scrupuleux à ce que les habitants de cette commune n'empiétassent pas sur les propriétés du monastère. Des lettres royales du 7 mai 1578, donnent gain de cause à St-Bertin contre les habitants d'Arques qui voulaient réunir les pâtures de l'abbaye à leur pâture commune. D'autres titres, notamment l'accord du 7 janvier 1565 et la sentence du conseil d'Artois du 20 Avril 1581, rappellent cette clause de la Koeure ou loi d'Arques, que c'était aux habitants qu'incombait l'obligation de refaire le fossé qui formait la séparation de la pâture commune et des propriétés du monastère, et de réparer les dégats causés aux digues, batardeaux et ponts.

La commune d'Arques a été le théatre d'un assez grand nombre d'événements historiques que nous allons énumérer sommairement.

En 1065, l'Empereur Henri IV, avait formé le projet de s'emparer de la ville d'Aire et de St-Omer. Il vint se poster sur le territoire d'Arques qu'il ravagea, mais il fut obligé de s'en retourner sans avoir accompli son dessein.

Suivant Oudegherst, Baudoin VII Comte de Flandre, partant de St-Omer pour se rendre en Normandie, tomba, auprès d'Arques, dans une embuscade préparée par les Anglais, ses ennemis, y reçut une blessure mortelle et fut transporté à Arras et ensuite à St-Bertin.

Ce fut à Arques que Philippe Auguste, peu de temps avant la bataille de Bouvines, assigna un rendez-vous à Ferrand de Portugal pour terminer leur différend à l'amiable, mais ce Prince ne vint pas.

Nous avons parlé de l'attaque de St-Omer au XIV siècle par le comte de Juliers à la tête d'une nombreuse armée de flamands.

Nous avons dit qu'il fut repoussé avec de grandes pertes. La compagnie d'Yprès brûla le village d'Arques et assiégea le chateau. Les Audomarois vinrent au secours de la forteresse et il y eut en cet endroit une lutte acharnée et sanglante. Le pont d'Arques dont les Flamands s'étaient emparés s'écroula pendant la mêlée, et une grande partie des Flamands furent tués ou submergés.

Au mois de juillet suivant, les Flamands revinrent encore à la charge, prirent Arques de nouveau, mais ils en furent promptement délogés.

A la suite d'une révolte des Flamands contre leur Comte, Louis de Nevers (dit de Crécy), un congrès fut tenu à Arques en 1326, dans lequel le dit Comte pardonna à ses sujets, et leur imposa la condition de fonder un couvent de chartreux à Courtrai, et d'exécuter plusieurs pélerinages.

En 1340, Robert d'Artois, vint assiéger St-Omer, et établit son camp à Arques. Nous avons dit ailleurs le résultat de cette tentative, et la défaite complète de son armée. Pendant le siège de Calais, Arques fut incendié par un corps d'Anglais commandé par Oudart de Renti.

Durant cette guerre désastreuse, Arques fut plusieurs fois incendié par les troupes Anglaises. Ce village se trouvait exposé à toutes les incursions des armées ennemies et n'avait aucun moyen de leur opposer la moindre résistance. Pour obvier à cet inconvénient, du moins en partie, le 10 juillet 1403, Wallerand de Luxembourg, Capitaine général de Picardie, donne l'autorisation à St-Bertin, probablement sur sa demande, de faire fortifier l'église d'Arques aux frais des habitants et de l'abbaye, et d'y faire faire le guet, ajoutant que les habitants seront ainsi dispensés d'aller faire le guet ailleurs. Cette mesure ne pouvait être que provisoire, l'église n'était pas assez forte pour résister longtemps; l'abbé le sentit bien, et demanda alors à transformer le lieu de la résidence du prévost en un chateau fort, où les habitants pourraient se retirer en cas d'alarme. Par ses lettres du 29 mai 1413, Charles VI accorde l'autorisation demandée, et recommande au prévost de Montreuil de ne faire aucun obstacle aux travaux. L'année suivante, Jean-sans-Peur duc de Bourgogne et Comte de Flandre, à qui l'on avait représenté que les ouvrages entrepris pouvaient être nuisibles au pays, les fait visiter et le 12 Mars 1414, il en ordonne la continuation. Une nouvelle visite fut faite le 16 juillet 1415 au nom du Duc par le Sire de Croÿ, qui prescrivit plusieurs améliorations, ainsi que les dispositions à suivre pour achever de rendre le chateau capable de résister. Les fortifications furent encore augmentées en 1466.

Transformée ainsi en forteresse, la prévôté d'Arques, put servir de refuge aux habitants et à leurs bestiaux ; mais elle ne put empêcher que le village ne fut encore complétement détruit lors des incursions faites par les troupes ennemies qui sillonnèrent la campagne pendant longtemps autour de St-Omer. En 1522, il fut deux fois incendié par les mercenaires Allemands. En 1543, il le fut de nouveau par les Français. Le chateau lui-même ne devait pas toujours rester à l'abri de toute attaque. Il avait été en partie brûlé par les troupes de Louis XI en 1477 : le maréchal d'Equerdes le fit restaurer en 1487.

Le 2 décembre 1597, les Français essayèrent d'enfoncer les portes avec deux pétards, mais ils furent vigoureusement repoussés. Lorsque le maréchal de Chatillon vint faire le siège de St-Omer en 1638, les Français attaquèrent le chateau le 26 mai, avec quatre pièces de canon, et l'emportèrent après une courte attaque, bien qu'il fut muni abondamment de vivres et de munitions, mais il n'avait que trente hommes de garnison. Le Maréchal y établit son quartier général et l'évacua lors de la levée du siège de St-Omer. Il fut repris le 26 septembre 1643, par les troupes françaises sous les ordres du Maréchal de Gassion, qui y laissa un régiment de cavalerie pour tenir les Espagnols en échec. Enfin, la dernière fois que le chateau d'Arques figura comme forteresse, ce fut au moment du siège de 1677. Le 5 mars de cette année, le duc d'Orléans s'en empara. Depuis cette époque, par suite de la réunion de St-Omer à la France, son rôle militaire se trouva terminé.

Le château d'Arques, demeure du Prévost, représentant de

l'abbé de St-Bertin, reçut à plusieurs reprises dans ses murs plusieurs grands personnages. Indépendamment des évêques de Thérouanne qui y vinrent souvent s'abriter contre les calamités qui menaçaient leur ville épiscopale, et qui avaient soin chaque fois de donner à l'abbé de St-Bertin un acte de non préjudice, nous voyons en 1479, l'Empereur Maximilien s'y arrêter trois jours en se rendant à Enguinegatte; le 26 septembre 1581, le prince de Parme gouverneur des Pays-Bas, coucha à la Prévôté d'Arques, et le duc d'Arschot s'y trouva à la fin de 1596. Le 2 juillet 1657, le Duc d'Yorck, depuis Jacques II, stationnait à Arques avec le prince de Condé et Don Juan d'Autriche. Au commencement de ce siècle, en 1814 et 1815, le Duc de Wellington, commandant l'armée d'occupation, y établit son quartier général.

Outre les désastres signalés précédemment, Arques eut à essuyer plusieurs autres incendies dûs à des accidents. Ypérius raconte que dans un incendie qui éclata en 1135 à la prévôté, la chasse de St-Folquin qui était en bois, conservée dans la chapelle, fut entièrement consumée, mais les reliques se trouvèrent intactes au milieu des brasiers. En 1512, à la mi-carême, il y eut un incendie considérable qui réduisit en cendres la plus grande partie des maisons. En 1597 deux incendies successifs éclatèrent sur le territoire d'Arques, mais n'atteignirent que des barraques de vivandier. Le 22 janvier 1727, le feu prit à un four et occasionna la destruction de 30 à 40 maisons. De nos jours, en 1839, le 25 Juin, le feu consuma cinq maisons et leurs dépendances, vis-à-vis la verrerie.

En 1791, après la suppression de l'abbaye tous ses biens furent confisqués. La prévôté d'Arques avec toutes ses dépendances fut mise en vente, et acquise par M. Liborel, devenu plus tard conseiller à la cour de cassation, qui s'empressa peu de temps après de se débarrasser des parties d'un entretien onéreux, le château et les moulins, ne gardant pour lui que les terres d'un plein rapport.

Le Château actuel n'est pas l'ancienne forteresse édifiée en vertu de l'octroi de Charles VI, il a été reconstruit du moins en grande partie en 1664, ainsi que le constate ce millésisme inscrit sur une de ses faces. Il conserve encore ses tours d'angle dans la partie qui longe la route nationale, mais le couronnement en a disparu. L'une d'elles a même été surhaussée pour former une espèce de belvédère. Dans le soubassement de cette partie, on remarque les meurtrières à trous ronds pour y passer les pièces d'artillerie, destinées à défendre le passage le long de la rivière. Du côté de l'Eglise. on aperçoit encore la base d'une tour dont le pied plonge dans le fossé profond qui sépare les murs du château du cimetière.

L'église est relativement moderne. Celle qui avait été fortifiée en 1403 par les soins de Wallerand de Luxembourg fut détruite en 1543 dans le sac du village. Les parties qui sont anciennes dans l'édifice actuel accusent la fin du XVIIe siècle. L'intérieur se compose de trois nefs d'égale hauteur, séparées par des colonnes à chapitaux sans caractère bien prononcé. Les arcades au nombre de quatre supportées par ces colonnes sont légèrement ogivales. Il en est de même des fenêtres. L'extrémité des nefs latérales était éclairée autrefois par une fenêtre aujourd'hui bouchée. Le chœur et les deux absides qui terminent les dites nefs sont de construction beaucoup plus récente et leur plafond n'atteint pas la hauteur de celui du reste de l'église. Cette église est terminée à l'ouest par une tour carrée construite en pierre blanche surmontée d'une flèche également en pierre. La construction de celle-ci avait été décidée le 14 juillet 1776, à la suite d'une transaction entre les habitants et l'abbaye de St-Bertin. Mais l'inspection prouve que le bas de la tour est plus ancien. Toutefois le portail parait être de la fin du XVIIIe siècle.

La superficie de la commune d'Arques est de 2048 hectares, et la population de 4145 habitants.

Les dépendances d'Arques sont *Haut-Arques, Malhove, Ophove, le Fort rouge, Lobel, le Stiennart, la Garenne, Batavia, la Verrerie, les Fontinettes*. Nous allons passer en revue ceux des dits lieux sur lesquels il nous est parvenu quelques renseignements.

Haut-Arques. — Ainsi nommée à cause de sa position relative par rapport au reste du village, cette partie est située en effet à mi-côte sur le côté droit de la vallée. On a quelques raisons de penser, qu'avant 1186, le château et l'église étaient situés en cet endroit, et que ce ne fut qu'alors, qu'ils furent transférés dans leur place actuelle.

La position de l'église, auprès du château, presque sur la limite de la commune du côté de St-Omer, étant une gêne pour une grande partie des habitants, surtout depuis que le village s'était fortement étendu dans le sens opposé, et tendait encore à s'accroître, on pensa, dans ces dernières années, pour satisfaire aux besoins religieux de cette partie importante de l'agglomération, à construire une nouvelle église à Haut-Arques. Cet édifice très simple, et même non entièrement achevé, s'élève sur le sommet de la colline. Il a été béni en 1875.

Malhove. — Hameau important d'Arques. Le 18 mai 1435, Jean de St-Pierre Mesnil, seigneur de Lescure, et Aëlis de Beaulieu sa femme vendent à St-Bertin le fief de Malhove, avec une rente de 20 livres d'artésiens, due à Arques annuellement à cause dudit fief pour la somme de 3000 livres.

Plus tard, le 27 juillet 1467, une sentence du baillage d'Amiens adjuge à l'abbaye de St-Bertin, certaines terres et héritages situés à Malhove, par droit de confiscation à cause du suicide d'Anne le Brocq, mariée à Robert de Beauffort, qui s'était étranglée le 14 mars 1431. Lesdites terres étaient revendiquées par Georges de Morcamp et Marguerite Lebrocq par droit d'héritage, et comme ils étaient bourgeois de St-Omer, le Magistrat de cette ville était intervenu dans la cause.

Ophove. — Hameau situé sur la basse Meldyck, où se trouve aujourd'hui une usine importante. Une chapellenie existait au XVe siècle dans la cathédrale de Thérouanne, avec ce titre *Capellania de Ophove.*

Le fort Rouge. — Emplacement d'un des anciens forts établis par les comtes de Flandre le long du Neuffossé, sur la route de St-Omer à Cassel. Quelques mouvements de terrains informes marquent encore la place de ce fort, qui fut vraisemblablement démoli et supprimé, après la réunion définitive de St-Omer à la France en 1677. L'ancien Neuffossé, creusé vers 1054 par Baudoin V comte de Flandre, pour mettre ses états à l'abri des incursions que projetait l'empereur Henri III, forme la limite de la commune d'Arques. Il est encore très apparent et a conservé sa forme auprès du fort rouge. Devenu inutile après 1677, il fut aliéné peu à peu. D'autres parties ont été absorbées dans la construction du canal de jonction de la Lys à l'Aa.

Lobel. — Hameau. Il en est question dans le *synopsis alphabeticus et chronol. de Archivis St-Bertini*, en 1563, où l'on trouve cette mention *Arques au Lancquart près Lobel.*

La Garenne. — Petit bois auprès du château d'Arques. Bien que propriété privée, ce lieu a été longtemps très apprécié comme but de promenade par les habitants de St-Omer. Il parait qu'on s'y donnait des rendez-vous pour duels. Dans le siècle dernier, nous trouvons une sentence rendue par contumace contre un capitaine d'infanterie du régiment de Catinat, qui avait tué en duel, dans la garenne d'Arques, un capitaine de la garnison de St-Omer.

Batavia. — Nom d'une maison de campagne, au pied du coteau qui borde la vallée de l'Aa, au sud du chemin de fer de St-Omer à Boulogne. C'est dans le jardin de ce domaine que trouva un refuge le mausolée de Philippe de Ste-Aldegonde dont il sera question à l'article des Chartreux de Longuenesse.

La Verrerie. — Hameau ainsi désigné de l'établissement industriel fondé en ce point, le long du canal de Neuffossé, au commencement de ce siècle. Les Maisons construites pour le logement des ouvriers ont été l'origine de cette agglomération qui depuis s'est considérablement accrue.

Les Fontinettes. — C'est un point remarquable du canal de jonction de la Lys à l'Aa. On y voit cinq sas accolés destinés à racheter la chute du coteau en ce point. On les désigne encore sous le nom des *Sept écluses*, et en voici le motif. Dans le langage du pays, le peuple désigne sous le nom d'écluse, une vanne ou une paire de portes destinées à soutenir le niveau de l'eau d'amont. Or les cinq sas accolés offrent six paires de portes.

Il y en a en outre une autre qui n'est plus visible aujourd'hui, mais qui l'était dans l'origine ; on l'aperçoit encore dans la cave de la maison de l'éclusier. Elle était destinée à l'introduction, dans le canal des eaux de l'Aa supérieur, qu'on aurait amenées par une rigole d'alimentation. Cette disposition devint inutile, et fut abandonnée lorsque l'on vit que l'abondance des sources en ce point, ce qui lui a valu son nom, *les Fontinettes*, suffisait pour assurer l'alimentation. L'on se rend donc parfaitement compte de la désignation des *Sept écluses* donnée à cet endroit.

En aval des Fontinettes, toujours sur le territoire d'Arques, est un autre ouvrage remarquable connu sous le nom d'*écluse carrée*. En ce point, les eaux de la basse Meldyck traversent le canal à niveau pour se rendre dans les marais. Deux paires de portes de garde, busquées contre le canal en amont et en aval de cet ouvrage, servent à intercepter la communication avec la rivière au moment des eaux troubles. Alors on ouvre les vannes du barrage dans le bajoyer de droite, et les dites eaux vont se répandre dans le marais. Cette disposition a pour objet d'empêcher l'envasement du canal.

L'écluse carrée a été construite en 1772. Avant l'exécution de cet ouvrage les deux Meldycks, se réunissaient en aval d'Arques, dans un seul lit qu'empruntait le canal : les travaux considérables de curage qu'on était obligé de faire annuellement, firent prendre le parti de séparer complètement les eaux de la rivière de celles de canal. C'est donc à cette époque aussi que doit seulement remonter la création du lit de la haute Meldyck qui coule côte à côte du canal entre l'éclusette du four à chaux et l'écluse St-Bertin. L'ouvrage que nous venons de décrire est aujourd'hui en voie de transformation.

Le canal de jonction de la Lys à l'Aa, appelé aussi canal de Neuffossé a été commencé en 1752.

BLANDECQUES

Terra de Blendeka, 1139, Cart. de St-Omer.
Blendecque, 1296,   id.
Blendecques, 1423,   id.
Blendecha, XVI⁰ siècle, pouillé de Thérouanne.

La situation de la jolie vallée de Blandecques a dû, sans nul doute, être appréciée des Romains, ces grands constructeurs de villas splendides où ils aimaient tant à se retirer, loin du bruit des villes. Les trouvailles d'objets de l'époque Romaine, et la sépulture antique découverte en 1839 sur les bords de l'Aa, dans la traversée de cette commune, prouvent que la vallée ou au moins ses versants ont été alors habités. Il en fut de même à l'époque francque. Rien cependant ne nous fait connaître qu'il se soit formé alors un centre d'habitation.

Bien que non désignées dans la donation d'Adroald, quoiqu'en aient dit plusieurs auteurs, il est cependant probable que les terres situées à Blandecques ont été données à St-Bertin dès l'origine. Postérieurement à la division faite par Fridogise des biens entre les deux monastères, ces terres furent assignées au chapitre de St-Omer, qui en eut la propriété ainsi que celle des deux moulins du Hamel, qu'il finit par louer à l'abbaye en 1263. Mais l'existence de Blandecques comme village n'est réellement bien connu que vers la fin du 12⁰ siècle, au moment de la fondation de l'abbaye de Ste-Colombe dont nous parlerons ci-après.

Les événements historiques concernant Blandecques se rattachent tous à l'histoire de St-Omer. Ce village étant en effet situé sur le chemin que parcouraient les bandes armées qui vinrent à plusieurs reprises attaquer la ville, dut se trouver souvent dévasté. Nous nous contenterons de citer quelques faits.

Vers la fin du XIV⁰ siècle les Anglais occupèrent momentanément Blandecques. — En août 1436, l'armée du duc de Glocester pilla et dévasta le village, ainsi que ceux de Longuenesse et de Tatinghem. A l'exception de l'abbaye de Ste-Colombe dont plusieurs religieuses étaient anglaises, toutes les maisons furent brûlées. — Pendant les guerres entre François 1er et Charles-Quint, le village étant situé entre Saint-Omer et Thérouanne, les habitants se trouvèrent forcés de quitter leurs maisons et de se réfugier à St-Omer. Les soldats enlevèrent les bestiaux, et firent prisonniers ceux qui étaient restés. L'église fut pillée à diverses reprises par les hommes d'armes de Thérouanne. — Le 25 janvier 1596, les Français vinrent à Blandecques piller les moulins à drap et enlevèrent vingt-deux pièces de drap de Haubourdin qu'on y avait envoyées à fouler. — Le 9 décembre de la même année ils vinrent à l'abbaye de Blandecques prendre neuf à dix vaches. Le 15 décembre suivant, ils revinrent piller l'église et les paysans réfugiés dans le clocher n'osèrent se défendre. Le 19 février de l'année suivante 1597, les Français brûlèrent deux moulins à drap situés près de l'église. — En 1638, lorsque le maréchal de Chatillon fut obligé de lever le siége de St-Omer, il fit incendier, en partant, le village de Blandecques.

Nous ne mentionnerons pas davantage les différents séjours que firent les armées Françaises dans ce village, lorsqu'elles avaient St-Omer pour objectif. Nous dirons seulement que ce fut à Blandecques que le duc d'Orléans établit son quartier général le 5 mars 1677, et que ce fut de là qu'il partit pour aller gagner la célèbre bataille de Cassel, dont le résultat fut la reddition de Saint-Omer.

La rentrée de l'Artois dans le sein de la mère patrie, fut pour Blandecques le point de départ d'une ère de réparation et de prospérité, que rien ne vint plus interrompre. Aussi les événements historiques font-ils à peu près défaut dans cette nouvelle période. Nous n'avons guère à signaler que la visite qu'y fit la duchesse de Berry le 29 août 1825, pendant laquelle elle reçut l'hommage de divers produits de notre industrie. Le village situé de plus sur la route des troupes se rendant sur le plateau d'Helfaut à l'extrémité Est du camp, vit passer à diverses reprises plusieurs personnages célèbres. C'est en septembre 1827, Charles X accompagné de son fils et du prince d'Orange, qui se rendaient au fort d'Heuringhem, où se fit un simulacre de siége. Plus tard vers 1840, c'était le duc d'Orléans allant au camp d'instruction des chasseurs à pied. Mais depuis qu'il n'y a plus de camp permanent à Helfaut, Blandecques a cessé d'être traversé fréquemment par les troupes; mais s'il a perdu ce genre de distraction, il a continué à être un séjour agréable, ce dont les nombreuses maisons de campagne qui le peuplent sont une preuve évidente.

Des châteaux et maisons de plaisance ont d'ailleurs existé à une date très ancienne sur le territoire de cette commune. Un plan du XVe siècle reposant aux archives de St-Omer, et représentant le cours de la rivière d'Aa, nous indique à Blandecques les châteaux de Blancbourg et de Mautrayant. Tous deux crenelés, munis de donjons et machicoulis, ils semblent être des manoirs importants. Du second, nous ne savons rien. Quant au château de Blancbourg, voici les deux mentions que nous avons trouvées qui en parlent. Le 5 avril 1418, Marguerite Boulart veuve de Guillaume sire de Waudringhem, et son fils, reconnaissent que le noc mis au fossé de leur maison ou *forteresse* de Blancbourg à Blandecques, n'a été mis qu'avec la permission de l'abbé de Saint Bertin, qui a le droit de le faire ôter. Ce noc avait été placé pour introduire l'eau de la rivière dans les fossés de ceinture dudit château.—Au rôle des centièmes de 1569, Antoine de Buimont est indiqué tenir en propriété le château de Blancbourg contenant deux mesures.

Ce même rôle de centièmes nous fait connaître le nom d'une maison de plaisance appelée le *Balain*, contenant une mesure, située sur le territoire de Blandecques. D'autres renseignements mentionnent un autre château nommé *Wintrefelt*, qui fut détruit avant la révolution. Mais tout cela n'est qu'un souvenir dont les traces vont en s'effaçant tous les jours.

D'autres maisons de campagne décorées du nom pompeux de château, ont remplacé ces anciennes demeures. Nous ne citerons que le château et le parc de l'Hermitage, appartenant à M. Fiolet, les maisons de MM. Houzet et celle de M. Marcotte de Noyelles entourées de vastes jardins dessinés avec goût.

La commune de Blandecques était partagée en un grand nombre de seigneuries et de fiefs relevant toutes du chateau de St-Omer, et dans la juridiction du baillage. Il y avait entre autres celle des dames de Blandecques religieuses de Stè-Colombe, celle du chapitre, la terre de Biecquennes achetée en 1398 par Pierre de Montbertault, et qui en 1434 appartenait à David d'Averhoult. De plus on trouve mentionnés dans les archives une foule de fiefs de toute espèce, tenus du roi à cause de son château de St-Omer, et consistant soit en terres soit en rentes. Mais la véritable seigneurie de Blandecques était assise sur une terre à laquelle était annexée la sénéchaussée du dit Blandecques. Cette dernière consistait en 8 florins 11 deniers en argent, 23 chapons et demi, huit razières et demi-quartier de blé, 13 razières et trois quartiers et demi d'avoine, de rentes foncières, double cens à la mort, et le dixième denier lors de la vente des terres chargées de ces rentes, et en huit fiefs relevant du dit Blandecques et devant le relief à la mort, et cinquième denier à la vente (5 avril 1628). La sénéchaussée n'était dévolue qu'à titre d'engagère. C'est ainsi que nous la voyons figurer entre les mains du comte de St-Aldegonde. En 1569, Louis de Rebecques était seigneur de Blandecques. Le 3 août 1628, la terre, seigneurie et sénéchaussée de Blandecques consistant en haute, moyenne et basse justice, préséance dans l'église, droit de chasse, pêcherie, volerie, reliefs, plantis, amendes, confiscations et droits seigneuriaux, furent adjugés moyennant 8700 florins à Messire Robert de Lens, chevalier seigneur d'Hallines, pour être tenus en fief du château de Saint-Omer, à la reconnaissance annuelle d'un chapon et aux reliefs et droits seigneuriaux accoutumés.

Les eaux de la rivière d'Aa, qui traverse le territoire de la commune, servent de moteur à de nombreux moulins, presque tous d'une assez grande importance. Il en fut de même au moyen-âge. Indépendamment des moulins du Hamel dont nous avons parlé en commençant, appartenant au chapitre, le chatelain de St-Omer en possédait plusieurs. En 1195, Guillaume IV avait assigné sur ces moulins le douaire de sa sœur Béatrix. En 1252, Guillaume VII, vendait à la ville le droit de moulage qu'il percevait sur les bourgeois qui étaient obligés d'aller y faire moudre leur grain. En 1289-90, Eléonore, fille du chatelain donne à cens à la ville neuf siéges de moulins, sis en la paroisse de Blandecques. Enfin en 1321, la même châtelaine vendit définitivement ces moulins à la ville. L'abbaye de Ste Colombe était également propriétaire de moulins. Nous avons vu précédemment que plusieurs de ces usines avaient été au moyen âge appropriées à l'usage de la fabrique des draps de St Omer. Malgré la décadence de cette industrie, l'emploi des moulins à eau de Blandecques pour le foulage des draps persista longtemps, et de nos jours même, en 1814, Mr Pley, célèbre fabricant de draps à St Omer, avait établi dans ses moulins presque une manufacture complète, où l'on cardait et filait de la laine, où l'on foulait et tondait les draps, et où l'on rapait et moulait le bois de teinture. Depuis longtemps déjà ces usines ne fonctionnent plus. Il n'y a plus maintenant dans la vallée de Blandecques que des moulins à farine. N'oublions pas de mentionner l'existence de l'ancien moulin au fer blanc qui ne fut construit que peu de temps avant 1789, et où en 1793, s'exécutait le laminage des lingots provenant de la fonte des cloches, destinés à la fabrication du numéraire de bronze.

L'Eglise de Blandecques, avant sa reconstruction qui date de peu d'années, se composait de deux portions bien distinctes. La partie antérieure, comprise entre le clocher placé au centre de l'édifice, et le portail, était sans style et relativement moderne. Sa construction devait remonter seulement au XVIIe siécle, et eut lieu probablement pour remplacer celle qui fut abattue en 1641, lorsque l'on craignait un nouveau siège de St Omer.

L'autre partie est beaucoup plus ancienne. Elle comprenait le clocher, le chœur et une chapelle latérale. Cette dernière d'après son style remonte seulement au XVIe siècle. Il est probable que dans le principe, l'église se bornait au chœur et au clocher, et l'annexe de la chapelle précédente sur le flanc nord de l'édifice, tend à prouver qu'elle ne fut faite que pour subvenir aux besoins religieux du village, dont le nombre d'habitants s'était accru. A l'extérieur, les murs couronnés par une corniche à modillons représentant des têtes d'hommes, et à contreforts peu saillants, présentent les caractères de la fin du XII° siècle. A l'intérieur, au contraire, les voûtes ogivales en tiers-point dont les nervures reposent sur des faisceaux de colonnettes de marbre annelées, au nombre de neuf pour la travée qui précéde le sanctuaire et de trois pour le reste, accusent nettement le XIII° siècle. Nous ne pouvons expliquer cette différence, qu'en admettant que, lors de la construction première de l'édifice, une voûte en bois, ou même simplement la charpente apparente s'appuyait sur les murs extérieurs, ainsi que cela eut lieu souvent à l'époque romane, mais qu'au siècle suivant, désirant substituer une voûte en pierre, comme on le faisait dans cette période, pour suppléer à l'insuffisance d'épaisseur des murs, on aura construit à l'intérieur les faisceaux de colonnettes devant recevoir la retombée des nervures. Au reste ce que nous venons de dire n'a qu'un intérêt rétrospectif, cette partie étant destinée à disparaitre très prochainement pour être reconstruite à neuf dans le style adopté pour le reste de l'église.

Le clocher, qui a aussi été démoli était de construction relativement récente et qui remontait seulement au milieu du siècle dernier, car nous voyons que vers 1746 un procès s'était engagé entre les habitants et les religieuses de Ste Colombe, relativement au dit clocher qui menaçait ruine et avait du être démoli, les habitants demandaient qu'il fut procédé à son rétablissement ou bien à la clôture de l'ouverture ainsi pratiquée au toit.

Sur le côté droit de la partie ancienne que nous venons de décrire, se trouve un bâtiment qui était à usage de sacristie. Il communiquait autrefois avec l'église par trois grandes arcades ogivales. Les voûtes à nervures prismatiques accusent le XVI° siècle, époque par conséquent beaucoup plus récente que le bâtiment lui-même qui est incontestablement du XIII°. Nous ignorons complètement à quoi a pu servir dans le principe cette annexe qui était trop peu élevée pour avoir été un bas-côté de l'église.

Nous ne nous arrêterons pas à l'édifice moderne construit dans un bon style qui est maintenant l'église de Blandecques.

Il est précédé d'une flèche en pierre assez élégante. Nous nous contenterons d'exprimer le regret que l'architecte n'ait pas su combiner ses plans, pour les raccorder avec la partie ancienne qu'on aurait pu conserver et restaurer convenablement, au lieu d'en poursuivre la démolition.

Abbaye de Ste-Colombe. — L'an 1182, Ghison d'Aire, fils d'Everard, fonda l'abbaye de Ste-Colombe de Blandecques sous l'inspiration de Didier, 32° évêque des Morins. Ce prélat ajouta de nouvelles libéralités à celles du fondateur, et après l'approbation de l'Archevêque de Reims, il confirma le tout en 1186. En 1189, Baudoin, chanoine et chantre de Thérouanne, transféra à la communauté naissante, le patronat de l'église paroissiale. Ce fut à ce moment que les religieuses furent placées sous la règle de Citeaux, et la direction immédiate de l'abbé de Clairmarais. En 1201, nouvelles donations par Guillaume d'Aire et M. sa femme.

L'abbaye naissante qui avait reçu par une bulle du 14 Mars 1189, émanée du pape Calixte III, sa confirmation, était assez richement dotée pour l'époque. Il est difficile, en l'absence de documents, de dire en quoi consistaient les biens qui lui avaient été affectés. Au moment de sa suppression, le revenu total pouvait être évalué à environ 25000 livres annuellement. Il comprenait entre autres, celui des deux grandes fermes de Wardrecques et de St-Folquin, rapportant chacune 3000 livres, de plusieurs portions de terre et le produit des dimes sur un assez grand nombre de paroisses, entre autres la dime du sang de la paroisse de Blandecques. Par contre, les religieuses avaient d'assez nombreuses charges. Indépendamment du paiement des prêtres desservant quelques églises, entre autres l'église de Blandecques, elles étaient tenues à l'entretien total ou partiel des édifices religieux au nombre de quatorze, et quelquefois des presbytères. Aussi comprend-on aisément qu'en 1790 elles aient déclaré aux membres du district de St-Omer qu'elles n'avaient aucun argent comptant, et vivaient avec peine sur le courant, au point de ne pouvoir solder les dettes dont la maison était chargée et qu'elles évaluaient à 41.921 livres, somme qui se trouve réduite en 1791 à 36.215 livres 11 s. 9 d. d'après le relevé fait le

20 Mai, par les administrateurs composant le directoire du district de St-Omer.

Les revenus dont il vient d'être question étaient nécessairement essentiellement variables, surtout pendant la période malheureuse où des guerres incessantes désolaient le pays. L'abbaye dut se trouver privée souvent de la partie des recettes qu'elle percevait dans les portions de territoire occupées par les armées ennemies.

Les religieuses elles-mêmes, par la position qu'elles occupaient, durent être en butte aux exactions et aux pillages dont souffraient alors toutes les campagnes. Cependant il ne parait pas qu'elles aient songé de bonne heure à se mettre à l'abri dans l'intérieur de la ville, ou du moins elles n'y acquirent pas une demeure permanente. Ce ne fut qu'en 1630, sous le gouvernement de Anne Lenfant, 34e abbesse, que l'abbaye se procura à St-Omer une maison de refuge, pour le prix de 12000 florins, qui furent avancés en grande partie par D. Martin Tirant, 44e abbé de Clairmarais.

Nous avons dit plus haut que l'abbaye de Ste-Colombe avait le patronnat de l'église paroissiale de Blandecques. A ce titre, outre l'entretien du bâtiment et le paiement du curé, elles étaient obligées de fournir le pain, le vin et le luminaire aux trois messes qui se célébraient le lundi, mercredi et vendredi de chaque semaine, ainsi que le calice et les ornements et une lampe ardente en la dite église, pour satisfaire à la fondation de Jean de la Haye chanoine de Thérouanne, suivant une transaction du mois de novembre 1266. Les religieuses ayant refusé de continuer à remplir ces obligations en l'an 1400, il y eut un procès qui se termina en 1430 par une transaction passée entre elles et les paroissiens, en vertu de laquelle outre le pain, vin, luminaire et ornements spécifiés précédemment, elles s'obligeaient, à entretenir la lampe et à la faire allumer au premier coup de cloche annonçant la messe ou l'office divin, et à la laisser ainsi jusqu'à la fin dudit office.

En vertu du même titre, l'abbaye avait l'administration de la fabrique de l'église paroissiale. Lors de l'engagement de la Sénéchaussée de Blandecques à Robert de Lens par Philippe IIII en 1628, cette administration et l'audition des comptes furent enlevéés aux religieuses et passèrent dans les attributions des officiers de la Sénéchaussée. Elles ne furent rendues à l'abbaye que par arrêt du Parlement en 1745 ; mais en même temps, à la suite du procès, dont nous avons parlé, relatif au rétablissement du clocher, les habitants obtinrent le droit d'examiner les comptes de la fabrique et de présenter leurs observations.

L'abbaye eut à défendre ses droits en diverses circonstances, mais bien souvent elle succomba. C'est ce qui arriva dans la discussion soulevée à propos de la prétention de l'Evêque de Saint-Omer, de visiter et d'examiner les novices dans les communautés de l'ordre de Citeaux, procès que celui-ci gagna en 1733. De même en 1752, lorsque M^r d'Audenfort mayeur de Saint-Omer, voulut forcer les religieuses à racheter un droit de chasse qu'il avait sur quelques portions de terre enclavées dans l'enceinte de leur couvent, elle furent forcées d'arriver à un arrangement. Enfin nous citerons encore le procès qui leur fut intenté vers 1739 par le comte de Blandecques, pour défendre aux religieuses de s'intituler *Dames de Blandecques*, procès dont nous ne connaissons pas la solution.

L'abbaye de Blandecques fut supprimée en 1792, ainsi que les autres maisons religieuses ; ses propriétés et son mobilier furent aliénés. Les bâtiments du Couvent reconstruits vers 1640 furent démolis en presque totalité, il ne fut conservé que le quartier abbatial, qui devint une demeure particulière, ainsi que la porte d'entrée et un petit pavillon adjacent. Nous renvoyons le lecteur à la description qu'en fait H. de Laplane. (1) C'est là le seul souvenir qui reste de cet ancien monastère qui jouit d'une certaine célébrité.

Blandecques offre fort peu de dépendances qui méritent une mention spéciale. Nous ne parlerons que des trois suivantes.

Soyecques. — Hameau où se trouve un chapelle dite de Sainte Soyecques, sainte inconnue, croyons-nous, dans le mar-

---

(1) Mémoires de la Société des Antiquaires de la Morinie tome XI p. 180.

tyrologe, et où l'on va pour obtenir la guérison des enfants qui ont les soies. Une source est auprès dont l'on verse l'eau sur la tête des enfants à cet effet. Ce lieu a surtout été célèbre par les discussions des savants du XVIe siècle qui ont voulu, en torturant le nom, en faire le *Gessoriacum navale* de César, prétendant qu'à l'époque de ce conquérant, la mer venait battre les coteaux au pied desquels est situé le hameau. (1) — Quoi qu'il en soit de cette attribution, à laquelle personne n'attache plus aucune importance, toujours est-il que Soyecques fut habité à l'époque romaine et à l'époque francque. De nombreuses antiquités ont été découvertes dans les extractions de cailloux qui se font en cet endroit. En 1849, deux sépultures gallo-Romaines furent mises au jour. Toutes ces trouvailles sont un peu dues au hasard, car aucune fouille régulière n'a été pratiquée en ce point, ce qui est regrettable.

Le Hocquet. — Joignant le hameau précédent, se trouve celui du Hocquet, dont la seigneurie appartenait au XVIIIe siècle à la D^{me} de Brouay. Il formait un fief relevant de la Seigneurie d'Esquerdes et s'étendait sur plusieurs maisons et terres à labour contenant 33 mesures et demie et 29 verges. Dans le rôle des centièmes de 1569, nous trouvons Martin et Marand du Hocquet qui y sont portés comme propriétaires de terres dans la paroisse d'Helfaut.

Wins. — Qui possède un moulin assez important et quelques maisons a été le théâtre de la défaite des Normands, venant attaquer St-Omer à la fin du IXe siècle. Il est désigné dans les chroniques sous le nom de *Windingahem* et aussi *Winningahem* dans le *cartularium sithiense*. Plus tard son nom contracté devint *Winch* (1358) *Weins* et finalement *Wins* nom qu'il porte aujourd'hui.

La superficie de la commune de Blandecques est de 891 hectares et sa population de 2112 habitants.

(1) V. Courtois, Dictionnaire géographique de l'arrondissement de St-Omer p. 247.

CAMPAGNE-LEZ-WARDRECQUES

Campaniae, 811, cart. sith.
Campania, 866,   id.
Campanie, 1139, cart. de St-Omer.
Campanies, 1354, cart. des chartreux et pouillé de Thérouanne.
Campagne Wardreque, 1698, Bignon.
Campayne-lez-Werdrek, XVIII° siécle, Maillart.

La plus ancienne mention que nous trouvons de ce village est dans une charte d'avril 811, par laquelle Folbert donne à Nanthaire abbé de Saint-Bertin une partie de son héritage de Campagne (in pago Tarvannense), savoir cinq bonniers et un pré appelé *Brattingadala* avec ses dépendances, pour le repos de sa mère Ebertana. Plus tard en 866, ce domaine se trouve agrandi par les donations faites à l'abbé Hilduin pour les besoins du monastère, par Héribert, sa femme Mégésinde et ses fils Ellimbert et Egilbert. Nous ignorons l'importance de cette donation, mais dans un relevé fait en 877 des propriétés de l'abbaye nous trouvons la mention suivante : *In Sethliaco et Campanias, bunaria XVIII quod datum est in elemosina Trudlinde pro qua in annuali ejus C. pauperes pascuntur*. En résumé les propriétés de l'abbaye n'étaient pas très-importantes à Campagne aussi n'est-il pas étonnant que l'église n'y soit pas comprise. En effet une bulle d'Alexandre III de 1179, traitant *de redditibus canonicorum* de Thérouanne, nous fait connaitre que l'église de Campagne faisait partie de la dotation desdits chanoines.

Lors de la confection des rôles de centièmes de 1569, la seigneurie de Campagne appartenait à Philippe de Witz. Il y avait de plus sur le territoire de la paroisse une maison de plaisance. En 1611, cette seigneurie était dévolue à Philippe de Vignacourt par suite de son mariage avec Dlle Anne de Witz fille de Jérôme de Witz, alors religieux à Gosnay. En 1739, au moment de la rédaction de la coutume de St-Omer, Florent Joseph de Hoston y figure comme seigneur de Campagne-lez-Wardrecques.

Les faits historiques concernant cette commune sont nuls. Nous n'avons à enregistrer que le pillage le l'église par les soldats français le 3 septembre 1597, et à la fin de mai de l'année suivante par les maraudeurs allemands de la garnison de St-Omer.

L'église de Campagne se compose d'une seule nef, le chœur est ancien, et la voute en charpente est soutenue par deux fermes composées d'un entrait et d'un poinçon, le dernier en forme de colonnette à huit pans, annelée. La frise est décorée de feuilles de choux. Au milieu de cet intervalle, entre les extrémités des entraits des deux fermes qui subsistent, on remarque des anges tenant devant eux des écussons. La date de la construction de cette partie est indiquée sur l'entrait de la ferme la plus rapprochée du sanctuaire, c'est 1540. Le plafond dans cette partie est partagé en compartiments par des moulures longitudinales et transversales qui se coupent à angles droits, et portent à leur point de rencontre, des têtes sculptées. Dans ceux de la partie polygonale qui forme l'abside, se trouvent des emblèmes en relief dont l'explication ne nous paraît pas aisée et qui du reste ne semblent pas anciens.

Le chœur contient encore les anciennes stalles de l'époque de la renaissance. Elles sont au nombre de trois de chaque coté. Les accoudoirs sont sculptés ainsi que les miséricordes. Voici la nomenclature de celles-ci, en partant de l'autel. Du coté de l'épître 1° homme barbu dont le corps est terminé par une queue de poisson, et tenant dans ses mains une grande pelle, 2° Un fleuron dont une partie manque. 3° Une tête de bouc. Du côté de l'évangile. 1° Une tête de lion. 2° Personnage accroupi paraissant avoir sur le sommet de la tête, un bonnet à longues oreilles. 3° La 3me miséricorde n'existe plus. Ces sculptures quoique un peu grossières, dénotent cependant une certaine habileté de ciseau, et assez de hardiesse.

L'intérieur de l'église paraît avoir été restauré en 1810 du moins on lit cette date sur l'écusson d'un des anges dont il est parlé ci-dessus.

. Le clocher s'élevait autrefois à la jonction de la nef et du chœur et faisait disparaitre par suite, la différence de hauteur qui existe dans les toitures de ces deux parties. Il a été remplacé depuis peu d'années, par un clocher neuf placé à l'extrémité ouest de la nef.

La sacristie derrière le chœur, sans aucun caractère, date de 1757; le cimetière de cette commune contient les tombes de la famille de Hoston.

Baudringhem est un hameau dépendant de Campagne. Les dominicains de St-Omer y possédaient des terres dont le revenu fût évalué en 1790 à 248 livres.

La superficie de ce village est de 461 hectares et sa population de 453 habitants.

HELFAUT

Helefelt, 1139, cart. de St Omer
Hellecwelt. Pouillé du diocèse de Thérouanne
Hellefault, 1139 cart. de St Omer
Hellefaut, 1310, ibid

Helfaut situé sur une hauteur, parait avoir été habité à l'époque Romaine. Les découvertes d'antiquités faites à plusieurs reprises dans les environs semblent le prouver. Un endroit appelé *butte des romains*, a été fouillé en 1837, et l'on y a trouvé alors des restes de maçonnerie, des objets en fer et des ossements. Nous savons le peu d'importance que l'on doit attacher aux dénominations données à certains points par l'usage, aussi ne rapportons nous ce fait renseigné par Piers, que comme probabilité de l'existence d'un centre d'habitation dans l'endroit qui nous occupe. Helfaut était d'ailleurs situé sur la route de Thérouanne à Sithiu. Ce chemin continua du reste, pendant tout le moyen âge, à desservir les relations entre St Omer et la capitale de la Morinie, et nous voyons à plusieurs reprises, le Magistrat de la première de ces villes s'occuper de le faire réparer.

Ce qui parait plus certain, du moins d'après la tradition, c'est que ce fut à Helfaut, que l'an 275, Saint Fuscien apôtre de la Morinie éleva un oratoire sous l'invocation de la Vierge. Cette Eglise qui passe pour avoir été la première érigée dans la Gaule-Belgique, ne tarda pas à devenir trop étroite, et saint Fuscien dut la transporter en un champ plus spacieux, situé sur le penchant du mont, lequel, d'après le dire de Malbrancq qui avait voulu le visiter, ne fut depuis jamais cultivé en mémoire de ses propriétaires primitifs. Ce champ désigné dans l'histoire manuscrite des miracles de St-Bertin sous le nom de *locus ecclesiæ*, pourrait bien d'après *Courtois* avoir donné son nom au village, car selon cet auteur, Helfaut à dû s'écrire primitivement *Healle-falt* ou *Healle-felt*, champ ou lieu de l'Eglise.

Nous avons dit dans l'histoire de Saint-Omer, l'arrivée des Normands à la fin du neuvième siècle, attirés par l'espoir de surprendre Sithiu et de piller la ville. Ils venaient par le chemin de Thérouanne, et un combat s'engagea entre-eux et les défenseurs de Sithiu dans la plaine au bas de la butte d'Helfaut. Nous ne nous étendrons pas ici davantage sur ces faits que nous avons racontés ailleurs avec assez de détails.

Au quatorzième siècle, les armées anglaises traversèrent souvent ce village en suivant le chemin qui conduisait à Thérouanne : lors de l'expédition du duc de Lancastre en 1369, les Anglais se logèrent sur le mont d'Helfaut. Ils y retournèrent en 1373 et y campèrent plusieurs fois dans la suite.

En 1524, le duc de Vendôme repoussant une partie de l'armée flamande qui faisait le siège de Thérouanne, l'atteignit sur les hauteurs d'Helfaut, où il lui infligea une défaite qui se termina par une déroute complète.

Ce village eut beaucoup à souffrir des guerres entre Charles Quint et François premier. Non seulement les sorties fréquentes que faisoit la garnison de Thérouanne lui causaient beaucoup de dommage, mais la présence des troupes Espagnoles leur était au moins aussi nuisible. En 1537, tout le blé fut absorbé et gâté par la gendarmerie de l'armée de Charles Quint qui assiégeait Thérouanne, et qui était cantonnée à Helfaut. Plusieurs maisons furent démolies et les habitants obligés de se réfugier à Saint-Omer.

Le 31 décembre 1597, les Français voulant piller l'Eglise d'Helfaut, y attachèrent un pétard et donnèrent cinq assauts furieux, mais ils furent repoussés par les habitants.

Le 25 mai 1638 le maréchal de Châtillon vint camper à Helfaut, et le 28 septembre 1644, les Français s'emparèrent du château qu'ils gardèrent un jour.

En 1677, pendant le siège de St-Omer, les Français brûlèrent ce village, et, après la prise de la ville, les habitants d'Helfaut ne trouvèrent d'asile pendant trois ou 4 ans, qu'en appuyant contre les murs de l'Eglise des solives qu'ils avaient été mendier dans les villages voisins.

La situation du plateau d'Helfaut d'une contenance de 300 mesures environ en 1569, a toujours été jugée favorable pour l'établissement de Camps soit temporaires, soit d'instruction. Ce n'est pas ici le lieu d'en parler, nous l'avons fait à propos de l'histoire de Saint-Omer à laquelle ils se rattachent. Nous ajouterons seulement que lors de la fatale guerre de 1870-1871, il fut un moment question d'établir sur ce point un camp d'instruction pour les gardes nationaux mobilisés; les travaux de restauration des baraques étaient déjà entrepris, lorsque l'armistice et en suite la conclusion de la paix vinrent les arrêter. Il faut convenir d'ailleurs que, eu égard à la position de ce Camp, il n'eut pas été facile de résister à un détachement de troupes allemandes venant de l'intérieur, tandis qu'au contraire la résistance est beaucoup plus facile lorsque l'ennemi vient du littoral, car alors la rivière d'Aa et les pentes abruptes du plateau forment une défense naturelle.

La seigneurie d'Helfaut qui relevait du roi à cause de son château de Saint-Omer, appartenait en 1397 à Pierre de Montbertault qui l'avait achetée à M. de Willerval. En 1453, elle était aux mains de Jacques d'Averhoult et resta longtemps dans sa famille. Dans le courant du XVI⁶ siècle, Antoine d'Averhoult la possédait. En 1677 la seigneurie d'Helfaut était entre les mains du Prince de Rubempré, et c'était un membre de cette famille qui assistait en 1739 à la rédaction de la coutume de Saint-Omer. Celui-ci avait obtenu en 1732 gain de cause dans un procès intenté par les meuniers de Blandecques, dans lequel il fut décidé que le droit de franc moulage était maintenu au moulin d'Helfaut, suivant la possession ancienne et les usages accoutumés.

Helfaut avant 1789 était le siège d'un doyenné, ayant plusieurs paroisses sous sa dépendance. Les offrandes faites à son église faisaient partie des revenus du chapitre de Thérouanne. En 1192 Jean, chantre de la cathédrale, avec le consentement de sa sœur Berthe, donne à Lambert évêque des Morins, pour les besoins du chapitre, divers autels, parmi lesquels figure celui d'Helfaut. En 1201 Lambert donne à son Eglise, en perpétuelle aumone, ledit autel d'Helfaut, se réservant pour lui et ses successeurs la nomination du curé. Il est probable que cette réserve ne fut pas maintenue ; car en 1233 une discussion s'étant élevée entre l'Evêque de Thérouanne et Wibert chanoine pourvu alors de ce bénéfice, au sujet du patronat de l'Eglise d'Helfaut, droit qui emportait celui de nomination à la cure, les arbitres, après s'être entourés de tous les renseignements qu'ils purent se procurer, prononcèrent en faveur du chanoine Wibert.

Le chapitre de Saint-Omer possédait la dime d'Helfaut qui lui provenait évidemment de la cathédrale de Thérouanne. Par décision du 15 mai 1581, cette dime fut distraite de la chapelle du St-Esprit et affectée à la dotation de l'archidiacre de Flandre.

Nous aurons très peu de chose à dire sur l'Eglise de ce village. Elle est à une seule nef. Le chœur paraît être du XVI⁶ siècle. Il est en briques, les archivoltes des fenêtres sont en pierres blanches. La nef est construite avec ces derniers matériaux et l'on voit sur une des clefs de la voûte la date de 1715 qui indique évidemment l'époque de la réédification. L'édifice avec ses contreforts puissants, est terminé par une tour assez basse surmontée d'une pyramide en pierres à formes écrasées. La base parait plus ancienne que la flèche.

Bilques. — Voici les noms qu'a portés ce village. *Villa de Billeke* (1139), *Billeka* (1159), *Billech* (1133), *Bilke* (1367), *Bilque* (1423). Il figure dans le Pouillé du diocèse de Thérouanne et dans celui du diocèse de St-Omer, comme formant une paroisse du doyenné d'Helfaut. Il est resté à l'état de commune séparée jusqu'en 1819, époque où il a été réuni à la commune et à la paroisse d'Helfaut.

L'autel de Bilques est indiqué comme appartenant à l'Eglise de St-Omer dans la charte de Calixte II de 1123. Mais ce village est mentionné encore plus explicitement dans le diplôme d'Innocent II en date de Mars 1139 confirmant la possession du chapitre de St-Omer, en ces termes : *Villa de Billeke cum duobus partibus decime ; altare de Billeke ; addit cum decima nove et veteris terre totius parrochie et hospitibus.* Les roles de centièmes de 1559 nous font connaître que cette dime rapportait alors au chapitre 120 florins ; il avait en outre la seigneurie et la juridiction qui lui valaient annuellement 30 florins 8 sous ; de plus, le curé de Bilques jouissait d'une dime de 40 florins.

Indépendamment de la seigneurie particulière du chapitre de St-Omer qui vraisemblablement n'était que vicontière, il y avait là seigneurie de la terre de Bilques, qui au XVe siècle appartenait à la famille de Rabodenghes, ainsi qu'il est constaté par les lettres d'amortissement données le 13 mars 1475, à l'abbaye de St-Bertin, pour l'achat de la seigneurie et vicomté de Quelmes, tenue de la seigneurie de Bilques, dont était alors titulaire Marie de Rabodenghes. En 1739 dame Marie-Thérèse, Joseph, Guilaine de Thiennes, épouse du marquis de Longastre, comparait à la rédaction de la coutume de St-Omer comme dame de Bilques. Elle était héritière de Georges de Thiennes, gouverneur d'Aire, dont la femme Marie de Lens, morte en 1681 était dame de Bilques.

Ce village si voisin d'Helfaut et de la route de St-Omer à Thérouanne fut souvent exposé à subir les calamités que traine après lui le passage des gens de guerre. Une enquête faite par l'ordre de Charles-Quint nous fait connaître les dommages qu'ont éprouvés les habitants, lors des guerres de ce Prince avec François 1er. Le village fut pillé plusieurs fois, d'un côté par les Français surtout lorsque l'armée du Roi était campée devant Hesdin et occupée à ravitailler Thérouanne, d'un autre par les soldats impériaux, lorsque Charles-Quint était devant cette ville à en faire le siège. Les habitants avaient fui, ils furent pendant quatre à cinq mois sans oser retourner. En 1536, ils ne purent labourer, et en 1538 les blés furent pillés et gâtés. En outre quelques paysans qui étaient revenus gagnèrent des maladies contagieuses et moururent en laissant leurs familles dans la misère.

Bilques possède une petite église qui est plutot une chapelle de secours. Elle se composait primitivement d'une petite nef basse et étroite : deux chapelles latérales, qui paraissent de construction assez récente, forment les bras de la croix. L'édifice est terminé par une tour surmontée d'une flèche, le tout en pierre. Elle paraît ancienne, sans caractère d'époque bien déterminée. La porte d'entrée est dans un enfoncement sous une grande arcade très élevée qui occupe tout le bas de la tour et qui parait avoir eu anciennement des machicoulis, pour pouvoir permettre aux défenseurs refugiés dans la partie supérieure, d'opposer quelque résistance à une troupe qui se serait présentée pour forcer la porte de l'église, en déversant sur elle de la résine, de la poix ou des pierres accumulées dans ce but.

La superficie du territoire d'Helfaut est de 516 hectares et sa population de 812 habitants.

LONGUENESSE

Losantanas, 648 Cart. Sith.
Loconesse, 877, id. id.
Loconessa, Xe siècle id.
Locanes, 1107 id.
Loganessa, 1093 id.
Longuenesse, 1145 id.

Le P. Malbrancq, dans son histoire *de Morinis*, dit que le lieu appelé Longuenesse fut habité à l'époque Romaine ; sans pouvoir l'affirmer, nous pouvons dire qu'une voie Romaine appelée *la Leulenne*, passe sur son territoire. La première fois qu'il est question de ce village, c'est dans la donation faite en 648 par Adroald à St-Bertin et ses compagnons. Bien que la charte ne lui donne pas le nom de *Villa*, les termes laissent supposer que c'était un lieu habité. En 799, Odland, abbé de St-Bertin, acquit l'église dont la possession fut confirmée à l'abbaye par Urbain II en 1093, et reconnue en 1097 par Gérard, évêque de Thérouanne.

Le 10 juin 877, Charles le Gros confirme les possessions que St-Bertin avait à Longuenesse, et ainsi définies : *Mansas VII cum suis appendiciis et mancipiis.*

En 944, lorsque l'abbé Gérard opéra la réforme du monastère, une partie des moines révoltés se refugia à Longuenesse dans la Villa de l'abbaye.

Le chapitre de St-Omer avait aussi des propriétés à Longuenesse, et cela devait être en effet, les biens compris dans la donation d'Adroald ayant été partagés lors de la séparation des deux églises. Mais celles de l'abbaye de St-Bertin étaient les plus considérables. Elle les avait accrues peu à peu par diverses acquisitions, comme celle faite en 1266 de Jean dit Amman, qui lui avait vendu, du consentement de Sara sa femme, *totum proeconatum*, et tout ce qui lui appartenait à Longuenesse. Les religieux y possédaient d'ailleurs un prieuré, ou plutôt une ferme ou cense appelée l'hotellerie St-Quentin. Plusieurs d'entre eux y étaient à demeure pour faire valoir les biens de l'abbaye et ils devaient recevoir tous les pélerins qui venaient invoquer St-Quentin. La qualification de cense avait été reconnue à cet établissement par un arrêt du grand conseil de Malines de 1542, qui décidait en même temps que la justice du village appartenait au Magistrat de St-Omer comme dans toute la banlieue.

Nous parlerons plus loin du couvent des chartreux établi sur le territoire de Longuenesse en 1298 par Jean de Ste Aldegonde. Cet établissement donna lieu à diverses conventions entre les religieux et les parties intéressées. Indépendamment de celles bue nous rapporterons en leur lieu, les chartreux en conclurent une particulière avec le curé de Longuenesse le 15 novembre

1346. D'après cette convention, ledit curé avait droit à la moitié des offrandes de toute nature, faites le jour de l'enterrement des personnes de la paroisse qui auraient voulu être enterrées dans le cimetière des chartreux, la présentation du corps se faisant comme d'habitude dans l'église de Longuenesse. Le couvent s'engage ensuite à remettre au dit curé toutes les offrandes qui y seraient apportées en temps d'interdiction. Comme le dit couvent est établi dans les limites de la paroisse, les chartreux paieront annuellement 24 sous, monnaie courante, au curé pour remplacer les droits paroissiaux. De son côté, le curé de Longuenesse s'engage à ne rien réclamer des religieux, dans le cas de l'enterrement d'un étranger, et à ne faire aucun obstacle à ce qu'ils puissent administrer les sacrements.

Longuenesse fut dévasté à plusieurs reprises par les troupes qui tentèrent en diverses circonstances de s'emparer de St-Omer, et notamment en 1436 par le duc de Glocester et en 1477 par l'armée de Louis XI. A la suite de l'attaque du duc de Longueville, dans la nuit du 7 janvier 1595, des soldats Français allèrent piller l'église de ce village, mais ils n'osèrent monter dans le clocher pour enlever les cloches, bien qu'il n'y eut que deux hommes de guet, et que les soldats eussent amené un chariot pour les emporter. La même nuit, les mêmes soldats firent une tentative pour piller les chartreux.

Pour éviter le retour des pillards, ces religieux et les habitants de Longuenesse demandèrent des soldats au magistrat de St-Omer. On leur en donna soixante, qui firent des patrouilles et se mirent en embuscade. Les ennemis revinrent en effet, mais une femme, surprise par eux, leur dit le nombre de soldats qu'il y avait dans le village ce qui les fit partir.

Le 22 du mois de juin 1638, les Français, sous les ordres du Maréchal de Chatillon, brûlèrent Longuenesse, et coupèrent le tuyau de conduite des eaux qui se rendaient de ce point à St-Omer. C'est en effet sur le territoire de cette commune que se trouvent les sources qui alimentent les fontaines publiques de la ville. Elle se réunissent à un bassin central qui porte le nom de St-Quentin, et de là sont amenées à St-Omer par une maîtresse conduite, traversant le rempart de la Place, se prolongeant jusqu'à la fontaine de St-Aldegonde d'où elles sont distribuées sur les divers points de la ville.

La cure de Longuenesse était à la collation de l'abbé de St-Bertin. Les comptes de fabrique se rendaient devant le délégué de l'abbaye. Elle possédait 1500 fr. de rente. L'estimation de ses biens, faite par ordre du district le 27 août 1792, s'élevait à 34721 livres. Le curé jouissait, outre son casuel, de la dime qu'il louait alors dix huit cent livres. Avant cette époque, l'église était bien pourvue de mobilier : tous les vases sacrés étaient en argent, ainsi que six grands chandeliers ; la sacristie renfermait de riches ornements et beaucoup de linge ; la tour contenait deux cloches pour la bénédiction des quelles une grave discussion s'éleva au XVIIIe siècle entre l'évêque de St-Omer et l'abbé de St-Bertin. Nous avons raconté en son lieu les détails de cette affaire. L'abbé de St-Bertin fut du reste toujours attentif à défendre ce qu'il disait être son droit. En sa qualité de patron de l'église de Longuenesse, la décoration du chœur et du grand autel le regardait. Au commencement du XVIe siècle, une discussion s'engagea entre lui et Jean de Ste-Aldegonde, seigneur de Nortkelmes. Celui-ci, fort de ses propriétés territoriales, du château qu'il y possédait, et de sa haute position, prétendait exercer les droits de seigneur sur le village, et en cette qualité avait fait poser un tableau à ses armes, au-dessus du grand autel dans l'église de Longuenesse. L'abbé de St-Bertin ne pouvait laisser passer sous silence cette usurpation. Un procès fut engagé, l'abbaye obtint gain de cause devant plusieurs juridictions, et l'appel avait été porté devant le parlement, lorsque les parties consentirent à s'en remettre à un arbitrage, et le 15 août 1520, les arbitres acceptés consacrèrent définitivement le droit de l'abbaye ; le tableau aux armes du sire de Nortkelmes fut enlevé et ce seigneur dut payer les frais du procès.

L'église actuelle est celle qui existait en 1789, qui ne fut pas vendue et démolie, mais qui avait beaucoup souffert à l'intérieur et à l'extérieur ; elle fut réparée par les paroissiens au moyen de dons et de corvées. Elle se compose d'une seule nef assez large et d'un chœur un peu plus étroit ; toute l'église est lambrissée jusqu'à hauteur des fenêtres. Celles-ci sont décorées de vitraux peints, genre mosaïque sauf la fenêtre du fond du chœur qui a un vitrail à personnages, assez médiocre. La nef est complètement moderne. Le chœur et le clocher sont anciens en partie, mais ont été fortement remaniés. Dans le premier, les petites fenêtres ogivales du XIVe siècle, autant qu'on en peut juger aujourd'hui, ont été bouchées, et on a ouvert à leur place trois énormes baies en plein cintre. Des contreforts existent encore dans cette partie. Le clocher est carré, ses deux faces latérales ont été refaites, mais dans la face du côté de l'est, on remarque encore, dans la partie supérieure une fenêtre, bouchée aujourd'hui en partie en briques, où se trouvent deux colonnettes avec chapiteaux à crochets supportant une arcade en plein cintre, que surmonte une archivolte également en plein cintre. Le larmier qui reçoit la toiture, est supporté par des modillons très simples, lesquels n'existent plus sur les faces latérales.

Les caractères architectoniques de ces restes permettent de faire remonter cette partie de l'église au commencement du XIIIe siècle. La même ornementation existe sur la face du clocher qui regarde l'ouest, mais beaucoup plus mutilée. Les contreforts des angles ont perdu toute espèce de caractère.

Couvent des chartreux (1). — Un canton du territoire de Longuenesse était désigné à une date très ancienne sous le nom du *val de Ste-Aldegonde*, et appartenait à la famille de ce nom, qui fournit longtemps plusieurs membres du Magistrat à St-Omer. Il est probable même que c'est de cette terre que cette famille prit son nom. En 1298, Jean de Ste-Aldegonde y fonda un monastère et y appela les fils de St-Bruno. Cette fondation fut approuvée l'année suivante par l'évêque de Thérouanne. Mais il fallait avant tout obtenir le consentement des tiers dont le nouvel établissement pouvait froisser les intérêts. Aussi le pre-

(1) La majeure partie de cette note a été composée avec les documents du cartulaire inédit des chartreux que nous avons eu sous les yeux.

mier soin des religieux est de passer une convention avec l'abbaye de St-Bertin, le chapitre de St-Omer et les curés de leurs patronnats respectifs.

D'après ce traité, il était convenu que si quelqu'un des paroissiens des dites églises désirait être enterré aux chartreux, ceux-ci rendraient aux ayant-droit, toutes les offrandes, vêtements, soies, cires, chandelles etc. sans en rien réserver, sauf ce qui aurait été légué spécialement en don ou pour la nourriture des religieux. Si le décédé fait partie des confréries de St-Omer ou de St-Bertin, on donnera le tiers des offrandes au chapitre ou à l'abbaye, et le reste au curé de la paroisse.

Les chartreux promettent de n'acheter ni recevoir en don, rien qui fasse partie du domaine de St-Bertin, du chapitre ou des autres églises. Dans le cas ou un don de cette nature leur serait fait, ils s'engagent à revendre de suite les terres, ou bien s'ils les conservent, ils paieront les dîmes et cens qui pourront être dus. Ils n'entendront pas les confessions des habitants des paroisses, et ne leur donneront pas la communion sans l'autorisation du curé. Ils ne feront pas de testaments d'individus étrangers sans l'assistance du curé ou d'un délégué de celui-ci.

Le jugement des contestations futures est remis aux arbitres désignés, savoir le prieur de Clairmarais, celui de St-Bertin, les doyens des églises de St-Omer et de Watten et le prieur des chartreux.

Cette convention fut modifiée peu de temps après, mais seulement en ce qui concerne la répartition des offrandes, qui fut réglée comme il suit: lorsqu'une personne aura voulu être enterrée aux chartreux, le dit couvent aura la moitié des offrandes, l'autre moitié devant être attribuée au curé de la paroisse. Si le décédé est confrère de St-Omer ou de St-Bertin, le tiers des offrandes sera donné au chapitre ou à l'abbaye, et le reste partagé entre les chartreux et le curé de la paroisse comme précédemment.

Les droits respectifs des parties étant ainsi réglés, les chartreux obtinrent enfin du chapitre, de l'abbaye, et de tous les curés le consentement à l'érection de leur monastère avec toutes ses dépendances, les cloches et le cimetière, et l'autorisation d'y avoir le nombre de moines jugé nécessaire.

Munis de ce consentement, les chartreux se mirent en devoir de construire les bâtiments de leur couvent. Au mois de Juillet 1304, Jean de Ste-Aldegonde et son fils leur accordent l'autorisation d'extraire des pierres à cet effet dans leur carrière de Wisques, mais à condition de ne pouvoir en vendre ni en transporter ailleurs sans leur permission. Cependant les constructions n'avançaient guère, peut-être faute de ressources suffisantes, car en 1327, lorsque l'évêque de Thérouanne fit la dédicace de l'église, avec la consécration du grand autel et de deux petits, la dite église n'était pas encore achevée. La preuve en est que pour attirer les dons des fidèles, l'évêque accorde des indulgences non seulement pour ceux qui visiteront l'église à certaines fêtes désignées, mais aussi à ceux qui feraient des offrandes pour la construction, l'entretien du luminaire, la nourriture des moines, ou qui se feront enterrer dans le cimetière du couvent. L'église fut dédiée sous l'invocation de la Vierge et de Ste-Aldegonde. Le cimetière avait été béni dès l'année 1315 par Jacques Evêque de Thérouanne. Il contenait deux arpents de terre. Nous ne pouvons entrer ici dans le détail des donations faites à la Chartreuse de Longuenesse. Elles ne furent pas très nombreuses pendant le premier siècle de son existence. Ce fait nous est connu par une requête adressée au roi de France Charles V par les religieux de ce couvent, tendant à obtenir la dispense de payer les dimes et aides accordées par le pape sur le clergé, à cause des guerres et pour la rançon du roi Jean. A ce motif venait s'en joindre un autre. Les chartreux ajoutent que plusieurs des propriétés données à leur couvent avaient été tellement dévastées, que les religieux pouvaient à peine y trouver leur subsistance, ce qui pourrait par suite les forcer à abandonner leur maison au préjudice du service divin qui ne pourrait être entretenu. Ces raisons étaient valables, aussi le roi, par ses lettres du 19 janvier 1369 (v. st.) accorde-t-il l'exemption demandée.

Elle fut renouvelée par Charles VI le 7 février 1380. De plus, ce roi, le 27 Juillet 1405, mande au prévôt de Montreuil d'ajournèr devant lui les débiteurs et les détenteurs des biens des Chartreux, pour leur faire payer ce qu'ils devaient, ce dont ils s'étaient dispensés à cause de la guerre avec les Anglais, et même pendant les trêves survenues dans l'intervalle.

La position de la chartreuse en dehors de St-Omer, le pays étant sans cesse parcouru par les armées des deux partis, l'exposait aux déprédations des soldats. Il en était de même de leurs propriétés rurales, et les dommages qui en résultaient se faisaient surtout sentir depuis la prise de Calais et l'occupation d'une partie des pays environnants par les Anglais. Pour tacher de les éviter, les Chartreux s'efforcent à diverses reprises d'obtenir des sauvegardes, des parties belligérantes. Le roi de France Charles VI, le 12 Octobre 1387 désigne les capitaines de Gravelines et d'Ardres et le prévôt de Montreuil pour exercer cette sauvegarde. Plus tard ils obtinrent la même faveur de Philippe le Bon et de Charles le Téméraire. Mais ce n'était pas assez d'obtenir la sauvegarde du souverain du pays, il fallait aussi l'obtenir du souverain ennemi. A cet effet, le 19 décembre 1405, Charles VI leur accorda l'autorisation d'adresser leur demande aux Anglais. Les Chartreux obtinrent ainsi le 28 Avril 1407 un sauf conduit, s'appliquant à toutes leurs propriétés. Les détails qui sont contenus dans cette pièce nous ont paru assez curieux pour que nous en donnions l'analyse.

Ce sauf conduit délivré par le Lieutenant gouverneur de Calais est applicable aux Chartreux, à leurs serviteurs, et à deux censiers, l'un de la paroisse de Ste-Marie-Kerque au pays de Langle, et l'autre occupant la cense de Hongrie, paroisse St-Maurice près Wisques. Tous les biens des dits censiers et leurs enfants mâles sont compris dans la sauvegarde; chaque censier pourra avoir cinq valets et deux garçons pour l'aider à cultiver et à faire valoir, six chevaux ou juments, vingt bêtes à cornes, 300 bêtes à laine, vingt cochons et six poulains. Ils pourront aller de jour et de nuit, à pied et à cheval ou en bateau pour exploiter leurs biens. Si les religieux veulent renouveler le sauf-conduit ou faire réparer un dommage qui leur aurait été fait, le prieur, le procureur ou un des frères, accompagné d'un ou deux hommes, pourra venir à Guines, Calais, ou aux autres forteresses occupées par les Anglais, puis retourner sans être inquiétés. Pour faciliter la garde des bestiaux, on marquera les blanches bêtes sur le dos d'un C, et les autres bêtes sur le côté droit d'un fer chaud à la même marque. Le couvent délivrera à ses serviteurs et à ses censiers une copie scellée du scel de la Chartreuse et le prieur certifiera par serment que ces hommes sont au service du monastère. Sur le vu de ces lettres, les partisans anglais, tiendront les porteurs en paix. Les valets de l'abbaye et des autres maisons de l'ordre pourront s'entre-aider. Le gouverneur s'engage d'ailleurs à réparer le dommage qui pourrait être fait aussitôt qu'il lui sera indiqué.

Bien que l'ordre des Chartreux ne fut pas cloîtré, il ne leur était cependant pas permis de prolonger leurs promenades au-delà d'une certaine limite. En ce qui concerne la Chartreuse de Longuenesse, un acte de 1331 nous fait connaître que les religieux étaient autorisés à diriger leur promenade jusqu'au château d'Arnould de Ste-Aldegonde, près Tatinghem, avec condition de n'y pas entrer sans motif raisonnable. Plus tard, en 1342 le cartulaire de la dite maison nous renseigne sur le périmètre que les Chartreux pouvaient parcourir, sans être considérés comme fugitifs, périmètre encore assez considérable, ainsi qu'on peut en juger, et qui avait été fixé par les visiteurs de l'ordre. De la porte du couvent, l'on se transportait à l'extrémité, vers St-Omer des propriétés du monastère, de là vers le moulin de Corlis qui était en dehors des fortifications de la ville. On se dirigeait ensuite en ligne droite par Strahem à la grange de Hongrie, mais sans dépasser les limites de la dite grange ; puis traversant le bois de Wisque on le contournait à l'occident, jusqu'à la fontaine appelée *Carlewyc*, et on se transportait aux Bruyères vers la carrière de la ville. Revenant ensuite sur ses pas, et passant près d'une fontaine désignée sous le nom d'*Alfonse*, on allait jusqu'au jardin de la demoiselle Marguerite de Ste-Aldegonde, fille du fondateur. Enfin contournant le village de Longuenesse à l'occident on revenait à la Chartreuse, en ayant soin de ne pas dépasser la maison, mais en contournant le jardin par l'orient.

Les prescriptions des visiteurs dont nous venons de rendre compte, regardaient tous les religieux indistinctement. Cependant le couvent ayant été autorisé à acquérir des terres dans le circuit de dix lieues, ils durent par acte du 14 décembre 1393, autoriser le procureur à se transporter à une distance de 7 lieues pour les affaires du couvent, et même à aller à Calais ou à d'autres forteresses en temps de guerre, avec la permission du prieur.

Le couvent des Chartreux n'échappa pas toujours aux dévastations des bandes armées qui parcouraient sans cesse le pays. Nous ne voyons pas pourtant qu'il ait éprouvé aucun dommage lorsque le duc de Glocester, en Août 1436, brûla le village de Longuenesse. Mais il fut moins heureux lors des diverses tentatives faites par les Français pour se rendre maîtres de St-Omer. En 1477, les troupes de Louis XI le dévastèrent. Il en fut de même sous Henri IV. A la suite de la tentative avortée de surprendre la ville par la porte Ste-Croix en 1594, les troupes françaises restèrent dans le pays environnant. Le 8 janvier de l'année suivante, elles mirent un pétard à la porte du couvent, espérant y trouver beaucoup de butin, mais ils n'y rencontrèrent rien, les Chartreux ayant refusé d'abriter les biens des paysans. Les Français se répandirent alors dans le couvent et dans l'église qu'ils pillèrent. C'était précisément l'heure des matines, et au bruit qu'ils entendirent, les religieux se réfugièrent au-dessus des voûtes, où les français ne les poursuivirent pas, n'osant s'engager dans les escaliers. Deux ans après, le 12 Septembre 1597, un parti de maraudeurs français s'empara du couvent, y resta 4 heures et après avoir pris ce qu'ils trouvaient, brûlèrent une partie de la bibliothéque.

En 1718, une tempête excessivement violente désola le monastère. Les eaux de toutes les hauteurs qui l'environnent, descendant avec rapidité, se firent un passage en enlevant la porte de l'enclos, celles du cloître, des granges et des étables, et entrèrent partout avec tant d'impétuosité, que les religieux surpris dans leurs cellules furent obligés de monter dans le grenier et sur les toits. Plus de cent pieds de murailles de l'enclos furent emportés. Les voutes de caves furent enfoncées, et celles-ci remplies de vase, ainsi que l'église, les cloitres et les cellules jusqu'à quatre pieds de hauteur. Le dommage causé fut évalué à plus de vingt mille livres.

La chartreuse de Longuenesse était le lieu de sépulture de la famille de Ste-Aldegonde. L'église du couvent devait contenir les tombes de plusieurs de ses membres. Une seule nous était parvenue, bien que mutilée, c'était celle de Philippe de Ste-Aldegonde, grand bailli de St-Omer, mort en 1574. Il était représenté couché sur son tombeau armé de toutes pièces, la tête nue, accompagné de sa femme Bonne de Lannoi. Sur le devant une sculpture représentant la Vierge accompagnée d'anges. Ce mausolée qui avait échappé aux iconoclastes de 1792, avait trouvé un refuge dans une maison de campagne auprès d'Arques, mais là, exposé dans un jardin aux intempéries des saisons, il se dégrada promptement, et dans cet état fut donné par le nouveau propriétaire à l'église N. D. de St-Omer. Ce monument dont les sculptures étaient dues au ciseau de Jacques Du Brœucq, artiste audomarois, était susceptible d'être restauré et devait dans tous les cas être conservé. Malheureusement la fabrique a jugé au contraire à propos de s'en débarrasser, et les statues de Philippe de Ste-Aldegonde et de sa femme, qui étaient en albâtre, ont été vendues pour faire du plâtre.

Le couvent des Chartreux fut démoli et vendu à l'époque de la révolution en 1792. Il ne possédait alors que 5000 livres de rente.

La commune de Longuenesse a une superficie de 828 hectares, et une population de 978 habitants. Son territoire enveloppe la ville de St-Omer sur la moitié de sa circonférence. Il comprend plusieurs dépendances au nombre des quelles nous pouvons citer le lieu où fut primitivement l'hospice de la *Madeleine* ou *Maladrerie*. Parmi les autres nous ne citerons que *Ste-Croix*, *la Malassise* et *Notre Dame de Grâce* sur les quelles nous dirons quelques mots.

Ste-Croix. — Hameau de Longuenesse, reste du faubourg de ce nom qui s'étendait jusqu'au pied des remparts de la ville, et qui fut démoli par ordre du Magistrat, en 1477, dans l'intérêt de la défense. Une église spéciale fut construite en 1492 pour desservir ce qui restait de ce faubourg. A la fin du XVI° siècle, le hameau fut mis au pillage par les Français, qui, le 22 janvier 1598 enlevèrent une des cloches de l'église. Plusieurs maisons furent alors détruites. Le reste ainsi que l'église fort endommagée subit le même sort en 1639, leur existence pouvant compromettre les intérêts de la défense de St-Omer, ainsi qu'on avait pu en juger par le dernier siége.

La Malassise. — Ferme ainsi nommée parce qu'elle fut batie à portée du canon de la place. Elle est établie sur une partie de l'emplacement de l'ancien bois de *Loo* dont il est parlé dans la charte de Guillaume Cliton, au sujet de la pâture qui se trouvait adjacente et qui avait été donnée à la ville par Robert le Frison. Depuis une vingtaine d'années, les dames bénédictines du St-Sacrement ont construit auprès de cette ferme une maison assez considérable à laquelle est annexé un pensionnat de jeunes filles.

Notre Dame de Grâce. — Le nom de cet endroit, aujourd'hui occupé par les fortifications de l'ouvrage avancé qui couvre la place à l'est, provient d'une chapelle élevée à la Vierge sous cette invocation. En 1669, les écoliers syntaxiens, formant la congrégation de Notre Dame de la visitation au collège de St-Omer, présentent un requête au Magistrat à l'effet d'être autorisés à faire bâtir une chapelle au dit lieu, ce qui leur est accordé à condition que la dite chapelle ne servirait qu'à eux sans qu'aucun autre y soit admis si ce n'est avec l'autorisation du Magistrat.

Nous ignorons pour quelles raisons cette autorisation resta momentanément sans effet, toujours est-il que nous trouvons à la date du 19 septembre 1683, une nouvelle autorisation donnée aux P. P. Jésuites pour sa construction. Cette chapelle qui portait aussi le nom de Notre Dame de bon voyage, et qui était située près de l'arbre de la Madeleine, le long du chemin d'Arques, était entretenue uniquement par les Jésuites, qui obtinrent des dons et des revenus devant servir à son ornement, et des faveurs spirituelles, c'est-à-dire des indulgences accordées par les bulles du 16 septembre 1738 et du 10 Mars 1747. Au moment de leur expulsion, tous les ornements et papiers concernant la chapelle furent déposés par eux entre les mains de l'abbé de St-Bertin, qui, le 12 Novembre 1783, les remit au Magistrat lequel en ordonna le dépôt provisoire aux archives jusqu'à ce qu'on eut pris une décison relativement à l'édifice.

La chapelle, qui n'avait pas été utilisée depuis le départ des Jésuites, était en très mauvais état, puisqu'une ordonnance de l'Evêque de St-Omer en date du 6 août 1784, défend d'y célébrer le service divin, à cause des dégradations considérables qu'on y remarque. Cependant le 21 Août 1787, les confrères de N. Dame de Lorette, obtinrent l'autorisation de s'en servir à condition, qu'ils la répareront en y employant les matériaux provenant de la démolition de la chapelle des Bruyères. On leur remet en même temps tous les ornements et les papiers déposés provisoirement aux archives. Les confrères continuèrent vraisemblablement à se servir de cette chapelle jusqu'en 1790, époque où la confrérie fut transférée à St-Denis et où la chapelle de notre Dame de Grâce fut détruite.

Les Bruyères. — Les Bruyères font partie de la commune de Longuenesse; c'est encore un reste de la donation de Robert le Frison à la ville de St-Omer. Quoi que fortement réduit par les aliénations successives, cet endroit offre encore un beau plateau servant aux manœuvres des troupes. Il n'est presque plus à usage de paturage, si ce n'est dans quelques parties eloignées. Il n'en était pas ainsi au moyen-age, car nous trouvons en 1421, que tous les habitants de la banlieue, avaient droit d'y faire paître leurs *blancques bestes*.

Sur le versant ouest des Bruyères, se trouvait l'ancien château d'Edékines, démoli depuis longtemps, et qui avait donné le nom à un hameau formant centre d'habitations dont l'existence est déjà mentionnée en 1139, et rappelée plusieurs fois depuis cette époque, et notamment dans l'article 7 de la coutume du bailliage de Saint-Omer de 1531, où il est dit. *Au lieu nommé*

Edekines au dehors de la Ville de St-Omer, ont accoutumé tenir de 7 ans en 7 ans au dit lieu *d'Edekines, franches vérités que l'on nomme les franches vérités d'Edekines*. En 1739, lors de la rédaction de la nouvelle coutume, il fut décidé qu'on supprimerait cet article, parce qu'il fut constaté qu'il y avait plus de quatre-vingts ans que ces assises n'avaient plus lieu.

Les franches vérités d'Edekines étaient annoncées un mois ou six semaines d'avance, par des affiches et des publications faites dans les lieux publics, les marchés, églises et paroisses dans toute l'étendue du ressort du Bailliage de St-Omer. A ces assises devaient comparaître tous les sujets et vassaux du Bailliage et de la chatellenie, demeurant sur fiefs et manoirs, ou ayant manoirs ou masures sur les chemins ou flégards. Ils étaient tenus de comparaître en personne : on procédait contre les absents comme contre les présents. L'assemblée pouvait prononcer outre l'amende, des peines afflictives qui étaient exécutées immédiatement. A cet effet, l'exécuteur devait y assister, ainsi que disait la coutume : *li pendeux doit si trouver pour illec faire bonne et briefve justice*.

Le jour fixé, le grand bailli, ou son lieutenant en son absence, avec les officiers composant la cour du bailliage, se rendait au château d'Edequines à l'heure indiquée, où étant et séance prise, on faisait l'appel pour constater les absents dont les noms étaient inscrits sur un registre, après quoi l'on ordonnait de fermer les portes du château qui étaient bien gardées tant en dedans qu'en dehors. On commençait la séance par les enquêtes sommaires pour les affaires civiles, qui étaient jugées par arrêt. On procédait ensuite par informations sommaires à l'instruction des procédures criminelles, lesquelles étaient aussi jugées par arrêt, et exécutées sur le champ à l'égard des présents et par contumace en effigie contre les absents. L'assemblée ne désemparait pas que le crime, même capital, ne fut puni. C'est pour cette raison que l'exécuteur de la haute Justice devait assister à ces assemblées, avec toutes les choses nécessaires à son ministère : *et elles s'exécutent sur le champ au dit lieu par le pendeur et exécuteur qui illec est aux dites vérités apresté de tout ce qui appartient aux dites exécutions faire....*

Il n'est pas facile de connaître le motif qui a fait cesser la tenue de ces grandes assises. Il est probable que l'extension donnée au pouvoir des cours souveraines et des bailliages en fut la principale cause en faisant voir leur inutilité.

Les noms des seigneurs d'Edequines sont cités à diverses époques dans nos archives. Dans le cours du XVIIIe siècle l'emplacement du château appartenait à la famille de Fiennes comme fief relevant du château de St-Omer. En 1779 ce terrain était devenu la propriété de la famille de Sandelin, dont la mère était une de Fiennes, enfin à l'époque de la révolution en 1789, la famille de Pelet, possédait la Seigneurie d'Edequines dont une des filles portait le nom, suivant l'usage de cette époque.

Chapelle de Notre-Dame de Lorette. — Auprès du chateau d'Edequines se trouvait un arbre à l'entrée du carrefour qui existait en ce point. Les écoliers de St-Omer y avaient placé une Vierge, comme c'était leur habitude dans tous les carrefours, comme ils l'avaient fait à l'arbre de la Madeleine sur le chemin d'Arques, et y avaient mis un tronc pour recevoir les offrandes. La Vierge de l'arbre d'Edequines avait une certaine célébrité un grand concours de peuple s'y rendait, et le 13 Juillet 1631 un chanoine avait prêché. Le montant des offrandes déposées dans le tronc s'éleva à 60 florins que les écoliers remirent au régent du collége de St-Bertin. Cette affluence fit naître l'idée d'établir en ce point une chapelle. On s'adressa à cet effet au Magistrat qui avait ce terrain dans sa juridiction, et à la suite de divers pourparlers avec l'autorité ecclésiastique, la permission de construire la chapelle avec le produit des offrandes fut accordée par l'évêque, du consentement du Magistrat, par acte du premier Juillet 1632.

Soit que l'on ait négligé l'entretien de cette chapelle, soit qu'elle ait éprouvé de grandes détériorations lors de la prise de la ville en 1677, toujours est-il qu'elle était à peu près en ruine, lorsqu'en 1687, les confrères de N. D. de Lorette dont l'association existait à St-Omer déjà depuis un certain nombre d'années, puisque nous trouvons des statuts qui lui sont applicables à la date du 12 Juillet 1577, demandèrent au Magistrat l'autorisation de se servir de cet édifice abandonné et d'y faire célébrer le service divin, ce qui leur fut accordé à condition que la réparation serait à leur charge, qu'ils placeront à l'extérieur les armes de la ville et que le produit des offrandes serait employé à l'entretien et à l'ornementation de la chapelle. Les conditions imposées furent observées.

Il n'était d'ailleurs pas permis d'y dire la messe les dimanches et fêtes, non plus que les jours de fête principale des paroisses voisines, mais on le pouvait tous les autres jours. Nonobstant cette permission assez large, on n'y célébrait la messe que tous les samedis, depuis Pâques jusqu'à la Toussaint. La fête principale était le jour de l'Annonciation, le 25 Mars. C'était le curé et le vicaire de Wisques qui officiaient ce jour là en présence d'un grand concours de personnes qui s'y rendaient de la ville et des environs, indépendamment de tous les membres de la confrérie qui y assistaient.

TATINGHEM

Tatinga villa, 648, Cart. Sith.
Tathingahem, 826, id.
Tatingahem. 1123, id.
Tadingehem, 1139, Cart. St-Omer
Thadinghem, 1229, id.
Tadinghem, 1304, Cart. Chart.
Tatinghem, Pouillé de St-Omer.

L'origine du village de Tatinghem est très ancienne; sa situation non loin de la voie romaine allant de Thérouanne au Portus Itius, plus connue sous le nom de la *Leulenne,* pourrait faire penser que le lieu fut habité à l'époque romaine. Il est impossible de rien préciser à cet égard. Nous n'avons pas d'ailleurs connaissance qu'il ait été trouvé sur son territoire, des antiquités qui puissent venir à l'appui de cette hypothèse. Toujours est-il qu'il existait déjà au moment où St-Omer vint évangéliser la Morinie. Il figurait en 648 dans la charte d'Adroald qui le donne au saint Evêque ainsi que les autres lieux qui y sont dénommés, *cum domibus, edificiis, terris cultis et incultis. etc. etc.* Outre ces propriétés territoriales, dont l'importance n'est pas connue, le chapitre de St-Omer et l'abbaye de St-Bertin possédaient chacun la moitié de la dime de Tatinghem, ainsi qu'il est constaté par la Bulle de Calixte II datée de 1123, laquelle porte confirmation de ladite dime.

De même que tous les villages à proximité de St-Omer, Tatinghem était exposé aux déprédations des armées qui vinrent faire à diverses reprises des tentatives pour s'emparer de cette ville, et subit, par suite, des dommages plus ou moins considérables. En août 1436, il fut brulé par le duc de Glocester. — Les troupes de Louis XI le ravagèrent en 1477. — Le 7 Janvier 1595 les Français rompirent la porte de l'Eglise avec un pétard, pensant qu'il s'y trouvait un riche butin. Six habitants s'y étaient renfermés et tinrent bon, en sorte que les maraudeurs n'osèrent y entrer. L'année suivante ils furent plus hardis ; le 16 juillet 1596, vers le soir, ayant encore enfoncé la porte au moyen d'un pétard, ils pénétrèrent dans l'Eglise, mais n'y trouvèrent que trois vaches et fort peu de butin ; les trois hommes de guet dans le clocher n'osèrent se montrer. — A la levée du siége de St-Omer en 1638, l'armée française en se retirant incendia le village et le fort qu'elle y avait construit.

Indépendamment des propriétés du chapitre et de l'abbaye, le territoire de Tatinghem comprenait de nombreux fiefs relevant du roi à cause de son château de St-Omer. Au nombre des possesseurs de ces fiefs nous trouvons plusieurs noms de familles de St-Omer, les de Wissocq, les de Morcamp, les d'Audenfort, les Ste-Aldegonde, puis les PP. chartreux de Longuenesse, les Jésuites Wallons et les Dominicains ; quant à la terre de Tatinghem proprement dite nous n'avons pas trouvé par qui elle était possédée dans le principe. L'état des fiefs dont nous avons fait plusieurs fois usage, nous fait connaître seulement qu'en 1624 cette terre appartenait à Messire Jean de Vignacourt et passa après sa mort à Charles de Vignacourt qui en 1626 paya les droits exigés. Un rapport du 26 juillet 1629 mentionne que ledit seigneur y a justice foncière et vicomtière, sous le ressort et souveraineté de S. M., à cause de son château de St-Omer. Cette prétention n'était pas de nature à satisfaire le Magistrat de St-Omer. La banlieue de la ville, comprenait en effet le village de Tatinghem et par suite le Magistrat avait dans le village pour le roi toute justice haute, moyenne, et vicomtière, tandis que le seigneur n'y avait que la Justice foncière. Tant qu'aucun fait ne se présenta, il est vraisemblable que la prétention du seigneur de Tatinghem ne porta pas ombrage. Mais en 1687 le bailli de celui-ci, ayant fait procéder en sa qualité, à une vente de meubles, ce qui était du ressort de la Justice vicomtière, le Magistrat de St-Omer le fit condamner à la réparation du trouble apporté, à l'amende accoutumée et aux dépens. — Lors de la rédaction de la coutume de St-Omer en 1739, la seigneurie de Tatinghem appartenait à Florent Joseph de Hoston, écuyer, seigneur de Fontaines.

La cure de Tatinghem était à la présentation du chapitre de St-Omer; cela résulte d'un accord fait dans le courant du XIV° siècle entre ledit chapitre et l'Evêque de Thérouanne. Une chapelle de cette Eglise, sous le vocable de St-Quentin, était à la collation du chapitre de St-Pierre d'Aire. En vertu de son droit de présentation à la cure, le chapitre de St-Omer était tenu à l'entretien du chœur. Aussi, l'Eglise ayant été ruinée par la guerre, nous voyons en 1659 ledit chapitre décider que, en ce qui le regarde, le chœur de ladite Eglise sera rétabli dans l'état où il était avant la guerre, et il autorise le chanoine Duchambge à rassembler les matériaux nécessaires. Cette partie fut restaurée de nouveau en 1758. En 1788 on reconstruisit la nef : l'entretien du clocher était à la charge de l'abbaye de St-Bertin.

Les seules parties anciennes qui restent à l'église de Tatinghem sont la nef et le clocher et encore la première ne remonte qu'au milieu du siècle dernier ainsi que nous l'avons vu. Le chœur a été reconstruit il y a peu d'années dans le style du quatorzième siècle. Il est vouté en pierre. L'on a recouvert alors la nef d'un plafond imitant le même style. Le clocher est un peu plus ancien ; les fenêtres de la chambre des cloches sont terminées en arc aigu, et il renferme une cloche qui porte la date de 1634, ainsi que l'indication qu'elle a été fondue pour Tatinghem aux dépens du curé de l'église et des paroissiens.

La superficie de Tatinghem est de 560 hectares. Ce village renferme une population de 759 habitants.

WIZERNES

Weserinium, 850, Cart. Sith.
Wuesarinium, 877, id.
Wiserna, 1093, id.
Winserna, 1145, id.
Wizernes, 1296, Synopsis St-Bertin.

La position de Wizernes sur les bords de l'Aa, au sein d'une vallée agréable et dans une position pittoresque, semble avoir désigné de tout temps ce lieu comme centre d'habitation. L'existence d'un cimetière sur la rive gauche de la rivière à mi-côte, où se sont rencontrées des sépultures à incinération, qui paraissent remonter à l'époque Romaine, et des inhumations de l'époque franque, viennent à l'appui de cette hypothèse. De nombreux vases y ont été trouvés ainsi qu'un grand nombre d'armes, scramasax, angons, francisques, framées, lances, umbos de boucliers. Ces sépultures ont mis au jour également quelques bijoux mérovingiens, mais en petite quantité. Tout tend donc à démontrer que le lieu fut habité pendant de longues années avant qu'il soit question dans notre histoire de la donation faite à Saint-Omer par Adroald, de la terre de Sithieu et de plusieurs autres domaines. Nous ignorons du reste comment la terre de Wizernes arriva entre les mains des moines de St-Bertin. Malbrancq (de Morinis) a prétendu qu'il y avait en cet endroit originairement un monastère plus ancien que St-Bertin, auquel il donna le nom purement imaginaire de *Monasterium Ulteriense*. S'il en avait été ainsi, on en trouverait trace dans les divers diplômes où il est question de cette propriété de l'abbaye. Il y a tout lieu de penser, ainsi que l'a démontré Courtois, que Malbrancq s'est trompé et que le monastère dont il parle fut depuis celui de Saint-Augustin près Thérouanne. Quoiqu'il en soit, toujours est-il que dans le diplôme du 20 juin 877 de l'empereur Charles-le-Chauve, la villa de Wizernes, sans autre désignation est mentionnée parmi les propriétés de St-Bertin.

L'étendue des domaines dépendant de cette villa était assez considérable, l'on peut en voir une énumération dans le relevé qu'en fait l'abbé Adalard, qui nous fait connaître en outre que l'abbaye était en possession réelle de l'église du village, ainsi que le dit la phrase suivante : *In Weserenia, habet ecclesiam indominicatam.* Elle y possédait aussi quatre moulins mais il s'en faut de beaucoup qu'à cette époque toute l'étendue du territoire lui appartint. Dans la dotation du monastère de St-Sauveur de Sténélandt fondé par Guntbert, moine de St-Bertin, on remarque plusieurs biens situés à Wizernes.

L'importance du domaine de l'abbaye dans le village lui avait fait donner le nom de prieuré ; en effet, un des moines était envoyé pour le régir avec le titre de prieur. Il en prit encore davantage par les acquisitions qui successivement vinrent bientôt s'y adjoindre. Une des principales fût celle que fit le prieur en 1197, de diverses terres que Michel de Clarques, seigneur de Wizernes, céda à l'abbaye pour le prix de 110 marcs d'argent, acquisition que l'abbé s'empressa de faire approuver par l'évêque de Thérouanne. Il fut stipulé dans l'acte de cession, que le vendeur, sa femme ou son hoir pourrait racheter lesdites terres pendant un délai de vingt années qui commenceraient six années après que Saint-Bertin en aurait eu la jouissance. Ce rachat serait fait moyennant 110 marcs de parisis, dont dix seraient affectés à l'anniversaire du vendeur et de son épouse. Passé le dit délai, si le rachat n'a pas eu lieu, l'abbaye en serait considérée comme légitime possesseur.

D'un autre côté, le monastère ne jouit pas toujours tranquillement de ses propriétés. Déjà en 1187 nous le voyons recouvrer la terre de Wizernes que Robert de St-Omer, prévôt d'Aire avait usurpée. Il est probable que la restitution ne fut pas complète, car le grand cartulaire mentionne, à la date de 1202, que Nicolas de Clarkes, rend à l'église de St-Bertin, la terre de Wizernes que son aïeul Guillaume le Roux avait donnée, et qui avait ensuite été enlevée par le susdit Robert, prévôt d'Aire, dont Nicolas avait épousé la nièce. En même temps qu'il fait cette restitution, il donne à l'abbaye les droits comtiers sur cette terre et oblige et engage comme garantie, le rouage qu'il a à St-Omer et les fiefs qu'il tient du comte de Flandre et du Chatelain de St-Omer. Cet acte fut approuvé par Gislebert chatelain de Bergues duquel cette terre était tenue en fief. Quelques années après, en 1224, il reçut son complément par la renonciation que fit Guillaume de Clarkes, du consentement de son frère et de ses sœurs et de leurs maris, du droit qu'il avait injustement réclamé sur les revenus et les fruits du comté de son aïeul à Wizernes, qui avaient été adjugés à St-Bertin par les arbitres nommés à cet effet. En agissant ainsi il ne faisait d'ailleurs que se conformer aux clauses du traité de 1197 dont nous avons parlé ci-dessus.

L'abbaye de St-Bertin était donc ainsi rentrée en possession de tout ce qui lui avait été injustement enlevé à Wizernes. Elle avait eu en outre occasion d'éteindre diverses réclamations. A la suite de la restitution de Nicolas de Clarkes, un certain Gillebert de Wizernes, chevalier, en contestait la légalité, parce que son père avait tenu ledit comté dudit Nicolas dans les derniers temps. Il voulait exiger que l'abbaye envoyât deux échevins à ses plaids, à cause de ses terres situées dans l'étendue dudit comté, et que l'abbé ou un de ses religieux y assistât trois fois l'an. Mais revenu à de meilleurs sentiments, pour éviter toute querelle, Gillebert donne en aumône au monastère tous les droits qu'il pouvait avoir, renonçant pour lui et ses hoirs, à prétendre posséder le comté, lorsqu'ils demeureront sur le fonds de l'abbaye. Quant à sa maison, il consent à la laisser à St-Bertin, moyennant un cens annuel de trois deniers.

Une autre difficulté fut aussi apaisée par une sentence arbitrale de 1211, qui adjugea à l'église de St-Bertin deux moulins en fief, et une maison située auprès du manoir de l'abbaye à Wizernes, ladite sentence appuyée sur ce que le monastère jouissait de ces droits depuis plus de 40 ans.

Nous n'insisterons pas davantage sur les diverses acquisitions que continua à faire l'abbaye à Wizernes, elles continuèrent à s'accroître au point qu'elle put être considérée comme possédant la véritable seigneurie de ce territoire, ce qui amena plus tard des conflits avec le Magistrat de Saint-Omer, au sujet des droits que celui-ci prétendait posséder dans l'étendue de la banlieue de la ville où se trouvait compris le village de Wizernes.

L'administration du territoire appartenant à l'abbaye, à Wizernes, était confiée à un bailli, à un mayeur et à des échevins. Nous avons déjà vu ceux-ci mentionnés dans la charte de 1202, donnée par Gillebert de Wizernes. On trouve encore d'autres actes et transactions passés pardevant les échevins de cette commune. Une charte de février 1271 émane de Gerard *Major de Weserna*. Ici comme en d'autres occasions, l'abbaye se vit forcée de lutter pour conserver ses droits. Un certain Robert de Poteria avait institué des échevins à Wizernes au préjudice de l'église de Saint-Bertin. Une sentence arbitrale du doyen et du chantre de Saint-Donatien de Bruges, en date de 1230, déclara que l'abbaye seule a le droit d'instituer et d'ôter des échevins à Wizernes et que Robert de Poteria devra supprimer les siens, sans qu'il lui soit permis d'en établir à l'avenir. Malgré cette déclaration, l'abbaye se trouva forcée plus tard de faire encore constater ses droits, ainsi qu'on peut le voir par un accord du 16 juillet 1508, faite avec Ferri de Croy, seigneur du Rœulx, vicomtier de Wizernes, qui reconnaît que St-Bertin est en possession de créer échevins, faire écauwages, exploits, et de jouir d'autres droits et prérogatives à Wizernes.

En 1582 une contestation analogue servit encore à démontrer

la justice des prétentions de l'abbaye dans ce village. Un sieur Jacques Louchin, bailli de le Dlle de Limeu, ayant quelque juridiction à Wizernes, avait prétendu avoir la première place au chœur de l'église, être le premier partout, pouvoir donner permission aux marchands étrangers le jour de la dédicace et autres jours de fête, accorder des autorisations d'extraire de l'argile,etc.L'abbaye le fait ajourner,et le 13 juillet ledit Jacques est amené à reconnaître par devant notaire les droits et prééminence de St-Bertin.

Enfin en 1696 l'abbaye eut encore une discussion avec le sieur Jacques Bernard Liot, écuyer, seigneur d'Eglegatte, au sujet d'un chemin où celui-ci prétendait avoir droit de passage avec chariot, attendu, suivant lui, que c'était un chemin vicomtier. Les religieux soutenant les administrateurs de l'église de Wizernes, n'eurent pas de peine à prouver que la place où se trouvait ledit chemin faisait partie du cimetière, et que la prétention de la partie adverse n'était pas soutenable.

Nous avons vu en commençant que l'abbaye de St-Bertin possédait l'église de Wizernes.Cette propriété lui fut confirmée par une bulle d'Urbain II, en date du 23 mars 1093, et par Gérard évêque de Thérouanne, le 18 octobre 1097. Vers 1170 l'abbé Godescalque entoure cette église d'un mur. Longtemps l'église de Wizernes eut pour annexe celle d'Hallines. Une convention de 1241, dont nous avons parlé à l'article d'Houlle vint préparer la séparation ; elle fut effectuée en 1280 par Henri évêque de Thérouanne, qui érigea l'église d'Hallines en paroisse. Peu après les doyen et chapitre de Thérouanne donnent leur consentement à cette séparation, en même temps qu'Aëlis dame d'Hallines et son fils Hugues de Passus dotent les curés d'Hallines et de Wizernes,en leur assignant diverses sommes. Mais bientôt la concorde cesse de régner entre les deux paroisses séparées, et l'abbaye se trouve forcée de requérir contre le curé d'Hallines. Le 18 janvier 1485,une sentence du prévôt de Montreuil condamne ce curé à réparer les troubles par lui causés à St-Bertin sur 7 quartiers de dimage à Wizernes. Il parait d'ailleurs que la sentence ne produisit pas l'effet désiré, car une autre dut intervenir le 12 avril 1494, qui maintenait le couvent dans la jouissance du dimage précité et condamnait le curé d'Hallines aux frais et dépens, et deux jours après une nouvelle sentence condamnait le même curé à payer la dime consentie pour les années 1489 et 1490.

Outre la discussion avec le curé d'Hallines, l'abbaye avait à faire respecter ses droits par le curé de Wizernes et à veiller à ce que celui-ci accomplit les devoirs qui lui incombaient, en vertu de sa charge. Le 23 mars 1413 une sentence arbitrale le condamnait à mettre à ses dépens un coutre ou un clerc dans sa paroisse. En 1517, ledit curé est forcé de reconnaître que la moitié des dons et oblations faits à l'église appartient à l'abbaye, et que celle-ci a droit d'instituer les marguilliers et autres officiers de la paroisse. Plus tard, St Bertin fait reconnaître les droits et prééminence de son bailli tant dans le village que dans l'église de Wizernes.

Nous avons dit précédemment que diverses contestations s'élevèrent plusieurs fois entre l'abbaye et le Magistrat de St-Omer au sujet de leurs droits respectifs. Elles prirent naissance lorsque celui-ci voulut étendre la banlieue et exercer la juridiction sur des territoires qui n'appartenaient pas à la ville et qui se trouvaient compris dans l'étendue de ladite banlieue. Cette extension exagérée commença par un droit d'inspection que les mayeur et échevins voulurent s'arroger sur la rivière en amont de St-Omer. Il était rationel que le Magistrat qui avait dans ses attributions l'entretien de la partie navigable depuis la ville jusqu'à la mer, tînt à s'assurer que rien ne venait s'opposer au libre cours des eaux en amont. De là devaient naître des conflits avec le seigneur dont le territoire était traversé par ladite rivière. C'est ce qui arriva à Wizernes.

Si longtemps que le Magistrat ne fit pas acte d'autorité, il ne parait pas que l'abbaye de St-Bertin ait fait obstacle à ces visites. Mais en 1399, il avait fait couper et enlever des arbres sur une terre occupée par un tenancier du monastère, et avait condamné celui-ci à l'amende. Il est vrai que les arbres en question gênaient le cours des eaux. De cette infraction au droit de propriété naquit un procès. La cause fut déférée au prévôt de Montreuil qui annule l'amende prononcée et décide qu'à l'avenir, les parties agiraient comme il suit : L'abbaye devra faire publier le dimanche après la mi-mars une visite de la rivière dans l'étendue de ses propriétés. Dans cette visite elle pratiquera les écauwages et prescrira l'enlèvement des obstacles dans le délai de sept jours, outre qu'elle pourra condamner les délinquants, à l'amende de 3 sous. A défaut d'exécution dans ce délai elle pourra faire exécuter les travaux nécessaires. Un mois après, le bailli et le Magistrat feront une nouvelle visite et pourront pratiquer écauwages même sur les terres tenues de St-Bertin. Ils pourront encore infliger des amendes jusqu'à 60 sous. En dehors de ce temps le Magistrat et même les religieux pourront faire des écauwages, et enlever les empêchements dans la rivière, mais à leurs frais sans prononcer d'amende.

Ce jugement servit désormais de loi aux parties et toutes les fois que l'abbaye eût à se plaindre des empiétements du Magistrat, ou d'autres, il fût fait droit à ses justes réclamations. Ainsi en 1518 des écauwages ayant été faits induement dans l'étendue de la seigneurie de Saint-Bertin, et l'abbaye ayant été condamnée à 60 sous d'amende, le prévôt de Montreuil reconnait que la justice dans ladite seigneurie lui appartient et la décharge de l'amende ; si plus tard nous voyons les échevins de Saint-Omer ne plus rencontrer des résistances aussi vives dans l'extension qu'ils donnent à leur juridiction dans la banlieue, il faut l'attribuer uniquement à la lassitude, mais néanmoins le principe subsistait et rien n'était venu l'annuler.

Au reste les actes d'autorité que faisait le Magistrat de Saint-Omer étaient toujours motivés par l'intérêt public. En temps de guerre, il devait naturellement veiller à la défense du pays, et il était autorisé à prendre les dispositions nécessaires pour parvenir à ce but. Le 25 juin 1582, il ordonne de rompre le pont de Gondardennes. Le 17 Mai 1642, le mayeur doit désigner un commandant pour le fort de Wizernes, afin de forcer les habitants au guet et à la garde, et en cas de refus de leur part il peut les condamner, à l'amende de 60 sous, applicable un tiers à l'achat de munitions, un tiers aux pauvres et un tiers au commandant. Mais les droits réels qu'il possédait ne lui imposaient pas l'obligation de supporter en entier les charges qui en résultaient, et il savait faire observer en cela une juste répartition. En voici deux exemples. Le 8 août 1651, il est résolu de fournir les planches pour la réparation du petit pont de Wizernes, mais l'empierrement à placer au-dessus du tablier devait rester à la charge de ceux du bailliage. En 1768, les habitants de Wizernes élèvent la prétention de ne pas entretenir le chemin de St-Omer entre la chapelle de N. D, de Lorette et l'entrée du village. Le Magistrat leur répond que s'il a fait les écauwages et si la ville a fait réparer à diverses reprises les ponts sur la rivière et le chemin, ce n'a jamais été qu'à titre d'avance, dont la ville de St-Omer a été couverte par des péages et des taxes établies après les réparations.

Wizernes, par sa proximité de St-Omer, dut se trouver exposé, ainsi que les villages environnants, aux excursions des armées ennemies. Il se trouvait sur le passage des expéditions anglaises se dirigeant de Calais vers Thérouanne ou dans l'intérieur du pays, aussi de bonne heure eut-il à souffrir de ce passage. En 1415, les habitants avaient ouvert une carrière pour se procurer les matériaux dont ils avaient besoin pour se mettre à l'abri des Anglais. Ce travail ayant été entrepris sans la permission de l'abbé de Saint-Bertin, ils durent reconnaître qu'ils n'avaient aucun droit de le faire, mais la guerre parut une excuse valable qui fut acceptée. Plus tard ce furent les soldats français dont ils eurent à se défendre, lors des diverses tentatives qui furent faites par la France pour s'emparer de St-Omer. Le 20 février 1597, un parti de cette nation vient assaillir l'Eglise, comptant y entrer facilement, mais il est repoussé par les paysans, les soldats s'en allèrent alors du côté d'Heuringhem où ayant fait un trou à la muraille de l'Eglise ils la pillèrent.

L'église actuelle de Wizernes n'offre aucun intérêt archéologique. Elle avait déjà été reconstruite du moins en partie à la fin du XVIe siècle, car nous trouvons à la date du 29 juin

1575 une reconnaissance du curé de Wizernes, du bailli et autres gens de la communauté, constatant qu'ils ont reçu de l'abbé de Saint-Bertin une somme de 72 livres, pour achever la réédification du chœur, sans que cependant l'abbaye soit tenue d'y contribuer. Il ne reste plus guère aujourd'hui de cette époque que la tour où l'on aperçoit des ouvertures servant d'abat-sons, dont la partie supérieure est terminée par une double arcature treflée. Quant à la flèche en pierre qui la surmonte, elle a pu être reconstruite depuis. Le chœur et une partie de la nef accompagnée de deux bas-côtés terminés comme le chœur par des absides polygonales ont été bâtis à neuf il y a peu d'années en style du XIVe siècle. Le reste de l'église entre la partie précédente et la tour, couvert d'un plafond est plus ancien, mais l'absence de caractère empêche de pouvoir en fixer la date.

Gondardennes ou *Gontardennes.* — que l'on appelle aussi *Pont d'Ardennes*, était autrefois désigné sous les noms de *Gondardenghes*, 1208 (Grand Cart. de St-Bertin). — *Gontardinghes* 1399. (Cart. Chart.) — *Londardenghes*, 1406 (Grand Cart. de St-Bertin). C'est un hameau dépendant de Wizernes, dont le nom apparait d'assez bonne heure dans l'histoire. En 1227 Sarra de Gontardinghes et Jean son mari reconnaissent avoir abandonné à St-Bertin en aumône, tous les droits qu'ils avaient sur une terre qu'ils tenaient en cens de l'abbaye à Wizernes. En 1248 Mathilde de Gondardenghes, reconnait avoir vendu à l'abbaye tous les droits qu'elle avait sur le moulin de Gondardenghes, le pré et la maison adjacente et en avoir reçu le prix. Là ne se bornèrent pas les donations faites au monastère en ce lieu. Le 14 mars 1438, Jean de Renescure transporte à la Custodie de St-Bertin les 14 sous parisis de rente qu'il avait achetés à Gondardenghes le 2 juillet 1436. L'importance des propriétés de l'abbaye à Gondardennes lui créait certains droits qu'elle défendait à l'occasion. En 1446, David d'Averhoult, seigneur d'Helfaut, avait fait pratiquer des écauwages et enlever des empêchements sur la rivière en cet endroit, sur les terres appartenant à St-Bertin. Les religieux s'en plaignent, arguant de la justice foncière dont ils sont en possession. Le 19 novembre de cette année, David d'Averhoult reconnaît que leur réclamation est juste, et déclare que ce qui a été fait par son bailli et ses gens de loi doit être considéré comme non avenu. D'un autre côté il n'en résultait pas cependant pour St-Bertin une aggravation de charges. Ainsi nous ne la voyons pas en 1418 contribuer à la reconstruction du pont de Gondardennes, les frais en sont supportés uniquement moitié par la ville de St-Omer moitié par Helfaut. La somme devait être du reste recouvrée au moyen d'un péage.

De nos jours, Gondardennes a acquis une certaine importance par sa position au pied de la rampe conduisant au camp d'Helfaut.

Le territoire de Wizernes offre une superficie de 702 hectares et sa population est de 1435 habitants.

DESCHAMPS DE PAS
Correspondant de l'Institut

CANTON

DE

FAUQUEMBERGUE

AUDINCTHUN

1016. — *Odingatun*, Aubert le Mire, t. IV, p. 176 (1).
1139. — *Odingetun*, Cart. St-Omer, p. 1. V° (2).
1179. — *Odinghetun*, Cart. Ter. p. 51 (3).
1538. — *Audentun*, Informations d'Artois (4).
1559. — *Audincthun*, Partition de l'évêché de Thérouanne (5).
XVI° S. — id. Pouillé de Boulogne (6).

Audincthun est situé entre la vallée de la Lys et les collines qui dominent Fauquembergue, au croisement des chemins vicinaux de grande communication N° 92, de Fiefs à Desvres; N° 133, d'Avroult à Beaumetz-lez-Aire.

(1) Auberti Mirœi Opera diplomatica et historica .... editio secunda, auctior et correctior, Joannes Franciscus Foppens, etc. Lovanii, 1723, 4 vol. in f°.
(2) Cartulaire de St-Omer, petit in f° en parchemin, XVI° siècle.
(3) Cartulaires de l'église de Térouanne, St-Omer, Fleury-Lemaire, 1881, in-4°
(4) Informations d'Artois pour les guerres de l'an XV° XXXVI; Archives nationales, Trésor des chartes, J. 1016.
(5) Procès-verbal de partition de l'évêché de Terrouane, clos le 29 Juin 1559. Bibliothèque royale de Bruxelles, manuscrits, N°s 10836-10839 et N° 16615. Réimpression par la Société des bibliophiles de Belgique, Bruxelles, chez Fr. J. Olivier, 1873, in-8°.
(6) Pouillé du diocèse de Boulogne, grand Cartulaire de St-Bertin, t. X, *in fine*.

Cette commune comprend l'important hameau de Wandonne, et ceux de Milfaut, Moulinet, St-Aubin, Wandonnelle. Sa superficie est de 1503 hectares ; elle renferme 796 habitants.

ÉTYMOLOGIE.—Nom saxon, formé du radical *thun*, qui veut dire enclos ou demeure, et du préfixe *Oding*, qui est un nom patronymique. Audincthun, surtout dans sa forme ancienne, est donc littéralement la demeure de la famille d'Odin (1).

HISTOIRE. — Audincthun est mentionné pour la première fois dans une charte de 1016, publiée par Aubert le Mire, d'après les archives du chapitre de St-Omer, et par laquelle Beaudouin IV, comte de Flandre et d'Artois, donne sa terre de *Odingatun* aux chanoines de l'église collégiale de St-Omer.

En 1179, on retrouve la mention de l'église de *Odinghetun* dans une bulle du Pape Alexandre III, contenant la nomenclature des revenus du chapitre de Thérouanne.

L'ancien village occupait le lieu dit *la Campagne* ; il a disparu en 1521, lorsque les Français, en revenant de prendre Bouchain, se dirigèrent vers St-Pol, Hesdin et Doullens, et ravagèrent tous les villages et hameaux qu'ils rencontrèrent.

Un compte présenté, en 1522, par le receveur des aides d'Artois, (2) fait connaître qu'on ne pouvait plus rien percevoir, attendu que toutes *ces localités avoient esté destruites et qu'il n'y restoit plus personne*. Plus tard les habitants se reportèrent au lieu dit *la Rosette*, et le hameau qui y fut formé donna naissance au village actuel.

En 1523, la guerre recommençait entre la France et l'Autriche ; les Français approvisionnèrent les deux places les plus exposées, Hesdin et Thérouanne, et celle-ci fut bientôt investie par les Flamands. Au printemps de 1524, François 1er envoya, pour la secourir et la ravitailler, Charles de Bourbon, duc de

---

(1) Voir Dictionnaire historique et archéologique du département du Pas-de-Calais, tome III, page 208, dissertation sur quelques noms de lieux à forme étrangère... par M. l'abbé Van Drival.
Voir aussi Revue des deux mondes, tome XLI, page 265. Vieille civilisation scandinave, par M. Alfred Maury.

(2) Archives nationales, Trésor des chartes, J. 1006.

Vendôme, aïeul de Henri IV, qui rencontra l'ennemi près d'Audincthun, le repoussa jusqu'à Upen, puis le défit complètement sur les hauteurs d'Helfaut.

Anquetil rapporte qu'un poste avait été laissé à Audincthun, mais qu'il fut surpris par les Impériaux, et qu'il aurait été perdu sans le dévouement d'un gendarme nommé Tignerette. Enveloppé par l'ennemi, tandis qu'il faisait une ronde, et menacé de mort, il n'hésita pas à donner l'alarme et sauva les troupes Françaises (1).

Dom Devienne constate le même fait, mais il en attribue l'honneur à un officier de chevau-légers nommé Ficqueville (2).

Audincthun n'est pas mentionné dans le Pouillé du diocèse de Thérouanne ; dans celui du diocèse de Boulogne, il forme l'annexe de *Wandonne* ; *Wandonne* figure seul comme paroisse au procès-verbal de partition de l'Evêché de Thérouanne, mais on trouve le nom d'*Audincthun* au département et division des rentes et revenus de la bourse du cellier de l'église de Thérouanne entre les deux chapitres.

Seigneurie. — En 1474, Philippe de Bourgogne, chevalier, seigneur de Beures et de la Viefville, était seigneur d'*Audenthun* et de *Danebreucq* (3).

En 1589, Gabriel de Recourt était baron d'Audincthun. En 1640, la seigneurie appartenait à Chrétien Victor de Croeser, conseiller d'Artois, de par le roi d'Espagne, pendant que ce tribunal siégeait à Saint-Omer. En 1739, le chevalier de Croeser en était possesseur. L'unique héritière de cette maison épousa le comte de Chavannes.

Eglise. — L'église d'Audincthun est un bâtiment très-simple, étroit et long; la tour est belle et construite dans le style ogival du XIIIe siècle.

---

(1) Histoire de France par Anquetil, avec une notice par Léonard Gallois. Paris, Devez, 1837, gr. in-8° à deux col, t. IV, p. 34.
(2) Histoire d'Artois par Dom Devienne, 1786, t. I, p. 540.
(3) Les fiefs et arrières-fiefs de la châtellenie de St-Omer, etc. Bulletin historique de la Société des Antiquaires de la Morinie, t. III, pp. 168 et suiv.

WANDONNE

1285. — *Wandone*. Titres du Prieuré de Renty (1).
1287. — id. Ibid.
1365. — *Wandonne*, Cart. S. Om. Aniv. p. 101 V° (2).
XV° S. — id. ' Pouillé de Thérouanne (3).
XVI° S. *Wandome et Audincthun*, Pouillé de Boulogne.
1559. — *Wandonne*, Partition de l'Evêché de Thérouanne.
1639. — *Vandosnes*. Malbrancq.
1698. — *Wandosnes*, Bignon (4).
1704. — *Wandonne*, Maillart (5).

Wandonne, qui formait une commune avant le 2 octobre 1822, est situé sur un petit affluent de la Lys, au croisement des chemins vicinaux de grande communication n° 126, de Berck à Aire-sur-la-Lys ; n° 133, d'Avroult à Beaumetz-lez-Aire ; n° 157, de Fruges à Hazebrouck.

Possédant une église, une école, un bureau de bienfaisance, Wandonne conserve une personnalité distincte de son chef-lieu, dont il est éloigné de 3 kilomètres.

ETYMOLOGIE. — Les formes anciennes manquant, on a pensé que la terminaison *donne* est une altération du mot *thun*, que l'on trouve dans Audincthun, et que le préfixe *Wan* est une contraction du nom du premier possesseur ou du fondateur, peut-être Wambert, comte de Fauquembergue et de Renty, lequel y possédait un domaine au XII° siècle. Nous préférons rapprocher ce nom de celui de Vendôme, qui serait plus correctement *Vendône*, puisqu'il dérive de *Vindocinum* ; ce vocable, d'origine Gauloise, est formé par la première partie de l'adjectif *Vindos*, blanc.

(1) Titres du Prieuré de Renty, archives du Pas-de-Calais, série H.
(2) Cartulaire de Saint-Omer, anniversaires, grand in-4° en papier, XVI° siècle.
(3) Poullié de l'ancien evesché de Thérouanne, par Dom Alard Tassart, bibliothèque de Saint-Omer, manuscrits, n° 732.
(4) Mémoire officiel sur l'Artois, par l'intendant Bignon. 1698.
(5) Coutumes générales d'Artois, avec des notes, par M. Adrien Maillart, avocat au Parlement. Paris, 1704, in-4°. Une seconde édition in-f° a été donnée par l'auteur, à Paris, en 1739.

HISTOIRE. — Malbrancq (1) dit que ce village se nommait originairement *Petresse* ou *Saint-Pierre*, comme le ruisseau qui le traverse et qui se jette dans la Lys ; ce nom lui vient sans doute de la chapelle dédiée à Saint-Pierre, que Wambert y fit construire en 670.

Après la prise de Saint-Pol, en avril 1537, les Français pillèrent le village et enlevèrent les meubles, les grains et les bestiaux. Pendant cinq mois Wandonne fut abandonné ; ses habitants se réfugièrent dans les villes d'Artois, et quarante chefs de famille moururent de misère ou de maladie (2). Les guerres de 1542 et de 1543 amenèrent de nouveaux ravages.

En 1559, lors de la partition de l'évêché de Thérouanne, la paroisse de Wandonne, qui faisait partie du doyenné d'Helfaut, passa dans celui de Fauquembergue.

En 1822, la commune de Wandonne fut réunie à celle d'Audincthun ; depuis lors les deux localités ont conservé leurs églises, mais elle ne forment qu'une seule paroisse.

SEIGNEURIE. — Originairement Wandonne formait une seule communauté avec Fauquembergue et Renti, sous la suzeraineté du comte Wambert, comme nous l'avons dit plus haut ; nous n'avons pu constater l'époque à laquelle cette terre fut détachée pour former une seigneurie particulière.

En 1269, Gilles de Wandonne donna dix journaux de terre à l'abbaye d'Auchy-les-Hesdin.

En 1279, Robert II, comte d'Artois, avait nommé Arnould de Wandonne capitaine de St-Omer.

Alain de Wandonne, écuyer, fut tué à la bataille d'Azincourt, en 1415.

En 1418, Jehan de Wandonne vendit cette terre à la dame de Créqui, elle relevait alors du duché de ce nom, dans la mouvance du comté de St-Pol ; les fiefs suivants relevaient d'elle : 1° *Coucy*; 2° *Burette* (une ferme); 3° *Canespil* et la *Motte d'Hesdrival*; 4° *Moulinet* (une ferme); 5° *Milfaut* ; (une ferme); 6° *Mal-*

---

(1) *De Morinis*, t. I, p. 395.
(2) Informations d'Artois.

fiance du Saint Crucifix (ferme de la commune de Reclinghem).

En 1422, Lionel, chevalier, seigneur de Wandonne, figure dans un tournoi donné à Arras, en présence de Philippe le Bon, duc de Bourgogne ; c'est ce même seigneur qui fit Jeanne d'Arc prisonnière, au siége de Compiègne, en 1430, et qui la conduisit au quartier du sire de Luxembourg, comte de Fauquembergue.

En 1480, la seigneurie de Wandonne fut vendue à la maison de Lalaing, puis Blanche de Lalaing ayant épousé Philippe de Dion, cette famille entra en possession de cette terre, qu'elle garda jusqu'en 1850.

En 1554, le sire de Dion, seigneur de Wandonne, combattit à Renty; en se retirant à la tête de sa compagnie d'hommes d'armes, il fut attaqué par le maréchal de Saint-André et tué, avec ses deux fils et une grande partie de ses gens, après un combat acharné; tous furent inhumés à Saint-Aubin, en un lieu où une chapelle fut érigée en 1680.

Le 3 février 1761, la seigneurie de Wandonne fut érigée en baronnie, sous le nom de baronnie de Dion de Wandonne, en faveur de Louis-François-Jérôme de Dion.

EGLISE. — Nous avons dit que le comte Wambert avait fait construire une chapelle à Wandonne; en 1248, le comte de Fauquembergue la remplaça par une église, qui fut elle-même réédifiée, en 1412, par le sire de Wandonne. Le chœur est remarquable, sa voûte en pierres offre une série de nervures compliquées, le tout est parfaitement conservé. Le maître-autel en grès a été donné, en 1763, par Madame Pélagie de Dion de Wandonne, abbesse de Bourbourg ; les boiseries sculptées sont modernes et ont été données par la même famille, dont la chapelle tient au chevet de l'église.

On voit dans le chœur un monument funèbre, surmonté des figures couchées de Philippe de Dion, mort en 1532, et de sa femme, Blanche de Lalaing, décédée en 1529.

La nef n'a pas de caractère bien tranché, mais la tour, flanquée de deux tourelles, offre un curieux spécimen de l'architecture militaire du moyen-âge. Le clocher est de 1739.

SAINT-AUBIN. — Ce hameau est traversé par le chemin vicinal de grande communication N° 133, d'Arras à Beaumetz-les-Aire.

AVROULT

1139. — *Averhout*, Cart. St-Omer, p. 2.
S. D. (1170-1191). — *Atrehut*. Cart. Ter., p. 39.
1362. — *Averoud*. — Gros registre du greffe, F° 139 V°. (1).
1394. — *Averhoud*. Ibid. F° 217.
1436 et 1443. — *Averehout et Averhoud*. Ibid. F° 110 et F° 132. V°.
1443. — *Averhoud*. Grand cart. de St-Bertin, t. vi, p. 657 (2).
1474. — *id*. Les Fiefs et arrière-fiefs de la Châtellenie de St-Omer (3).
1503-1504. — *id*. Gros registre du greffe. F° 110 V°.
1507. — *Haveroult*. Coutume de Fauquembergue, Bouthors, t. II, p. 643 (4)
1538. — *Averoult*. Informations d'Artois.
1704. — *id*. Maillart.

Avroult occupe le plateau que limitent les vallées de l'Aa et de la Lys ; le village est traversé dans toute sa longueur par la route nationale n° 28, de Rouen à Saint-Omer ; sa superficie est de 469 hectares ; sa population est de 346 habitants.

ETYMOLOGIE. — Nom flamand, formé du mot *hout*, bois, et

(1) Archives municipales de Saint-Omer. Table Alphabétique et chronologique des ordonnances et des règlements politiques de la ville et cité de Saint-Omer, 1757-1765. — Extraits des délibérations du magistrat de la ville de Saint-Omer, 1784. — Inventaire des archives de Saint-Omer, 1784-1788 ; 5 vol. in fol.

(2) Le grand cartulaire ou recueil général et chronologique des chartes et titres de l'abbaye de Saint-Bertin..... 1775 et 1776, par Dom Charles de Witte, religieux, prêtre, archiviste et secrétaire de la salle abbatiale de l'abbaye de Saint-Bertin... 11 vol. in-fol., et 2 vol. in-8°, pour les tables, Bibliothèque de St-Omer, Manuscrits, n° 803.

(3) Les fiefz et arrière-fiefz tenus du chastel de St-Omer, qui doibvent le service militaire au duc de Bourgoigne; publié dans le bulletin historique de la Société des Antiquaires de la Morinie, t. III, pp. 166 et suiv.

(4) Coutumes locales du bailliage d'Amiens, rédigées en 1507, publiées par M. A. Bouthors, Amiens, Duval-Herment, 1843 à 1853, in-4°.

d'un préfixe qui est un nom d'homme contracté, *Evrard, Eberhart.*

HISTOIRE. — L'origine d'Avroult ne nous est pas connue, nous savons seulement que la situation de ce village, à portée d'une chaussée Brunehaut (ancienne voie romaine de Thérouanne à Boulogne), lui valut de continuelles invasions et des destructions souvent répétées.

La première dont nous trouvons la mention eut lieu en 880, lorsque les Normands ravagèrent toute la Morinie, et notamment Renty, Wandonne et Fauquembergue.

En 1198, Avroult, qui se trouve toujours sur la route des armées, est saccagé par Renaud de Dammartin, comte de Boulogne, lequel échoue dans son attaque sur Fauquembergue.

Mais ce fut surtout pendant les guerres contre les Anglais, en 1270, 1355, 1370, 1406 et 1412, qu'Avroult souffrit le plus.

Les troupes de Charles-Quint pillèrent les environs de Thérouanne en 1536, ayant d'assiéger inutilement cette ville en 1537, et n'épargnèrent pas Avroult.

En août 1542, les Français, revenant de prendre Tounehem, enlevèrent les chevaux, les bestiaux, toutes les récoltes, et prirent 23 habitants à rançon.

En 1543, la garnison de Thérouanne se jeta sur ce village et le ravagea de nouveau.

Pour la justice Avroult était du bailliage de Saint Omer et du ressort du Conseil provincial d'Artois.

Ce village ne fut séparé de Merck-Saint-Liévin, pour former une commune, que le 8 juin 1834; son érection en paroisse est du 18 juillet 1842.

Avroult a conservé une assemblée de serviteurs ruraux des deux sexes, appelée vulgairement le *louage*, qui se tient sur la route nationale, le deuxième dimanche de juillet, jour de la fête ou *ducasse* de la commune. Les domestiques, les servantes, les ouvriers et les ouvrières, qui cherchent un engagement, se placent sur deux lignes, les hommes d'un côté, les femmes de l'autre, tandis que les fermiers et les ménagères les inspectent, font leur choix, et conviennent de leurs conditions réciproques.

SEIGNEURIE. — L'histoire locale a conservé les noms d'un grand nombre de seigneurs d'Avroult, dont plusieurs ont été échevins, jurés et mayeurs de la ville de Saint-Omer; nous citons ceux dont nous avons trouvé la trace.

David, seigneur d'Avroult, échevin en 1270.

Jean, seigneur d'Avroult, fit, en 1286, une remise de rente à la ferme du Val Restaud, à Thiembronne, à charge de services religieux, dans la chapelle dudit lieu.

En 1320, Nicolas le Wale, chevalier, seigneur d'Avroult, était le chef de l'importante maison de ce nom.

Rasse d'Avroult, mayeur, en 1376.

David d'Avroult, l'un des dix jurés, en 1377.

Guillaume d'Avroult, échevin, en 1384.

Aleaume d'Avroult, échevin, en 1412.

Guillaume d'Avroult, comte de Licques, fut tué à la bataille d'Azincourt, en 1415, et inhumé dans l'église de Saint-Denis, à Saint-Omer.

David d'Avroult, échevin, en 1420, 1424, 1426, 1428, 1430, 1432, 1434, 1436, 1438, 1440; mayeur, en 1442, 1444, 1446.

Jacques d'Avroult, mayeur, en 1460.

Nicole d'Avroult, échevin, en 1461, 1463, 1465, 1471, 1473, 1475; mayeur, en 1477, 1479, 1481, 1483.

Porrus d'Avroult, échevin, en 1466, 1468, 1470, 1472, 1474, 1476, 1478.

Guillaume d'Avroult, mayeur, en 1504, 1506, 1513, 1515, 1516, 1517, 1518, 1520.

Jacques d'Avroult, échevin, en 1505, 1507.

Antoine d'Avroult, mayeur, en 1533, 1535, 1544.

Un autre Antoine d'Avroult fut maître-d'hôtel de Marie d'Autriche, reine douairière de Hongrie, et gouverneur de St-Omer et d'Hesdin; il mourut en 1582.

La fille et l'unique héritière du dernier seigneur d'Avroult, Jeanne, dite Marie, porta cette terre, par mariage, à Philippe-Charles de Rubenpré, comte de Vertaing, baron de Verberck; elle appartint à cette famille, jusqu'au milieu du XVIIIe siècle.

et passa dans celle de Joachim-Charles de Sandelin, comte de Fruges, où elle resta jusqu'à la Révolution de 1789.

Eglise. — Vers la fin du XIIIe siècle, l'autel *de Avrehut* est mentionné dans une charte d'Arnould, avoué de Thérouanne, confirmant la donation que *Lambert de Runescure* en avait faite à l'église de Thérouanne. L'importance d'Avroult et son éloignement de Merck-Saint-Liévin firent sentir la nécessité d'y construire une chapelle, qui fut bâtie en 1520, à l'endroit dit : *Marca*, par dame Guillemine d'Avroult, avec l'autorisation de l'évêque de Thérouanne. Un chapelain la desservit, mais il resta sous la dépendance du curé de la paroisse, et, les jours de fêtes solennelles, il dut assister, avec tous ceux d'Avroult, aux offices de Merck-Saint-Liévin ; les baptêmes et les services funèbres devaient toujours se faire dans l'église de la paroisse.

La chapelle construite près d'un puits, dit puits des Templiers, était célèbre par son pèlerinage en faveur de Saint Antoine, qui devint le patron d'un grand nombre d'habitants, et dont les familles seigneuriales du pays portèrent constamment le nom.

Dans le procès-verbal de partition de l'évêché de Thérouanne, en 1559, on trouve ce sanctuaire mentionné à la partition des chapelles hors l'église de Thérouanne, sous le nom de *Chapelle de Merques*, avec attribution à la France.

En 1632, l'affluence des pèlerins Artésiens, Boulonnais et Flamands nécessita l'agrandissement de l'édifice, qui avait reçu d'importantes libéralités en fonds de terre, et qui continua de s'enrichir jusqu'à la Révolution de 1789. L'édifice en lui-même n'a rien de remarquable ; il renferme un ancien bénitier en grès, avec figurines en relief, et quelques tableaux provenant de la chapelle d'Hervare.

Bibliographie. — *Notice historique sur Avroult, par l'abbé Robert, curé de Merck-Saint-Liévin* ; Saint-Omer, Van Elslandt, 1846, 34 pages, in-8°.

Nous avons fait de nombreux emprunts à ce travail, qui atteste de patientes et longues recherches.

BEAUMETZ-LEZ-AIRE

XIIe Siècle. — *Bellum mansum*, Chronique de Guines et d'Ardre (1).
1145. — *Belmeis*, Cart. Ter. p. 22.
XVe S. — *Beaumez*, Pouillé de Thérouanne.
1698. — *Bometz*, Bignon.

Beaumetz-lez-Aire est situé au nord d'un plateau d'où sortent de nombreux ruisseaux, et au croisement des chemins vicinaux de grande communication n° 130, de Buire-le-Sec à Aire-sur-la-Lys ; n° 159, de Beaumetz-lez-Aire à Aire-sur-la-Lys ; n° 92, de Fiefs à Desvres. Sa superficie est de 435 hectares ; sa population est de 366 habitants.

ETYMOLOGIE. — Nom formé de deux mots romans, *Bel*, beau, et *Metz*, manse ou manoir, belle maison. Quant à la seconde partie du nom de ce village il serait plus justement écrit : *Lez-Laires*, à cause du village de Laires auquel celui de Beaumetz confine, et dont il dépend pour le spirituel.

HISTOIRE. — Derheims dit qu'on voyait encore à Beaumetz, au commencement du XVIIIe siècle, une croix de pierre commémorative de la bataille qui s'y était livrée, en 1428, mais sur laquelle il ne donne aucun détail. Toutefois, comme nous savons que les Français et les Anglais étaient en guerre à cette époque, et qu'ils se combattaient partout où ils se rencontraient, il est possible qu'il s'agisse d'une de ces escarmouches. Le passage suivant semble de nature à confirmer cette opinion. « Environ
» la Saint-Jean suivant (1428) le comte de Salsebery, atout
» (avec) le surplus de ses gens, passa la mer, vint à Calais, et
» par Saint-Pol, Doulens et Amiens, s'en alla à Paris, où il
» fut joyeusement reçu du comte de Bedford et de tout le conseil
» de France là étant, tenant le parti du roi Henri (VI) » (2).

(1) Chronique de Guines et d'Ardre, par Lambert, curé d'Ardre, (918-1203) publiée par le marquis de Godefroy-Ménilglaise ; Paris, Renouard, 1855, in-8°.
(2) Chroniques de Monstrelet, livre II, chapitre XLIX.

Beaumetz ne figure pas au procès-verbal de partition de l'Evêché de Thérouanne, parce qu'il appartenait, comme aujourd'hui, à la paroisse de Laires.

Après la Révolution de 1789, Beaumetz-lez-Aire forma une des communes du canton de Bomy.

BOMY

1069. — *Bomi*. Cart. Ter. p. 1.
1156. — *Bommy*, ibid. p. 432.
1168. — *Bomini*, (pour Bommi) Gall. Christ. t. X. p. 405.
1179-1254. — *Bommi*, Cart. Ter., pp. 50, 174.
1422. — *Bommy*, ibid. p. 341.
XV° Siècle. — *Bommy*, Pouillé de Thérouanne.
1537. —   id.   Lettres de John Hutton (1).
1537. — *Bomy*, Trève de Bomy (2).
1538. —   id.   Informations d'Artois.
1559. —   id.   Partition de l'Ev. de Thér.
1639. —   id.   Malbrancq (3), t. I, lib. IV, pp. 572 et 684.
1654. —   id. et *Bommy*, Malbrancq, t. III, lib. XI. pp. 519 et 520.
1698. —   id.   Bignon.
XVIII° S. *id.*   Maillart.

Bomy est situé dans une vallée arrosée par la Laquette, qui prend sa source sur son territoire et qui se jette dans la Lys, auprès d'Aire ; le chemin vicinal de grande communication n° 130, de Buire-le-Sec à Aire-sur-la-Lys, traverse cette commune, qui comprend les hameaux de Berquigny, Greuppe, Pétigny et

---

(1) Le siège de Thérouanne et la trève de Bomy; en 1537, documents inédits publiés par Félix le Sergeant de Monnecove; Saint-Omer, Fleury-Lemaire, 1878, in-8° de V et 51 pages.
(2) ibid.
(3) Jacobi Malbrancq Audomarensis, e Societate Jesu, De Morinis et Morinorum rebus . . . . Tornaci Nerviorum, Adrianus Quinque, pet. in-4°, T. I, 1639; T. II, 1647; T. III, 1654.

Rupigny, formant une superficie de 1431 hectares et comptant 845 habitants.

ETYMOLOGIE. — Nom formé vraisemblablement d'un nom d'homme en *inus* avec le suffixe gallo-romain *iacus*.

HISTOIRE.— L'origine de Bomy parait remonter au VIII° siècle; en effet Malbrancq, dans la carte géographique intitulée, *Morinorum sub Cæsare magnitudo, et locorum ab anno 800 nomenclatura* (1), indique ce lieu par un clocher, et le désigne sous le nom de *S. Fredeswidis*, ce qui lui fait penser qu'il se nommait autrefois *Sainte Fredeswide* ou *Frewisse*, en mémoire de la première patronne du village, bien que, depuis le XII° siècle, ce titre soit attribué à Saint-Waast, évêque d'Arras.

La légende de Frewisse peut être reconstituée à l'aide des ouvrages sur l'histoire d'Angleterre par Duchesne, Sarrey, Mathieu, Paris, etc.; Malbrancq, Fleury, Baillet, etc., en ont aussi parlé; l'abbé le Heudre, curé doyen de Bomy, ainsi que l'abbé de Neufville, curé de Sainte-Aldegonde, à Saint-Omer, ont écrit la vie de Sainte-Fréwisse.

Les indications suivantes sont extraites des œuvres de ces divers auteurs.

Frewisse, Frideswida ou Fredeswida, née en Angleterre, au commencement du VIII° siècle, était fille de Didamus, duc d'Oxford, et de Safrida, sa femme, issue elle-même d'une des plus illustres familles de l'ancien royaume de Mercie. Dès sa jeunesse elle quitta la cour, pour se retirer dans un monastère, situé aux portes d'Oxford, mais un prince voisin, nommé Algard, la fit demander en mariage; Frewisse l'ayant refusé, Algard la poursuivit avec la plus grande ardeur, et même à la tête de ses hommes d'armes, tellement que Frewisse quitta l'Angleterre pour lui échapper. Elle désirait se rendre à Rome, mais, en débarquant sur les côtes de la Morinie, à Boulogne, la réputation de piété d'Erkembode, évêque de Thérouanne, l'engagea à se fixer dans son diocèse, et elle choisit pour sa retraite un petit bois solitaire, situé sur une colline et renfermant une fontaine,

(1) De Morinis, Tome I, avant la p. 1.

dont les eaux arrosaient les prairies de la vallée que le village de Bomy occupe aujourd'hui. Elle y fit construire un hermitage, autour duquel les habitants du pays, attirés par sa piété, vinrent bientôt se fixer. Après un séjour de trois années elle fit le pèlerinage de Rome, puis revint en Angleterre et se retira dans un monastère, bâti par son père, selon les uns, et, selon d'autres, par Algard, à Thornebury, près d'Oxford. Elle en devint abbesse sous la règle de Saint-Benoit, et y mourut, le 19 octobre 739. Plus tard elle fut canonisée et ses reliques furent transférées à Boulogne, puis à Bomy, en 869.

La chapelle qui avait été dédiée à cette sainte fut détruite, mais, le 19 octobre, jour anniversaire de sa mort, un pèlerinage très-nombreux se fait à la fontaine qui porte encore son nom.

En 1188, le nom de Bomy parait dans un acte, par lequel *Walterius Butri*, seigneur de Bomy, donne à l'abbaye de St-Bertin, avec le consentement du châtelain de Saint-Omer, la terre d'Acquin, qu'il tenait de lui en fief.

Cet acte est signé par le premier curé de Bomy, Gilbert, qui prend le titre de doyen.

Le doyenné de Bomy, dépendant du diocèse de Thérouanne, comprenait les paroisses suivantes :

Rely, Ecques, Matringhem, Ligny, Quernes, Hezecques et Senlis, Crèque, Lugy, Febvin-Palfart; Laires, Boncourt et Beaumetz, Heuchin, Reclinghem, Lysbourg, Verchin, Enguinegatte, Erny-St-Julien, Enquin, Fléchin.

L'ancien château-fort de Bomy, dont la construction devait remonter au XIII° siècle, était situé à peu de distance du château actuel, il n'en reste plus aujourd'hui que les fondations. En 1536, les habitants, pour se soustraire, aux rapines de la garnison de Thérouanne, se retirèrent dans le château. En avril 1537, quand les Français vinrent s'emparer d'Hesdin, les habitants se réfugièrent en Flandre, et les Français occupèrent le château. En 1542, en revenant de Tournehem, les Français y restèrent six semaines et, de là, ils allaient piller les villages voisins. Bomy fut abandonné de nouveau par ses habitants, et resta désert jusqu'à la paix.

Cette demeure seigneuriale servit de lieu de réunion aux plénipotentiaires de France et d'Espagne, en 1537, dans les circonstances suivantes.

Les hostilités venaient de recommencer en Artois, entre François Ier et Charles-Quint ; une armée commandée par le Dauphin se rendit maîtresse de Saint-Pol, d'Hesdin et de Saint-Venant; mais, au mois de juin, celle de Charles-Quint vint saccager Saint-Pol, puis attaquer Thérouanne. François Ier ayant fait secourir à temps cette place, l'empereur dut renoncer à son entreprise, et une trêve et suspension d'armes, comprenant la Picardie et les Pays-Bas seulement, fut conclue, le 30 juillet 1537, pour dix mois, dans le château de Bomy, entre Jean d'Alboin de Saint-André, Guillaume de Poyet, président du Parlement de Paris et de celui de Bretagne, et Nicolas Bertereau, notaire ou secrétaire du roi, plénipotentiaires de François Ier; et Philippe de Launoy, seigneur de Molembais, grand chambellan de la reine de Hongrie, Jean Haussart, Vieskete de Lambesque, et Mathieu Strick, secrétaire de l'empereur, traitant au nom de Charles-Quint.

Après la destruction de Thérouanne en 1553, le diocèse fut divisé ; Bomy figure au procès-verbal de partition comme doyenné, comprenant les paroisses de *Bomy, Verchin, Febvin, Winquin et Serny, Fléchin, Laires et Boncourt, Matringhem et Mainqueha, Capelle-sur-le-Lys, Hézecques et Senlis, Reclinghem et Glain, Ligny, Rely, Estrées et Fléchinelle, Luissy, Lisbourg, Wincly, Créquy, Enguinegatte.*

D'après la nomenclature de Bignon, Bomy dépendait du bailliage de Lillers, et, d'après celle de Maillart, du comté de Saint-Pol.

L'organisation administrative, qui suivit la Révolution de 1789, fit de Bomy le chef-lieu d'un canton, composé des communes de *Bomy, Beaumetz, Boncourt, Cuhem, Enguinegatte, Enquin, Erny, Febvin, Fléchin, Fléchinelle, Laires, Livossart, Pipemont, Serny.*

En 1801, le canton de Bomy fut incorporé à celui de Fauquembergue, c'est aussi à Fauquembergue que fut fixé le centre du doyenné.

SEIGNEURIE. — Le premier seigneur de Bomy qui nous soit connu est *Walterius Butri,* dont nous avons déjà parlé, et qui reparaîtra dans la partie de cette notice concernant l'église.

Au moyen-âge Bomy était une des douze pairies du comté de St-Pol, contenant vingt-quatre fiefs, c'était aussi une seigneurie de la famille de Wissocq, originaire de St-Omer, où elle avait fondé l'hospice Saint-Jean, dans les premières années du XVe siècle, deux chapelles dans les églises paroissiales de Sainte-Aldegonde et du Saint-Sépulcre, le couvent des filles repenties, etc.

L'histoire de Saint-Omer a conservé les noms de plusieurs membres de cette famille.

Jean de Wissocq, échevin en 1400, fonda l'hôpital St-Jean en 1408.

Jacques de Wissocq, échevin en 1401, 1403, 1405, 1407, 1409, 1411, 1413, 1415, 1417, 1419.

Nicole de Wissocq, échevin en 1404, 1406, 1408, 1410, 1412, 1414, 1416, 1418, 1420, 1422, 1424, 1426, 1428, 1430, établit, en 1423, la chapelle du Saint-Sépulcre, contre l'église du même nom, et fut mayeur en 1434, 1436, 1438, 1440.

Antoine de Wissocq, conseiller du bailliage en 1429.

Victor de Wissocq, échevin en 1431, 1433, 1435, 1437, 1439, 1441, 1443, 1445, 1447, 1449, 1451, 1453, 1455, 1457.

Nicole de Wissocq, mayeur en 1432.

Georges de Wissocq, échevin en 1469, 1471, 1473, 1475.

David de Wissocq, échevin en 1478, 1480, 1482.

Antoine de Wissocq, échevin en 1485, 1491, 1493, 1495, 1497, 1499, 1501.

Martin de Wissocq, échevin en 1631.

Vers la fin du XVIIe siècle la seigneurie passa par mariage dans la maison de Trazegnies, qui continua les libéralités de la famille de Wissocq en faveur de la ville de Saint-Omer; le château fut brûlé peu d'années avant la Révolution de 1789, et rebâti aussitôt tel qu'il existe aujourd'hui; depuis lors il fut vendu nationalement avec la terre de Bomy.

La chapelle et son bénéfice disparurent à la même époque, mais la fontaine de Sainte-Frewise, située près de l'ancien hermitage, et dont les eaux s'écoulent dans la Laquette, est restée en grande vénération; les fiévreux surtout viennent y boire.

Eglise. — En souvenir des faits rapportés plus haut, Sainte-Frewisse fut honorée à Bomy jusqu'à la Révolution de 1789, dans une chapelle portant son nom et desservie par un hermite, les seigneurs de Bomy y avaient fondé une bénéfice, et elle devint bientôt une cure paroissiale appartenant à l'évêché de Thérouanne.

Par une charte datée de 1069, Drogon, évêque de ce siège, ratifie la collation de l'autel de *Bomi*, en faveur de la prébende des chanoines de son église, que les ravages des Normands avaient notablement appauvrie.

En 1168, Milon, l'un de ses successeurs, en fait don à l'abbaye de Saint-Augustin, qu'il avait fondée.

En 1179, l'église de *Bommi* est mentionnée dans une bulle du du Pape Alexandre III, contenant la nomenclature des revenus du chapitre de Thérouanne.

En 1187, par un acte d'échange passé devant Didier, évêque de ce siège, l'abbé de Saint-Augustin cède l'église de Bomy à *Walterius Butri*, seigneur dudit lieu, contre diverses terres, à la charge de bâtir dans la vallée une église, qui devint la cure paroissiale, de transporter au même endroit les corps qu'on avait inhumés dans le cimetière attenant à ladite chapelle, et d'établir un prêtre, aux dépens de l'abbé, pour desservir la nouvelle paroisse.

L'église actuelle occupe le même emplacement, son chœur est du XVIIe siècle et de style ogival; la voûte est en pierre avec des nervures multipliées; cette partie de l'église fut bâtie par la famille de Trazégnies. La nef a été entièrement reconstruite, de 1870 à 1872, grâce aux libéralités de M. Jules Moullart de Vilmarest, maire, et des habitants de la commune.

GREUPPE

1596. — *Greuppes*, gros reg. du greffe f° 142.

Sur le chemin vicinal de grande communication n° 130, de Buire-le-Sec à Aire-sur-la-Lys.

PÉTIGNY

Sur la Laquette et le chemin vicinal de grande communication n° 158, du bois de Thiembronne à Fléchinelle et à Enguinegatte, à son croisement avec celui n° 130, de Buire-le-Sec à Aire-sur-la-Lys.

ETYMOLOGIE. — Nom formé d'un nom d'homme en *inus* avec le suffixe *iacus*. Réserve faite de la forme primitive de ce nom d'homme, Pétigny se traduirait en français par *la Pétinière* ou *la Pétinerie*.

BIBLIOGRAPHIE. — *Notice sur Bomy, par M. Casimir Eudes* (mémoires de la Société des Antiquaires de la Morinie, tome V, page 161).

Notice historique sur Bomy par M. l'abbé Robert (Bulletin de la Commission des antiquités départementales du Pas-de-Calais, tome III, page 30.)

Le Siège de Thérouanne et la Trêve de Bomy, en 1537, documents inédits, publiés par Félix le Sergeant de Monnecove, Saint-Omer, Fleury-Lemaire, 1878, in-8°. V et 51 pages.

COYECQUES

850. — *Coiacum.* Cart. Sith, p. 101 (1).
877. — *Coiacus.* Ibid. p. 124.
1016. — *Coica.* Aubert le Mire, t. vi p. 176.
1075. — *Coika.* Cart. Sith., p. 195.
1093. — *Coeka.* Ibid., p. 215.
1097. — *Koika.* Ibid., p. 243.
1107. — *Coieka.* Ibid., p. 218.
1139. — *Coeka.* Ibid., p. 311.
XIIe siècle. *id.* — Chron. de Guines et d'Ardre, chap. III.
1264. — *Coieke.* Grand Cart. de St-Bertin, t. iii, p. 304.
1286. — *Coiekes.* Inventaire des chartes d'Artois (2).
1296. — *Coieke.* Cart. des rentes dues au comte d'Artois (3).
1302-1303. — *Coyeka.* Cart. Ter., pp. 214 et 314.
XVe siècle — *Coiecque.* Pouillé de Thérouanne.
1474. — *id.* Les fiefs et arrière-fiefs de la châtellenie de St-Omer.

Coyecques est situé dans la vallée de la Lys et sur le chemin vicinal de grande communication n° 157, de Fruges à Hazebrouck, au croisement de ceux qui portent le n° 104, de Dohem à Frévent, et le n° 158, du bois de Thiembronne à Fléchinelle et à Enguinegatte. Cette commune comprend les hameaux de Capelle-sur-la-Lys, du Crocq, de Nouveauville, de Ponches, du Wamel. Sa superficie est de 1377 hectares et sa population est de 618 habitants.

ETYMOLOGIE. — Nom formé d'un nom d'homme contracté et du suffixe *iacus*.

HISTOIRE. — Harbaville (4) dit qu'en 666, Walbert, comte

(1) Collection des cartulaires de France ; Cartulaire de l'abbaye de St-Bertin, publié par M. Guérard, Paris, imprimerie royale, 1841, in-4°.
(2) Inventaire des chartes d'Artois, par Godefroy ; Archives du Nord. Inventaires 22 et 23, 2 vol. in-fol. sur papier.
(3) Archives du Nord ; Chambre des comptes de Lille. A. 60.
(4) Mémorial historique et archéologique du département du Pas-de-Calais, par M. Harbaville, Arras, Topino, 1842, in-8°, t. II, p. 206.

d'Arques, donna la terre de Coyecques à l'abbaye de St-Bertin, et il ajoute, qu'en 1202, Guillaume, châtelain de Saint-Omer, accorda aux habitants de *Coyeck*, le privilége de commune. Une description sommaire des biens appartenant aux religieux de Saint-Bertin, faite en 850, par ordre d'Adalard, abbé de ce monastère, mentionne l'église de *Coiacum*, où ils possédaient un domaine important, qui figure dans plusieurs chartes postérieures.

Ce village souffrit beaucoup pendant les guerres de 1536 et de 1537.

En août 1542, les Français, marchant sur Tournehem, pillèrent Coyecques et d'autres localités voisines.

En 1543, un parti Français se jeta sur Coyecques et brûla trois fermes.

En juillet 1544, lorsque les Impériaux, sous les ordres du comte de Buren, allèrent assiéger Montreuil, ils campèrent à Coyecques et démolirent 15 ou 16 maisons pour faire du feu. Les habitants abandonnèrent le village et se réfugièrent à St-Omer.

Coyecques était compris dans le bailliage de Saint-Omer, et formait, avec Herbelles et la chapellenie de Ponches, une seule et même paroisse du doyenné d'Helfaut, dans le diocèse de Thérouanne. Courtois (1) indique qu'en 1566, Coyecques passa dans le nouveau doyenné de Bléquin, du diocèse de Boulogne ; on ne retrouve plus son nom dans le procès-verbal de partition de l'évêché de Thérouanne.

SEIGNEURIE. — Nous n'avons pas trouvé de mention concernant la seigneurie de ce village, avant le procès-verbal de rédaction, des coutumes des bailliages et villes de St-Omer, Aire, etc. en 1739 (2), à cette époque François Deffosse comparut comme seigneur de Coyecques.

(1) Dictionnaire géographique de l'arrondissement de Saint-Omer avant 1789, par M. Aimé Courtois, Saint-Omer, Fleury-Lemaire, 1869, in-8°.
(2) Coutumes locales tant anciennes que nouvelles des bailliages, ville et échevinage de St-Omer, d'Audruic et pays de Bredenarde, de la châtellenie de Tournehem et des bailliages, ville et échevinage d'Aire ; ensemble les procès-verbaux de vérification et rédaction de ces mêmes coutumes, et les lettres-patentes portant décret d'icelles. Paris, Pierre-Guillaume Simon, 1744, in-4°.

CAPELLE-SUR-LA-LYS

XVe S. — *Capella S. Odonis*, Pouillé de Thérouanne.
1559. — *Capelle-sur-le-Lis*, Partition de l'Ev. de Thér.

HISTOIRE.—Cet ancien village fut pillé et ravagé, en 1542 et en 1543, par les Français, qui emmenèrent les deux tiers des habitants et chassèrent les autres, en les forçant à se réfugier à Aire et à Saint-Omer.

En 1544, cette localité partagea le sort de Coyecques, et les habitants qui y étaient revenus furent dépouillés de tout ce qui leur restait.

Capelle-sur-la-Lys formait une paroisse dépendant du doyenné d'Helfaut, dans le diocèse de Thérouanne, puis du doyenné de Bomy, dans le diocèse de Boulogne ; lors de la partition de l'évêché de Thérouanne, elle était dans le ressort de la régale de Thérouanne et, en dernier lieu, dans celui du bailliage de Saint-Omer; elle fut réunie à la paroisse de Coyecques après la Révolution de 1789.

Dans l'organisation administrative qui suivit cette époque, Capelle-sur-la-Lys forma une commune du canton de Fauquembergue; elle fut réunie à celle de Coyecques le 21 décembre 1822.

SEIGNEURIE. — La famille le Josne Contay possédait la seigneurie de Capelle-sur-la-Lys, et Louis le Josne Contay comparut en cette qualité au procès-verbal de rédaction des coutumes, en 1739.

PONCHES

1156. — *Allodium de Poncis*. Cart. Ter., p. 27.
1222. — *Ponches*. Ibid. p. 113.
1248. — *Ponches*. Inventaire des chartes d'Artois.
1264. —   *id.*   Grand Cart. de St-Bertin, t. III, p. 304.
XVe S.   *id.*   Pouillé de Thérouanne.

ETYMOLOGIE. — Nom tiré du latin *ponticus*, adjectif formé du mot *pons*, pont.

HISTOIRE.—Le comté de Ponches est mentionné dans une donation faite au chapitre de Thérouanne, en 1222, par *Hugues de Delettes*.

Le grand cartulaire de Saint-Bertin rappelle que Beaudoin *de Erni* et Elidis, sa femme, ont fondé et constitué, en mai 1264, auprès de leur demeure, la chapellenie de *Ponches*, dans la paroisse de *Coïeke*, du personat et du patronat de l'église de Saint-Bertin, en l'honneur de la Sainte-Trinité, de la Sainte-Vierge Marie et de tous les Saints.

Antoine Dumez, écuyer, seigneur de Ponches, était échevin de Saint-Omer, en 1550, 1551, 1559, 1574, 1577, 1580.

DENNEBRŒUCQ

1474. — *Danebreucq*. Les fiefs et arrière-fiefs de la châtellenie de Saint-Omer.
1559. — *Dumenbroucq*. Partition de l'Ev. de Thér.
1559. — *Dainenbroucq*. Aubert le Mire, t. IV, p. 670.
1588. — *Denebroucq*. Chroniques de Jean Balin (1).
1704. — *Danebreucq*. Maillart.

Dennebrœucq est situé dans la vallée de la Lys, au croise-

(1) Chroniques par D. Jean Balin, religieux de Clairmarais. — Promptuaire de tout ce qui est advenu plus digne de mémoire depuis l'an 1500. Recueilli par Fr. Jean Balin, religieux à Clermaretz, 1588. — Bibliothèque de Saint-Omer, manuscrits, n° 799, in-18 sur papier.

ment des chemins vicinaux de grande communication n° 157, de Fruges à Hazebrouck ; n° 92, de Fiefs à Desvres.

Ses hameaux sont Glein et la Savate ; la commune a une superficie de 372 hectares et une population de 416 habitants.

Etymologie. — Nom formé de deux mots germaniques, *den*, le, et *brücke*, pont.

Histoire. — Harbaville indique que ce village ne paraît pas être antérieur au X° siècle. Derheims (1) dit qu'il n'était, au XV. siècle, qu'une terre seigneuriale dépourvue d'habitations, et qu'il ne fut érigé en commune que vers la fin du XVI° siècle, quand le seigneur du lieu y eut fait construire une église à clocher Dennebrœucq forme une paroisse avec Reclinghem.

Seigneurie. — En 1474, Philippe de Bourgogne, chevalier, seigneur de Beures et de la Viefville, possédait la seigneurie de Dannebrœucq (sic).

Le sieur de Croeser comparut, en 1739, au procès-verbal de rédaction des coutumes, comme seigneur d'Audincthun et d'Embreucq (sic).

GLEIN

1559. — *Glain*. Partition de l'Év. de Thér.

Ce hameau est situé sur la Lys et sur le chemin vicinal de grande communication n°.157, de Fruges à Hazebrouck, au point où aboutit un embranchement, venant d'Audincthun et se rattachant au chemin vicinal de grande communication n° 92, de Fiefs à Desvres. Glein figure comme annexe de Reclinghem, paroisse du doyenné de Bomy, dans la partition de l'évêché de Thérouanne. Courtois en conclut que Glein était le nom primitif du village, et que celui de Dennebrœucq s'appliquait alors au marais.

(1) Histoire.... de la ville de Saint-Omer.... depuis son origine jusqu'à nos jours, par H. J. Derheims. — Saint-Omer, Lemaire, 1844, in-8°.

— 132 —

ÉTYMOLOGIE. — Nom d'origine teutonique évidemment contracté. Il y a en Belgique, près de Mons, un nom pareil, *Ghlin,* qu'on écrivait au XII° siècle *Ghelin, Guelin,* et qui pourrait venir du mot breton *Ghelin,* signifiant bois, broussaille.

ENGUINEGATTE.

1119. — *Ingnegat.* Cart. Ter., p. 430.
1150. — *Ingenegata.* Ibid., p. 432.
1168. — *Inkenegata.* Gall. Christ., t. X, p. 405.
1177. —   id.   Cart. Ter., p. 47.
1178-1179. — *Inchenegata.* Ibid., pp. 48, 50.
1184. — *Inchenegatha.* Ibid., p. 58.
1184. — *Hinghinegate.* Chronicon Andrense, p. 483 (1).
1184, 1199, 1203, 1206, 1211. — *Inkenegata.* Cart. Ter., pp. 59, 79, 84, 91, 102.
1224-1225. — *Enkinegata.* Ibid., p. 119.
1242-1243. — *Inkinegate* et *Inkenegate.* Ibid., pp. 148, 149, 150, 154.
1244. — *Ekinegate.* Ibid. (Obituaire), p.316.
1246-1247. — *Inkinegata.* Ibid., p. 160.
1249-1250. — *Inkenegate.* Ibid., p. 169.
1313. — *Gynegate.* Leglay, négociations diplomatiques, t. I, p. 352 (2)
XV° S. — *Enguinegate.* Pouillé de Thérouanne.
1537. — *Guignegat.* Recueil historique (3).
1559. — *Enguinegate.* Partition de l'Ev. de Thér.
1588. — *Eginegate.* Chroniques de Jean Balin.
1698. — *Esquenegatte.* Bignon.

Enguinegatte est situé sur un plateau, entre les vallées de la Laquette et de la Lys. Le village est traversé par le chemin vi-

(1) Spicilegium sive collectio veterum aliquot scriptorum qui in Galliæ bibliothecis delituerant, par Dom L. d'Achery. Paris, 1724, in-folio, t. II, p. 781.

(2) Négociations diplomatiques entre la France et l'Autriche, durant es trente premières aunées du XVI° siècle, publiées par M. Le Glay, 2 vol. in-4°, 1845, imprimerie royale, Didot frères.

(3) Recueil historique provenant de l'abbaye de Cysoing, Bibliothèque de Lille, manuscrits, n° 52, in-folio.

cinal de grande communication n° 77, de Lignereuil à Saint-Omer, auquel aboutit l'un des embranchements de celui n° 158, du bois de Thiembronne à Fléchinelle et à Enguinegatte ; la superficie de la commune est de 891 hectares ; sa population est de 882 habitants.

ETYMOLOGIE. — Nom d'origine germanique, formé du mot *gate*, porte, et d'un préfixe incertain, probablement un nom d'homme.

HISTOIRE. — L'église Saint-Jacques *de Inchenegata* est mentionnée dans une bulle du pape Alexandre III, contenant la nomenclature des revenus du chapitre de Thérouanne ; l'existence du village remonte donc au moins au XII° siècle, mais rien ne nous permet de la préciser.

Son histoire s'interrompt pour nous jusqu'au XV° siècle ; en 1479, dans la vaste plaine située à l'ouest du village, Maximilien, archiduc d'Autriche, qui assiégeait Thérouanne, rencontra les maréchaux d'Esquerdes et de Gié, qui venaient la secourir ; le 7 août, dit Dom Devienne, il se porta au-devant d'eux avec 27,000 hommes, et joignit, à *Guinegatte*, leur armée qui était beaucoup plus nombreuse que la sienne. Le maréchal d'Esquerdes défit la cavalerie allemande et la poursuivit jusqu'à Aire, en lui faisant éprouver de grandes pertes. Pendant ce temps l'infanterie française se mit à piller les bagages, et le comte de Romont en triompha sans coup férir. La cavalerie française, voyant l'infanterie en fuite, s'épouvanta et se débanda, de telle sorte que l'archiduc resta maître du champ de bataille, après avoir éprouvé des pertes qu'on évalue à neuf mille hommes, tandis que les Français n'en perdirent que quatre mille, mais furent obligés de lever le siège de Thérouanne. Cette première bataille livrée à Enguinegatte a reçu le nom de journée *des démanchés*, parce que bon nombre de gentilshommes autrichiens y combattirent les bras nus.

En 1531, Henri VIII, roi d'Angleterre, et l'empereur Maximilien reprirent les mêmes opérations ; les Français, conduits par le duc de Longueville et par la Palisse, voulurent ravitailler la place, mais ils furent surpris par les Anglais, le 18 août, et mis en déroute dans la plaine d'Enguinegatte. Bayard s'y couvrit de gloire en protégeant la retraite, et finit par être fait prisonnier.Cette seconde bataille d'Enguinegatte a reçu le nom de journée *des éperons*. Thérouanne dut capituler le 24 août, après deux mois et trois jours de siége; ses fortifications furent détruites, et bientôt après la ville elle-même fut brûlée par les vainqueurs.

Le 6 juillet 1537, tandis que les Impériaux assiégeaient Thérouanne, François de Montmorency, seigneur de la Rochepot, frère d'Anne, connétable de France, et lieutenant-général en Picardie, envoya le seigneur d'Annebault, pour porter à Thérouanne une provision de poudre; chaque cavalier en avait un sac à l'arçon de la selle. Au retour de cette expédition qui avait réussi, quelques jeunes français attaquèrent imprudemment les Bourguignons auprès de *Guinegat*; ils furent battus après avoir éprouvé de grandes pertes, et d'Annebaut fut fait prisonnier avec plusieurs autres gentilshommes. Ce troisième combat reçut le nom de journée *des sacquelets* ou *des pourrettes*.

La même année, les Impériaux pillèrent et brûlèrent Enguinegatte, à l'exception d'une dizaine de chaumières.

En 1542, les Français, qui revenaient de la prise de Tournehem, pillèrent l'église d'Enguinegatte, où les habitants avaient réuni ce qu'ils possédaient, et démolirent la tour, dans laquelle treize d'entre eux voulaient se défendre.

En 1543, les habitants d'Enguinegatte, continuellement pillés par la garnison de Thérouanne, quittèrent leur village, dont ils ne retrouvèrent pas une maison debout à leur retour ; 38 pères de famille étaient morts de misère ou de mlaadie.

Enguinegatte, qui faisait partie de la régale de Thérouanne, fut compris dans le bailliage de Saint-Omer, par le traité des limites du 22 décembre 1564.

Lors de la partition de l'évêché de Thérouanne, la paroisse passa dans le doyenné de Bomy.

A l'organisation qui suivit la Révolution de 1789, la commune fut rattachée au canton de Bomy.

EGLISE. — La tour, du style ogival du XV° siècle et surmontée d'un clocher, est la seule partie intéressante de cet édifice ; elle porte de nombreuses traces des combats livrés aux alentours et des luttes dont elle fut le théâtre.

Seigneurie. — En 1776, messire Charles-François Joseph de Ghistelles, chevalier, comte de Ghistelles Serny, seigneur d'Enguinegatte, etc., fut parrain d'une cloche qui existe encore.

Bibliographie. — *Nouvelle édition d'un poème sur la journée de Guinegate* (par L'Arétin), n° 42 des publications du Roxburghe club, de Londres.

[Notes sur la] *Nouvelle édition d'un poème sur la journée de Guinegate* (suivi du récit du secrétaire de Bayard, connu sous le nom de « loyal serviteur »), par le marquis de Fortia d'Urban, Paris, Fournier, 1825, in-4°.

ENQUIN.

1139. — *Enkin*. Cart. St-Omer, p. 1.
1227. — id. Ibid., p. 10.
1248. — id. 1er Cart. d'Artois, pièce 30 (1).
XVe. S. id. Pouillé de Thérouanne.
1423. — id. Cart. Ter., p. 343.
1538. — *Enquin*. Informations d'Artois.
1559. — *Winquin*. Partition de l'Ev. de Thér.
1698. — *Enquin*. Bignon et Pouillé de Boulogne.
1704. — *Enguin*. Maillart.

Etymologie. — Aucune des hypothèses présentées ne paraît justifiée ; il est probable que c'est un nom d'homme.

Enquin est situé dans la vallée de la Laquette, sur une ancienne voie romaine allant de Thérouanne à Saint-Pol, et au croisement des chemins vicinaux de grande communication n° 77, de Lignereuil à Saint-Omer ; n° 158, du bois de Thiembronne à Enguinegatte et à Fléchinelle.

(1) Archives du Nord, B 1593.

Les hameaux d'Enquin sont : La Carnoye, Fléchinelle et Serny, formant une superficie totale de 1105 hectares, avec une population de 1013 habitants.

Histoire. — En 930, Enquin appartenait à l'église de Saint-Omer, et ses prévôts y avaient une maison de plaisance.

Plus tard Enquin releva de Renty ; il était compris dans le bailliage de Saint-Omer et faisait partie du doyenné de Bomy, avec Serny comme annexe.

En 1536, dès le commencement de la guerre, ce village fut pillé et ravagé ; ses habitants l'abandonnèrent en emportant ce qu'ils avaient de plus précieux. En leur absence les Français fortifièrent l'église, pour défendre la vallée.

En avril 1537, toutes les maisons furent brûlées, sauf quelques chaumières et le château du seigneur. En août 1542, les Français, qui venaient de prendre Tournehem, campèrent à Enquin et démolirent les maisons qu'on y avait reconstruites, pour faire des huttes ou du feu avec leurs matériaux.

Seigneurie. — En 1739, lors de la rédaction des coutumes des ville et bailliage d'Aire-en-Artois, Louis-Joseph le Josne Contay, comparut comme seigneur d'Enquin.

LA CANROIE

1156-1157. — *Carnodie*. Cart. Ter., p. 27.
1179. — *Carnoie*. Ibid., p. 51.
1195. — *Carnodie*. Ibid., p. 73.
1201-1202-1204. — *Carnoie* et *Carnodie*. Ibid., pp. 83 et 86.
1350-1351. — *Le Carnoye*, Ibid., p. 227.
1352. — *Le Carnoie*. Ibid., p. 230.

Etymologie. — Nom formé du latin *carpinetum*, lieu planté de *charmes* ; en patois artésien le *charme* est appelé *carne*.

Histoire. — Nous trouvons la mention de l'alleu *de Carnoie* (qui avait été donné par Eustache, avoué de Thérouanne), dans une bulle du pape Alexandre III, indiquant les revenus des chanoines de Thérouanne ; cette donation fut confirmée par Arnoult, son successeur, en 1195 et en 1202; elle est encore mentionnée, en 1204, dans une bulle du pape Innocent III.

○

FLÉCHINELLE

1119. — *Fléchinel*. Cart. Sith., p. 260.
1181. 1185, 1190. — *Felcinel*. Cart. Tér., pp. 55, 61.
1242-1243, 1244. — *Fléchinel* Ibid., pp. 148, 149, 154.
1423. — *Fléchinel*. ibid., p. 343.
XV° S. — Estrées et *Fléchinelle*. Pouillé de Thérouanne.
1507. — *Fléchinel*. Bouthors, t. II, p. 495.
1559. — *Flichinet*. Aubert le Mire. t. IV, p. 662.
1559. — *Fléchinelle*. Partition de l'Ev. de Thér.
1588. — *Flésinel* et *Flécinel*. Chroniques de J. Balin.
1698. — *Fléchinel*. Bignon.
1704. — *Fléchinelle*. Maillart.

Fléchinelle est situé sur le chemin vicinal de grande communication n° 159, de Baumetz-les-Aire à Aire-sur-la-Lys, à l'extrémité d'un embranchement de celui n° 158, du bois de Thiembronne à Enguinegatte et à Fléchinelle. La compagnie houillère de la Lys supérieure y possède son siège social, sa fosse d'extraction et la gare de son chemin de fer.

HISTOIRE. — L'autel de Fléchinelle est mentionné, comme appartenant aux chanoines de Thérouanne, dans deux bulles, l'une du pape Lucien III (1181-1185), l'autre du pape Clément III, datée de 1190.

La vieille ferme de Fléchinelle était un manoir féodal, que Derheims dit avoir été le berceau de Pierre Bécoud, qui fonda à Paris, en 1353, un collège pour la jeunesse du diocèse de Thérouanne, lequel s'appela plus tard collège de Boncourt.

Ce village souffrit cruellement pendant la guerre de 1536 et 1537.

En 1542, les Français, campés à Liettres, le dévastèrent entièrement.

En 1543, les habitants perdirent ce qui leur restait en meubles, grains et bestiaux, et se réfugièrent à Aire et dans les villes voisines. A la paix il ne rentra que trois habitants à Fléchinelle, les autres étaient morts de misère ou de maladie.

Le 6 février 1552, une troupe française, sortie de Thérouanne et commandée par le sieur de Lignières, pilla Fléchinelle; mais elle fut attaquée par une partie de la garnison d'Aire, sous les ordres du sieur de Morbecque ; les Français eurent 80 morts et 70 prisonniers et furent mis en déroute ; leur chef fut blessé mortellement.

Au procès-verbal de partition de l'évêché de Thérouanne, Fléchinelle figure comme annexe d'Estrée (blanche), dans le doyenné de Bomy.

A l'organisation qui suivit la Révolution de 1789, ce village était une commune du canton de Bomy; il fut réuni à Enquin, le 16 octobre 1882.

COUTUME. — Bonthors l'a publiée sous ce titre: coutumes locales et particulières de la terre et seigneurie de Fléchinel, appartenant à Walerant de Fléchinel, le XXVI° jour de septembre 1507 (13 articles, tome II, page 495).

SERNY

1299. — *Serni.* Cart. Ter., p. 79.
1423. — *Serny.* Ibid., p. 343.

Serny est situé sur la Laquette et traversé par l'un des embranchements du chemin vicinal de grande communication n° 158, du bois de Thiembronne à Enguinegatte et à Fléchinelle.

Etymologie. — Nom gallo-romain dérivé sans doute du latin *Saturniacus*, domaine de Saturnius.

Histoire. — Une charte de Lambert, évêque de Thérouanne, datée de 1199, mentionne la dîme de *Serni*, dont une portion avait été donnée à l'église de Thérouanne par *Symon de Inkenegala*.

Cette localité éprouva le même sort que Fléchinelle, pendant les guerres du XVIe siècle, et ne retrouva, lorsque la paix fut conclue, que le cinquième de ses habitants.

Ce village relevait mi-partie du bailliage d'Aire et de la maréchaussée de Saint-Pol (Maillart).

Le procès-verbal de partition de l'évêché de Thérouanne indique Serny comme annexe de *Winquin*, dans le doyenné de Bomy ; Serny formait une commune du canton de Bomy et fut réuni à Enquin le 16 octobre 1822.

Seigneurie. — En 1739, le comte de Ghistelles Serny comparut au procès-verbal de rédaction des coutumes, comme seigneur du Hamel en Serny.

ERNY-SAINT-JULIEN

1178, 1206. — *Erni*. Cart. Ter., pp. 48, 88.
1248. — *Ergni*, 1er Cart. d'Artois, pièce 30.
XVe S. — *Ergny*. Pouillé de Thérouanne.
XVIe S. — *Ergny-Saint-Julien*. Pouillé de Boulogne.

Erny-Saint-Julien est situé sur la Laquette, à la rencontre d chemin vicinal de grande communication n° 193, d'Erny-Saint-Julien à Rémilly et à Ouve-Wirquin, avec celui n° 158, du bois de Thiembronne à Fléchinelle et à Enguinegatte. La superficie de la commune est de 156 hectares ; sa population est de 464 habitants.

Etymologie. — Nom remontant sans doute à l'époque gallo-romaine et formé d'un nom d'homme avec le suffixe *iacus*.

HISTOIRE. — Dès le XII° siècle ce village était une des sept châtellenies du comté de Saint-Pol, avec le titre de comté, il avait un château-fort que les Français détruisirent en 1638, après avoir levé le siège de Saint-Omer.

SEIGNEURIE. — En 1620, Henri d'Orléans, duc de Longueville et comte de Saint-Pol, vendit la seigneurie d'Erny-Saint-Julien à Martin de Vissocq; elle resta dans cette famille jusqu'à ce qu'elle fut venue par succession entre les mains de Marie-Anne-Françoise de Vissocq, qui l'apporta en mariage à Adrien-François de Ghistelles de Saint-Floris, lequel eut ainsi le titre de vicomte d'Erny.

MALADRERIE. — Au commencement du XIII° siècle la lèpre s'étendit sur cette région, et de nombreux hôpitaux s'élevèrent pour recevoir et isoler les malades; on pense que la maladrerie d'Erny-Saint-Julien fut fondée en 1221; plus tard elle reçut diverses libéralités en fonds de terre et en rentes; ses biens furent réunis à ceux de la maladrerie de Pernes, par arrêt du Conseil et par lettres-patentes du 31 août 1696, sous la condition qu'il serait construit un hôpital dans ladite commune. La dotation actuelle du bureau de bienfaisance se compose des débris de la fortune immobilière de l'hôpital et de l'église.

EGLISE. — Le patron d'Erny est Saint-Julien, officier dans les troupes romaines et martyr sous Dioclétien. La tradition fait remonter au XII° siècle la dévotion à ce saint, ainsi que les pèlerinages qui se faisaient à une source portant son nom, et dont l'eau passait pour guérir les plaies anciennes. Les pèlerins étaient si nombreux qu'une maison spéciale avait été construite pour les recevoir, et qu'on avait élevé des *glends* ou remises autour du cimetière pour abriter leurs montures.

Il y avait autrefois à Erny-Saint-Julien une église gothique, qui fut complètement restaurée en 1698, et qui reçut de nombreux embellissements pendant le XVIII° siècle; elle fut dévastée après la Révolution de 1789, et les objets mobiliers qu'elle renfermait furent vendus à l'encan pour des sommes dérisoires, dont l'ensemble fut de 160 livres.

L'église actuelle fut construite sur un nouvel emplacement, en

1871. En creusant la terre pour établir ses fondations, on trouva les vestiges d'une importante construction de l'époque romaine, et l'on exhuma de nombreux débris, que la Commission des Antiquités départementales fit déposer au Musée d'Arras.

FAUQUEMBERGUE

X° S. *Falcoberg*, Cart. Sith. p. 138.
1174, 1175, 1177, 1179. — *Falkenberga*, Cart. Ter. pp. 44, 45, 47, 51.
XII° S. — id. Chronique de Guines et d'Ardre, chap. XL et CL.
1194. — *Faucumberge*, Rotuli curiæ regis t. 1, pp. 38, 41 (1).
1200. — *Facumberge*. Rotuli de oblatis et finibus, p. 51. (2).
1201. — *Faucumberge*, Fines, sive Pedes Finium, t. 1, p. 342 (3).
1204. — id. Rotuli litterarum clausarum t. 1 p. 16 (4).
1211 et 1233. — *Falcoberto*, Arch. nat. J. 394 et J. 532, n° 9.
1214. — *Faukeberga*, Rotuli litterarum clausarum, t. 1, p. 209.
1222. — *Falcomberga*, 1er Cart. d'Artois, pièce 205.
1222, 1242, 1243, 1245, 1246, 1263. — *Falcoberga*, Cart. Ter. pp. 113, 148, 156, 157, 182, 302, 308.
1242. — *Falcomberga*, 1er Cart. d'Artois, pièce 63.
1244. — *Falkemberga*, Arch. du Nord, série B. 49, pièce 799.
1252 à 1273. — *Falconb....* Monnaie d'Adeline de Guines.
1271. — *Faukenberghe*, Cart. Saint-Omer, p. 61.
1276. — *Fauquemberghe*, Arch. du chap. de Saint-Omer (5).
1279. — *Fauquembergue*, Arch. du Nord, série B 158, pièce 2064.
1294. — *Faukembergue*, Titres du prieuré de Renty.
1290 à 1328. — *Fauconberga* et *Fauquenbergue*. Monnaie d'Eléonore.

(1) Rotuli curiæ regis. — Rolls. and records of the court held before the king's justiciars or justice. London, 1835, in-8°.
(2) Fines, sive Pedes finium : sive finales concordiæ in curia domini regis. London, 1835, in-8°.
(3) Rotuli litterarum clausarum in turri londinensi asservati. London, 1833, in-f°.
(4) Rotuli de oblatis et finibus in turri londinensi asservati, tempore regis Johannis. 1835, in-8°.
(5) Archives du chapitre de la Cathédrale de Saint-Omer, conservées à l'hôtel de ville de Saint-Omer.

1296. — *Faukenberga*, Cart. des rentes dues au comte d'Artois.

XIII° S. — S.D. *Falkenberghe*, Gros registre du greffe, 1, f° 32 (copie de 1320 environ).

1302. — *Falcunberga*, Cart. Ter. p. 213.

1368. — *Faulkembergue*, Gros registre du greffe, f°˚ 28 et 248.

1413. — *Faukembergue*,   id.   f° 6.

1422. — *Faukenberghe*, Cart. Ter. p. 341.

1422, 1441. — *Fauquembergue*, Gros registre du greffe f°˚ 155 et 136 V°.

1446. — *Fauquemberghe*, Cart. Ter. p. 295.

1474. — *Fâucquemberghe*, *Faulquenbergue*, les fiefs et arrière-fiefs de la chatellenie de Saint-Omer.

1507. — *Fauquemberghe*, Coutumes locales du bailliage d'Amiens.

Fauquembergue, station du chemin de fer d'Anvin à Calais, est situé sur l'Aa et sur la route nationale n° 28, de Rouen à Saint-Omer ; les chemins vicinaux de grande communication n° 158, du bois de Thiembronne à Fléchinelle et à Enguinegatte ; n° 92, de Fiefs à Desvres, le traversent ; celui n° 129, de Douriez à Fauquembergue, y aboutit.

Deux hameaux de peu d'importance, la Forêt et le Hamel, se rattachent à cette commune, dont la superficie totale est de 694 hectares, avec une population de 1071 habitants.

ETYMOLOGIE. — Nom germanique, formé du mot *berg*, montagne, joint au nom d'homme *Falco*, *Falconis*, *Fauque* ; aux cas obliques, *Faucon*.

HISTOIRE. — La carte de la Morinie, publiée par Malbrancq, dans son premier volume, indique ce lieu sous le nom de *Falconberga*. Sans pouvoir être précisée, il est probable que son origine est très ancienne, et qu'un château y ayant été construit de bonne heure, les habitants vinrent se grouper sous la protection de ses murailles. Nous ignorons le rôle que Fauquembergue a pu jouer sous l'occupation romaine, puis lors de l'invasion des Barbares, vers 448, mais nous pouvons ajouter foi à la tradition d'après laquelle cette place, comme toutes les localités avoisinantes, fut prise, pillée et dépeuplée, pendant ces longues suites de guerres et de dévastations.

Fauquembergue ne se releva et n'acquit quelque notoriété qu'au VI° siècle, quand Amoric, prince saxon, chassé de ses états par ses voisins, vint se fixer sur son territoire, reconstruisit ses maisons, et attira de nombreux sujets sous ses lois.

Cette ville devint bientôt florissante, et le successeur d'Amoric obtint, en 627, que la seigneurie fut érigée en comté, par **Lyderic**, grand forestier de Flandre.

Après de longues années de paix et de prospérité les jours d'épreuves recommencèrent, et, de 879 à 880, de nouvelles invasions Normandes vinrent jeter le deuil et la désolation dans cette contrée.

Les églises furent brûlées et les habitants périrent presque tous ; le château seul résista aux efforts des barbares.

Aussi, dès que ceux-ci eurent disparu, les nouveaux habitants de Fauquembergue creusèrent sous leur cité des souterrains, qui leur servaient de retraite ou d'issue en cas de danger. Au commencement du X⁰ siècle, les Normands revinrent encore et dévastèrent Fauquembergue pour la troisième fois, mais Arnoult, comte de Flandre, et Rodolphe, roi de Bourgogne, les joignirent et les attaquèrent auprès de cette ville, en 915, et les défirent complètement.

En 925, Roll, chef des danois, envoya son fils Guillaume, avec une flotte chargée d'une armée nombreuse, qui débarqua dans la Seine, traversa, en les dévastant, la Picardie et les provinces maritimes, et se jeta sur le pagus de Thérouanne.

Mais le roi Raoul avait eu le temps de réunir son armée, grossie des forces levées par les barons des pays maritimes (1); il rejoignit les barbares sur les hauteurs de Fauquembergue, et les refoula dans un bois voisin où il durent se retrancher.

Résolus à les traquer comme des bêtes fauves, les Francs cernent le bois, creusent des retranchements tout à l'entour et enferment les Danois dans un cercle de fer.

Environnés de toutes parts, n'ayant plus de salut à attendre que du désespoir, ceux-ci, au milieu de la nuit, font une sortie, mettent le feu aux tentes des chrétiens, sèment la **mort** dans le

---

(1) Richeri historiæ, L. I. (Pertz. t. V. p. 583) Paris, **Renouard, 1844, gr. in-8°.**

camp et font une large trouée dans les rangs pressés qui les enveloppent. L'alarme fut chaude. Le roi Raoul fut blessé à l'épaule, le comte Helgand périt dans la mêlée, et, un certain temps, la victoire demeura en suspens. Mais une vigoureuse manœuvre du comte Héribert décida enfin le succès, les Normands furent écrasés ; 8,000 des leurs, suivant Richer, 1,100 seulement, d'après Flodoard, restèrent sur le champ de bataille, et, le lendemain, le roi vainqueur reprenait le chemin de Laon, chassant devant lui le reste des fuyards (1).

C'est de cette époque que date la renaissance de Fauquembergue et l'agrandissement de son château, lequel, d'après un document du XVe siècle, put contenir de 1,500 à 2,000 hommes. Le comte avait une cour brillante, composée de onze pairs et de quatre-vingts feudataires, tous relevant de son château.

Après une longue paix Renaud de Dammartin, comte de Boulogne, vint assiéger Fauquembergue, en 1198, pour venger la longue résistance que le châtelain de Saint-Omer, seigneur de Fauquembergue, avait faite à Baudouin IX, comte de Flandre. Presque toutes les maisons furent détruites et le château fut renversé ; à la suite de ce désastre les habitants furent déchargés de toute taxe à perpétuité.

Au commencement du XIIIe siècle, Fauquembergue commença à renaître ; les privilèges que ses seigneurs lui accordèrent en 1222, et dont nous parlerons plus loin, furent plusieurs fois confirmés ; cette malheureuse localité redevint paisible et prospère, et ne marqua plus dans l'histoire pendant le reste du XIIIe siècle et le commencement du XIVe.

En 1355, Fauquembergue fut pillé et dévasté par les Anglais, qui se retiraient vers Calais, à l'approche des troupes que le roi Jean amenait d'Amiens. Ce monarque séjourna aux environs avec une armée de 50,000 hommes, puis il se rendit à Saint-Omer et logea dans l'abbaye de Saint-Bertin (1).

---

(1) Richer, loc. cit. — Flodoard, historia remensis ecclesiæ. Douai, Bogard, 1617 in-8°, an 926. — Histoire des invasions des Northmans dans la Morinie, par Alphonse Paillard. Saint-Omer, Fleury-Lemaire, 1858, in-8°.

(2) Chroniques de Froissart, L. I. part. II, chap. XVIII.

En 1370, les troupes anglaises commandées par Robert Canolle (Knolle) mirent encore tout à feu et à sang (1).

En 1385, Charles VI, prenant en considération les services que les habitants de Fauquembergue lui avaient rendus et les pertes qu'ils avaient subies, confirma les privilèges que ses prédécesseurs leur avaient accordés.

Philippe-le-Hardi leur octroya le même faveur en 1389.

En 1405, les habitants de Fauquembergue, ruinés par tant d'invasions et en redoutant de nouvelles, voulurent faire rétablir leurs fortifications; une contestation s'éleva sur ce point entre ceux de l'intérieur de la ville et ceux des faubourgs, et les échevins de Saint-Omer, pris pour arbitres, décidèrent, en 1406, que tous contribueraient aux frais des réparations urgentes.

Pendant le XVe siècle, Fauquembergue eut plusieurs fois à souffrir des invasions des Anglais; en 1477, la garnison de Saint-Omer poursuivit jusqu'à la forêt voisine et battit les troupes de Louis XI, qui venait d'échouer dans sa tentative pour s'emparer de Saint-Omer.

Cette localité souffrit beaucoup pendant les guerres qui désolèrent l'Artois au XVIe siècle, souvent pillée et ravagée, en 1536 et en 1537, par les Français, qui passaient pour aller ravitailler Thérouanne, elle fut abandonnée par ses habitants et resta déserte pendant plusieurs mois, jusqu'à la trève de Bomy, en 1537.

En 1542, à la reprise des hostilités et pour éviter l'incendie, les habitants durent payer une grosse indemnité aux gens de guerre.

En 1543, les Français, campés en grand nombre à Gournay, ramassaient dans les villages voisins tout ce qui pouvait leur servir à ravitailler Thérouanne, et Fauquembergue eut beaucoup à souffrir de leurs rapines.

En 1544, les Français mirent le feu à l'église et à la halle, et emmenèrent vingt-huit habitants, dont ils exigèrent une grosse rançon.

---

(1) Chroniques de Froissart, L. I. part. II. chap. CCCXII.

Ils ravagèrent de nouveau Fauquembergue, en 1595, lorsque Henri IV déclara la guerre à l'Espagne et porta son armée en Artois. La ville fut démantelée, le château fut détruit en partie, et Fauquembergue devint une localité sans importance, qui fut définitivement ruinée au commencement du règne de Louis XIII ; à cette époque l'église fut brûlée et ce qui restait du château fut détruit. Fauquembergue continua de végéter, jusqu'à l'époque où le traité de Nimègue, conclu le 16 septembre 1678, rendit à la France ses anciennes frontières, et fit rentrer cette localité dans les limites du royaume.

Elle ne se releva que lentement, car sa population, au dire d'Expilly, ne dépassait pas 233 habitants, en 1764.

SEIGNEURIE. — Alexandre Hermand a étudié la chronologie des seigneurs de Fauquembergue, et, sans remonter aux temps incertains, il l'a établie avec une grande autorité et d'après des documents originaux (1).

Il laisse de côté Amoric, Fumerc, comte de Saint-Pol (600), Lyderic, premier forestier de Flandre, son fils Saladran, à qui l'on donna pour femme l'héritière de Fauquembergue, et il considère comme équivoque tout ce qui a été dit de ces personnages.

Faute de pouvoir faire mieux, il reste dans les limites que la critique l'aide à éclairer, et de fortes inductions lui permettent de faire remonter la chronologie des seigneurs de Fauquembergue jusqu'au milieu du XIe siècle.

Alexandre Hermand pense qu'à cette époque les châtelains de Saint-Omer possédaient cette seigneurie, notamment ceux dont les noms suivent, et qu'on trouve mentionnés, Lambert, en 1042, Guillaume Ier, en 1072, Beaudouin, en 1092 et en 1097. Lambert d'Ardres (2) parle de Guillaume II, châtelain de St-Omer, qui mourut vers 1126.

Hoston, son fils aîné, lui succéda, mais, étant devenu grand-maître de l'Ordre du Temple, en 1128, il abandonna ses droits

(1) Histoire monétaire de la province d'Artois et des seigneuries qui en dépendent, par Alexandre Hermand. St-Omer, Chauvin, 1843, in-8°.
(2) Historiens des Gaules, t. XIII, p. 429

seigneuriaux à ses deux frères, et Hugues, le plus jeune, eut la seigneurie de Fauquembergue. Il fut l'un des premiers croisés, et il reçut, avec la principauté de Tibériade, le surnom de Tabaric.

En 1146, son fils, Hugues II, lui succéda.

En 1175, Guillaume IV recueillit son héritage et réunit de nouveau ce comté et la châtellenie de Saint-Omer ; il mourut de la peste, en Palestine, en 1192.

Après lui Guillaume V, malgré sa victoire sur Renaud, comte de Boulogne, eut la douleur de voir le vaincu détruire Fauquembergue, en opérant sa retraite. Plus tard, en 1222, quand la paix eut été rendue à ce malheureux pays, Guillaume V, de concert avec sa femme Isménic, accorda aux habitants de ce bourg une charte confirmative de leurs privilèges.

En 1244, Guillaume VI, son frère, lui succéda.

En 1248, son héritage passa aux mains de sa sœur Béatrix, femme de Philippe d'Aire ; sa fille, Mahaut d'Aire, hérita de tous ses droits et épousa Jean d'Ypres.

Guillaume VII, son fils, fut la tige de la deuxième famille des comtes de Fauquembergue, en même temps châtelains de Saint-Omer.

En 1252, Adeline, sa veuve, administra cette seigneurie jusqu'à la majorité de son fils, Guillaume VIII, lequel ne laissa qu'une fille nommée Eléonore, mariée à Rasse de Gavre, et qui, après la mort de son père, en 1290, devint châtelaine de St-Omer et comtesse de Fauquembergue.

Béatrix de Gavre, sa fille, recueillit sa succession et épousa Moreau de Fiennes, connétable de France.

Tous les deux moururent sans postérité, vers 1363, et la seigneurie de Fauquembergue passa entre les mains de Jean d'Avesnes, dit Sanse de Beaumont, parent de Béatrix, qui la vendit presque aussitôt à Eustache de Conflans, avoué de Thérouanne.

Sanse de Beaumont rentra plus tard en possession de ce comté, et ne tarda pas à le revendre, de 1370 à 1372, à Jeanne de Luxembourg, veuve de Guy de Châtillon, comte de Saint-Pol.

Elle mourut en 1387, laissant par testament le comté de Fauquembergue à Wallerand de Raineval de Luxembourg, son neveu, lequel le transmit à Jeanne, sa fille, femme de Baudouin d'Ailly, surnommé Beaujois, vidame d'Amiens.

Du vivant de Wallerand de Raineval, Jean de Beaumont, neveu de Sanse, avait engagé un procès pour retraire la terre de Fauquembergue. Le 8 janvier 1409, il obtint un arrêt du Parlement de Paris, et entra bientôt en possession; il fut tué à Azincourt, en 1415. et il eut pour successeur sa sœur, femme de Louis de Vertaing.

Jean Ier de Vertaing, succéda bientôt à sa mère dans cette seigneurie, et elle lui en fit l'abandon total en 1424. En 1475, il transmit le comté à Jean II, son fils, tout en en gardant l'usufruit. Il eut pour successeur Rodolphe, lequel, en 1503, vendit son comté à Antoine, baron de Ligne et de Belloeil, avec tous les droits et privilèges attachés à la possession de cette terre.

Le nouveau seigneur de Fauquembergue mourut en 1522, et eut pour successeur son fils Jacques, comte de Ligne, mort lui-même en 1552.

Philippe de Ligne, capitaine des Gardes du Roi d'Espagne, lui succéda; en 1579, il transmit, de son vivant, le comté à son frère, Georges, qui mourut dans l'année, de sorte que Philippe en reprit possession; Philippe mourut en 1583, laissant pour successeur Lamoral, premier prince de Ligne, dont le fils, Florent, décédé avant son père, portait aussi le titre de comte de Fauquembergue.

Claude, fils de celui-ci, succéda à son grand-père et transmit le comté à son fils Henri, en 1679.

En 1702, son fils Claude lui succéda; il fut témoin de la rédaction des coutumes de Saint-Omer en 1739, et il mourut en 1757.

Charles-Joseph, son fils, fut le dernier comte de Fauquembergue.

EGLISE. — Henri de Laplane a écrit sur cet édifice un mémoire intéressant, auquel nous empruntons la plupart des indications qui vont suivre.

Vers 660, Wambert, comte de Fauquembergue, éleva une église, qui fut consacrée à Saint-Martin, et qui fut renversée deux siècles plus tard par les Normands (881-882).

Les invasions successives ne permirent pas à Fauquembergue de renaître de sitôt, et ce ne fut qu'au commencement du XIe siècle que l'église relevée de ses ruines, fut consacrée à la Sainte-Vierge. Le nouvel édifice, plus vaste que l'ancien, fut mis en état de défense ; mais ce qui lui permettait d'abriter les habitants pendant les mauvais jours devint une cause de ruine et de dégradation, et l'église fut plusieurs fois envahie, incendiée, et pillée, puis rétablie, restaurée et augmentée.

En 1242, grâce aux pieuses libéralités de Guillaume V et de sa femme, l'église fut érigée en collégiale et dotée de plusieurs bénéfices à prébendes : le nombre des chanoines était de dix avec un doyen.

Ce monument fut encore ravagé pendant les guerres contre les Anglais, qui désolèrent notre région au XIVe siècle et au commencement du XVe.

Vers 1402, il reçut d'importantes restaurations et ses défenses furent accrues et renforcées. Il a gardé l'empreinte des XIIe et XIIIe siècles, et il se compose aujourd'hui d'une nef avec deux collatéraux et d'un chœur beaucoup plus moderne. De chaque côté de la nef, cinq piliers, entourés chacun de dix colonnes à tores cylindriques, sont surmontés de chapiteaux décorés d'arabesques, de rosaces et de têtes emblématiques. Les ogives portent le cachet de diverses époques; celles des travées inférieures ont l'arc aigu; au-dessus se trouvent des galeries à arcades géminées, qui reposent sur des consoles ou sur le tailloir des chapiteaux des colonnes placées à l'étage inférieur. Ces galeries sont divisées dans le milieu par deux petites arcades, s'appuyant, d'un côté sur un faisceau de pilastres trilobés, et de l'autre sur une colonnette centrale commune avec chapiteau roman historié ; un petit œil-de-bœuf la surmonte ; le tout est encadré dans une arcade plus grande à cintre plein. La voûte est neuve et date du commencement du XIXe siècle. Devant l'autel, une large pierre tumulaire porte l'image presque effacée d'un personnage revêtu d'habits sacerdotaux ; l'inscription, dont les caractères se rapportent au XIIIᵉ siècle, est devenu illisible.

La balustrade du chœur et le tabernacle de l'autel de la Sainte-Vierge, proviennent du couvent des Récollets, de Renty.

L'arcade intérieure qui supporte le clocher est en arête, vigoureusement brisée, et soutenue par des pilastres décilobes ; les orgues la surmontent.

La porte, élevée au-dessus du sol de la place, domine un perron de treize marches, en grés grossièrement taillés et posés irrégulièrement. Cette entrée a bien le caractère du XIIIᵉ siècle ; elle est flanquée de deux lourds contreforts, supportant la tour, dans laquelle on aperçoit des jours à plein cintre et des vestiges de créneaux et de machicoulis, ainsi que des trous de projectiles attestant les luttes dont cet édifice a été souvent le théâtre.

En 1793, l'église fut convertie en temple de Mars, puis on y établit une fabrique de salpêtre.

Lors du rétablissement du culte, le chœur et les voûtes furent restaurés; l'abbé Defasque, nommé curé après le Concordat, eut l'honneur de ces importants travaux, qu'il poursuivit jusqu'à sa mort, arrivée en 1829.

De nos jours, l'abbé Delannoy a généreusement contribué à la restauration intérieure de l'église, depuis sa nomination à la cure, en 1850, jusqu'en 1865, époque de sa mort.

Le doyenné de Fauquembergue comprend aujourd'hui tout le canton.

D'après le pouillé de Thérouanne, les paroisses qui en dépendaient, au XVᵉ siècle, étaient : Renti, Nouveauville, Sempy, Hémont, S. Vestus (Hestrus ?), Ergny, Campaignes, Bécoud, Malrn (Marles), Malenta (Marenla), Homberch (Humbert), Brimeu, Ays-en-Yssart, Aleste, Wyckinghem, Bourthes, Pruvere (Preures), Créki, Beaurain, Beussens, Rumilly-le-Comte, Helly (Herly), Wrecohc (Verchocq), Embry, Sainte-Marie et Saint-Martin de Fauquembergue.

A la partition de l'évêché de Thérouanne, il passa dans le

diocèse de Boulogne avec les paroisses de Beaurain-Ville et Beaurain-Château, Campagne-les Boulonnois, Créquy et Torcy, Embry et Rimboval, Fauquembergue et Saint-Martin, Hémond et Boubert, Lebiez et Royon, Loison et Offin, March-St-Liévin, Rumilly-le-Comte et Avesne, Renty, Senlecques, Tiembronne, Verscocq (Verchocq) et Assonval, Wandome et Audincthun (Pouillé de Boulogne).

Conformément à l'édit de novembre 1692, le chapitre de *Faucquembergue* fit enregistrer, à Saint-Omer, en 1698, les armoiries suivantes :

De sinople, à une Vierge avec l'Enfant-Jésus sur son bras senestre d'argent, supportée d'un croissant aussy d'argent (1).

CHATEAU. — Le point élevé, sur lequel était le château de Fauquembergue, doit avoir été fortifié de bonne heure, mais Amoric paraît avoir été le fondateur de cette forteresse, qui put résister aux efforts des Normands et survivre à leurs invasions.

Au milieu du Xe siècle, après une série de désastres sans exemple, le château fut réparé et agrandi ; Hennebert (2) nous apprend qu'il était composé de « quatre bastions et d'une grande esplanade, défendu par deux demi-lunes, deux cavaliers, de larges fossés et plusieurs autres ouvrages défensifs. » Ses murailles étaient hautes et ses tourelles étaient assez élevées, pour que les vainqueurs d'Azincourt aient pu les apercevoir d'une distance de vingt kilomètres.

En outre, ses souterrains avaient des issues dans le bourg et dans la campagne.

Il fut presque totalement détruit en 1198, par Renaud, comte de Boulogne, et rétabli peu de temps après.

Pendant les guerres contre les Anglais, le château subit encore de nouvelles vicissitudes, mais il se releva toujours de ses ruines, jusqu'en 1595. A cette époque les hostilités reprirent

---

(1) Armorial des villes, des abbayes, etc., appartenant aux provinces qui ont formé le département du Pas-de-Calais, par Félix le Sergeant de Monnecove. Arras, Planque, 1872; in-8, 57 pages.

(2) Histoire générale de la province d'Artois, par l'abbé Hennebert. Lille, 786-1788, et Saint-Omer, 1789, 3 vol. in-8°.

entre la France et l'Espagne ; et les Français brûlèrent en partie la ville et la forteresse, qui fut totalement détruite au commencement du règne de Louis XIII.

Le tracé de son enceinte, les lignes de ses fortifications, la place de ses fossés sont encore visibles sur le monticule que le château occupait autrefois.

Léproserie, Maladrerie, Hôpital. — Lorsque la lèpre ravageait nos contrées, de nombreux établissements furent fondés pour séquestrer et soigner les malades. La léproserie de Fauquembergue paraît remonter à Guillaume V, c'est-à-dire au milieu du XIIIe siècle. Un arrêt du bailliage de Saint-Omer, de 1453, fait connaître que cet établissement avait un chirurgien et trois religieuses, sous la surveillance du grand bailli, du procureur fiscal, de deux échevins et de quatre notables. La maison occupait l'emplacement du presbytère actuel ; elle avait une chapelle, dite de Sainte-Madeleine, avec un bénéfice pour le prêtre qui la desservait.

En 1636, les religieuses, attachées à la léproserie depuis 1212, la quittèrent définitivement et elle fut convertie en presbytère.

Deux arrêts, de 1672 et de 1675, réunirent la maladrerie à l'ordre de Notre-Dame du Mont-Carmel et de Saint-Lazare.

En 1696, des lettres-patentes de Louis XIV convertirent la maison de St-Ladre en hôpital pour les malades de Fauquembergue, Coupelle, Torcy, et Auchy-les-Moines, dont les biens et revenus furent réunis audit hôpital. Ces lettres-patentes furent enregistrées, par arrêt du Parlement de Paris, du 14 avril 1697; deux délégués de l'évêque de Boulogne se rendirent aussitôt à Fauquembergue, et ils invitèrent la municipalité à s'occuper de suite de la construction de cet édifice, qui fut élevé sur l'emplacement de la mairie actuelle et terminé en 1707 ; trois religieuses le desservaient.

Cette maison ne tarda pas à sortir de sa règle ; elle se transforma peu à peu en école, que deux religieuses, desservirent jusqu'en 1742 ; la troisième allait visiter les malades à domicile.

A cette époque et par l'ordre du prince de Ligne, l'hôpital fut rétabli et recommença à recevoir des malades ; il disparut pendant la révolution et il cessa de fonctionner en 1793. En 1806, les immeubles furent partagés avec la commune de Royon, qui avait droit à six lits ; les biens situés dans cette commune lui furent attribués, et une ferme de 35 hectares, dite de la ma; ladrerie et sise à Saint-Martin-d'Ardinghem, fut attribuée à Fauquembergue.

Coutumes. — Le plus ancien monument des franchises de Fauquembergue est la charte de reconnaissance, que Guillaume V et sa femme Isménie octroyèrent, en 1222, aux habitants de ce bourg.

En 1248, ces franchises furent confirmées par leur fille, Mahaut d'Aire, et son époux, Jean d'Ypres.

En 1289, Philippe de France, comte d'Artois, y ajouta l'exemption perpétuelle de taille, et reconnut les lois et coutumes des habitants.

Charles VI, Charles VII, Philippe-le-Hardi confirmèrent les privilèges, que les rois leurs prédécesseurs avaient accordés aux habitants de Fauquembergue, pour hâter le rétablissement de de leur cité et pour récompenser leur bravoure et leur fidélité.

Conformément aux coutumes de la province d'Artois, dont cette localité faisait partie, la municipalité de Saint-Omer révisait les jugements rendus par les mayeurs et échevins de Fauquembergue.

Les textes que Bouthors a consignés dans les coutumes locales du bailliage d'Amiens, sont au nombre de cinq, savoir :

1° Coustumes, usaiges et communes observances observées au conté de Fauquenbergne, tenue de la conté d'Arthois, du chasteau et bailliage de Saint-Omer, appartenant à Monseigneur Anthoine de Lique, conte de Fauquenberghe, baron de Lique, seigneur de Baillœul, Monstrœul et de Relly, mises et rédigées par escript, concluttes, consenties et approuvées le XXI° jour de septembre mil cinq cens et sept (26 articles, tome II, page 643.)

2° Coustumes, usaiges et stilz par articles dont l'on a usé et use de tout temps en la chastellenye et bailliage de Fauquenbergue. Le XXIV° jour d'aoust l'an mil cinq cens et sept. (22 articles, ibid. page 647.)

3° Coustumes, usaiges et stilz par articles de la ville et banlieue de Fauquenberghe, que donnent les mayeurs et échevins de la ville, banlieue et eschevinaige dudit lieu, et dont l'on use et a usé, de tout temps, en la manière qui s'enssieut. Le XXIII° jour d'aoust mil chincq cens et sept. (35 articles, ibid., page 649.)

4° Coustumes, usaiges et communes observances tenues, gardées et observées en la ville et banlieue de Fauquenberghe, concluttes, consenties et approuvées par les trois estatz de ladite ville et banlieue. Le XXVI° jour de septembre l'an mil chincq cens et sept. (26 articles, ibid., page 652.)

5° Coustumes et usaiges dont usent journellement les doyen et chapitre de l'église collégiale de Nostre-Dame de Fauquenberghe. Sans date. (3 articles, ibid., page 656.)

NUMISMATIQUE. — Nous empruntons les indications qui vont suivre au savant ouvrage d'Alexandre Hermand, que nous avons déjà mis à contribution.

Aucun des titres écrits concernant les privilèges monétaires des comtes de Fauquembergue ne remonte au-delà du commencement du XIV° siècle.

L'ordonnance royale de Louis-le-Hutin, datée de 1315, qui prescrit aux barons la loi, le poids et la marque de leurs monnaies, déclare que celle du seigneur de Fauquembergue doit être de 4 deniers 12 grains de loi, argent le roi, à la taille de 204 deniers au marc (1) ou, comme le disent des manuscrits, de 17 sous de poids au marc de Paris (2).

Les châtelains de Saint-Omer, en même temps seigneurs de Fauquembergue, commencèrent vraisemblablement ce monnayage dans leur principale forteresse.

Toutefois, les seuls deniers certains de cette localité sont ceux

(1) Ducange, t. IV, p. 991. — Leblanc, p. 230. — Duby, t. II, p. 172.
(2) Guillaume V termine ainsi un diplôme de 1221 : *actum apud Falcobergam in ballio castri mei.* (Arch. mun. de Saint-Omer).

dont nous allons donner la description, d'après les exemplaires de notre cabinet.

Adeline de Guines, femme de Guillaume VII et tutrice de son fils, Guillaume VIII, en 1252, conserva la seigneurie jusqu'à sa majorité, en 1273 ; elle fit frapper des deniers de billon, dont voici la description :

+ AL'. CAST'. SCI. AVD'. Croix cantonnée, aux 2ᵉ et 3ᵉ quartiers, d'une rose à cinq pétales.

Rev. DNA FA—LCONB, en deux lignes ; au-dessus et au-dessous une croisette entre deux roses.

Eléonore, fille de Guillaume VIII, qui devint comtesse de Fauquembergue en 1290, a fait frapper les deniers de billon suivants :

1º COMITISSA DN; dans le champ ELIE-NOR en deux lignes, au-dessus un châtel.

Rev. FAVQVENBERGVE. Croix pattée; devant l'inscription un châtel.

2º Même type avec D au lieu de DN et ELI—ONE ; au-dessus un châtel.

Rev. FAVCONBERGA. Croix pattée ; devant l'inscription un châtel.

C'est à cette comtesse de Fauquembergue, dont on peut assurer l'existence jusqu'en 1326, que se rapporte le passage de l'ordonnance royale de 1315, parlant d'une dame de Fauquembergue, et ajoutant que cette dame n'avait droit, le 28 novembre 1315, de forger que des monnaies blanches, le Roi seul ayant le droit d'en forger d'or (1).

En 1370 ou 1372, l'acte de vente de cette seigneurie, faite par Sause de Beaumont, mentionne le droit de battre monnaie d'argent et de cuivre (2).

Dans son arrêt de 1409, le Parlement de Paris rappelle et enregistre les droits des comtes de Fauquembergue, en ces

---

(1) Duby, loc. cit.
(2) Turpin, annales des comtes de Saint-Pol. Douai, 1731.

termes : *Plura jura notabilia et prerogativas, videlicet cudendi et fabricare faciendi monetam albam et nigram* (1).

Des contestations entre le seigneur et le magistrat de Fauquembergue, vers le milieu du XV⁰ siècle, amenèrent les deux parties à faire valoir leurs droits dans des mémoires. Celui du comte contient une phrase en partie illisible, mais qu'Alexandre Hermand pense être ainsi : *Item et est ladicte comté de Fauquenbergue... douée et privilégiée de plusieurs noblesses et prérogatives tant de pooir forger...* (2), le reste est effacé.

Tous ces titres prouvent la continuité du droit monétaire à Fauquembergue, mais, si les seigneurs en ont usé après Eléonore, leurs monnaies ne nous sont pas connues.

BIOGRAPHIE. — Le 17 octobre 1729, naquit à Fauquembergue, Pierre-Alexandre Monsigny, qui révéla de bonne heure d'heureuses dispositions pour la musique, et qui fut envoyé au collége des Jésuites, à Saint-Omer. Le carillonneur de l'abbaye de Saint-Bertin fut son premier maître, et ce fut au lutrin de Saint-Denis qu'il se fit d'abord entendre. Après la mort de son père, il partit pour Paris, en 1749, y obtint un emploi modeste et se livra tout entier à son goût pour la musique. L'opéra-comique venait de naître, et c'est lui qui en fut réellement le principal fondateur.

Dix ans après son arrivée à Paris son premier ouvrage fut joué avec succès ; d'autres lui succédèrent rapidement, avec la collaboration de Sedaine pour les paroles.

En 1768, Monsigny, jusqu'alors employé dans l'administration financière du clergé de France, entra comme maître d'hôtel dans la maison du duc d'Orléans ; il fut nommé ensuite administrateur des domaines et inspecteur des canaux d'Orléans.

La révolution de 1789 lui enleva ces avantages et presque toutes ses économies, et il vécut dès lors pauvre et ignoré.

En 1798, les artistes du théâtre Favart, reconnaissants des

---

(1) Duchesne. maison de Châtillon.
(2) Longue bande de parchemin (1442 à 1444), arch. munic. de St-Omer, boîte CCLVII, n° 8.

services qu'il leur avait rendus, lui firent une pension de 2,400 francs.

En 1800, il remplit l'emploi supplémentaire d'inspecteur de l'enseignement au Conservatoire de musique, mais il s'en démit au bout de deux ans.

En 1813, il remplaça Grétry à l'Institut.

En 1815, Louis XVIII le créa chevalier de la Légion d'honneur, et, l'année suivante, lui conféra l'Ordre de Saint-Michel. Devenu aveugle dans son extrême vieillesse, il s'était retiré dans une petite maison du faubourg Saint-Martin ; c'est là qu'il mourut paisiblement, le 14 janvier 1817 ; sa sépulture est dans le cimetière du Père-Lachaise, à Paris (1).

HAMEL (LE)

1178. *Hamellus*, Cart. Ter., p. 51.

Ce hameau est situé sur l'Aa, entre Fauquembergue et Renty.

ETYMOLOGIE. — Hameau, en vieux français, diminutif du saxon *Hem*, demeure.

HISTOIRE. — La dîme de Fauquembergue et du Hamel est mentionnée dans une bulle du pape Alexandre III, datée de 1179, et contenant la nomenclature des revenus du chapitre de Thérouanne.

Cette localité, appartenait déjà à l'Espagne, quand François Ier lui céda l'Artois, par le traité de Madrid.

Elle était soumise aux coutumes de cette province, et ressortissait du bailliage de Saint-Omer, en vertu d'un édit de Charles-Quint, du 12 mai 1530. Elle devint un fief de la duchesse de Parme.

(1) Extrait des Notices historiques sur Fauquembergues et Renty, par H. Piers, pages 87 et suiv.

BIBLIOGRAPHIE.—*Fauquembergues et Renty (Notices historiques sur), par H. Piers.* — Saint-Omer, Lemaire, 1833, in-8° (faisant suite à l'histoire de Thérouanne par le même auteur).

Notice historique sur l'ancienne ville et comté de Fauquembergues, par l'abbé Robert. — Saint-Omer, Vanelslandt, 1844, in-8°.

Notice sur l'église de Fauquembergues par Henri de Laplane. (Bulletin historique de la Société de Antiquaires de la Morinie, 1852, tome Ier, 3e livraison, page 96).

L'église de Fauquemberg par Henri de Laplane. — Saint-Omer, Fleury-Lemaire, 1854, in-8°.

L'église de Fauquembergue par Henri de Laplane. (Statistique monumentale du Pas-de-Calais, 1855, tome Ier, 7e livraison).

Mémoire signifié à Monsieur le Procureur du Roi de Saint-Omer, par M. Vallour, procureur fiscal de la ville de Fauquembergue. Pièce in-4° de 7 pages, 1758. (Ce mémoire tend à démontrer que le magistrat de Fauquembergue avait le droit de faire des réglements de police sur la tenue des marchés).

FEBVIN-PALFART.

XVe S. — *Fevin*, Pouillés de Thérouanne et de Boulogne.
1538. — id. Informations d'Artois.
1559. — id. Partition de l'Ev. de Thér.
1698. — *Febvin-Palfart*,Bignon,
1704. — id. Maillart.

Febvin-Palfart, traversé par l'ancienne voie romaine, de Thérouanne à Saint-Pol, est situé sur le chemin vicinal de grande communication n° 77, de Lignereuil à Saint-Omer, à son croisement avec l'un des embranchements de celui n° 95, de Lisbourg à Febvin-Palfart et à Fléchin. La commune comprend les hameaux de Livossart, Palfart, Ramiéville, Hurtebise, qui ont été érigés en paroisse le 12 février 1870, de Pipemont, du

Plouy, d'Honinghem, du Mont-Cornet, du Moulinel, du Courouge, formant une superficie de 1440 hectares, avec 823 habitants.

Etymologie. — Aucune des hypothèses produites jusqu'ici ne paraît suffisamment justifiée.

Histoire. — En 1537, Febvin-Palfart fut pillé, tantôt par les Français, tantôt par les Impériaux, et finalement abandonné par ses habitants, qui se réfugièrent à Aire.

En 1543, le village fut surpris par les Français qui allaient ravitailler Thérouanne ; les grains, les chevaux, les bestiaux, etc, furent enlevés, puis 10 ou 12 maisons et l'église furent brûlées.

En 1544, la garnison de Thérouanne pilla de nouveau Febvin, incendia les maisons qui restaient, sauf deux chaumières et une ferme, et détruisit la charpente du chœur de l'église qu'on reconstruisait.

D'après Maillart, Febvin-Palfart relevait partie du comté de Saint-Pol, de l'abbaye de Blangy, d'Aubigny-la-Marche, et du chapitre d'Arras, c'est-à-dire que ce village était dans le ressort de quatre juridictions différentes.

Les terres qui dépendaient de la prévôté de l'abbaye de Blangy ressortissaient immédiatement du conseil d'Artois.

Febvin faisait partie du doyenné de Bomy, lors de la partition de l'évêché de Thérouanne.

Seigneurie. — Jean de Fléchin, dit Morbet, écuyer, servit, en 1504, un dénombrement aux religieux de l'abbaye de Blangy, à cause de la seigneurie qu'il avait à Febvin.

Eglise. — Le chœur et la tour furent construits, vers 1400, par Eustache, seigneur de Pipemont, qui en fit don avec plusieurs terres, à l'abbaye de Blangy, à charge de les entretenir. Le même seigneur offrit à cette église, en 1404, une parcelle de la vraie croix.

Le chœur et le dessous de la tour, qui en est comme la continuation, ont 15 mètres de longueur sur 6 mètres de largeur ; les ogives, bien qu'un peu arrondies, sont très-gracieuses. La nef fut bâtie, en 1590, aux frais de la paroisse ; elle a 19 mètres de long, 7 de large et 10 de haut ; sa voûte en bois est cylindrique.

On remarque dans le chœur deux médaillons funéraires, indiquant les sépultures de Nicole le Caron, chanoine de Thérouanne, et curé de Febvin, mort en 1513, et celle de Nicole le Caron, son neveu et successeur mort en 1565 (1).

COUROUGE (LE).

Ce hameau est situé sur le chemin vicinal de grande communication n° 77, de Lignereuil à Saint-Omer.

ETYMOLOGIE. — Originairement ce lieu s'appelait probablement *le Carouge*, du latin *Quadruvium*, en français carrefour, point de réunion de plusieurs chemins.

HONINGHEM.

Ce hameau est situé sur le chemin vicinal de grande communication n° 95, de Lisbourg à Febvin-Palfart.

ETYMOLOGIE. — Nom germanique, formé du mot *hem*, demeure, et du nom patronymique *Honing*.

LIVOSSART.

1704. — *Libesart* et *Livossart*. Maillart.

Livossart est situé sur le chemin vicinal de grande communication n° 92, de Fiefs à Desvres.

(1) Archives de l'église de Febvin-Palfart et Bulletin de la Commission des antiquités départementales du Pas-de-Calais., t. 1. p. 351.

ETYMOLOGIE. — Nom d'origine romane, formé de *sart*, défrichement, et d'un nom d'homme, sans doute *Livaud*, qui représente probablement le nom germanique *Leovold*.

EGLISE. — L'éloignement de ces hameaux de la paroisse de Febvin y fit établir une chapelle, en 1628, par un chanoine d'Arras nommé Noel Ferco ; il la dota d'une rente pour entretenir un vicaire ou chapelain, chargé de célébrer la messe le dimanche et de tenir l'école pendant la semaine.

A la révolution de 1789, les biens et les rentes de cette chapelle furent aliénés, et, au commencement du XIX° siècle, l'absorption des hameaux par la paroisse de Febvin fut complète; mais les raisons qui avaient fait élever une chapelle subsistaient toujours, et, après plusieurs tentatives infructueuses, on commença à bâtir une église en 1855 ; elle fut achevée et consacrée en 1861, et desservie dès lors par le curé de Febvin-Palfart; enfin un décret du 12 février 1870 l'érigea en succursale, conformément aux vœux de ceux qui avaient généreusement contribué à sa construction.

On remarque, derrière le maître-autel, une pierre blanche portant en bas-relief l'image du fondateur de la chapelle de 1628, agenouillé et faisant hommage de son œuvre à la Sainte-Vierge et à Saint-François-d'Assises, avec cette inscription:

DEO, BEATE MARIE, ET SANCTO FRANCISCO DEDICABAT
MAGISTER NATALIS FERCO, CANONICUS ATREB.
ANNO 1628
× 1628 — 1861 ×

avec ses armes et sa devise : *espoir conforte*.

PIPPEMONT

XV° S. — *Pipemont*, Pouillé de Thérouanne.
1422. — *Pippemont*, Cart. Ter., p. 341.

1538. — *Pipemont*, Informations d'Artois.
XVI° S. — *Pippemontium*, Simon Ogier (1).

ETYMOLOGIE. — Nom d'origine française, formé du mot *mont* et d'un préfixe, que son altération ne permet pas de reconnaître.

HISTOIRE. — D'après Harbaville ce hameau relevait du comté de Saint-Pol dès le XII° siècle. Marguerite de Reval, dame de Pipemont, épousa, en 1436, Pierre de Kiéret, sénéchal du Ternois (2).

Pippemont subit, en 1537, 1542, 1544, les mêmes ravages que les localités voisines ; le quart des habitants mourut de misère, et le village fut longtemps abandonné.

Derheims rapporte que Denise de Lewalle, dame dudit lieu, y avait fondé une communauté de filles, en 1602.

SEIGNEURIE. — Le pénultième de juillet 1403, Guillaume de Pipemont, dit Lancelot, écuyer, seigneur dudit lieu, et sa femme Jehanne d'Ollehain, fondèrent dans l'église de Saint-Berthe, de Febvin, une chapelle bénéficiale, dite de Sainte-Croix, avec charge de services religieux, et assignèrent des terres et un manoir pour la dotation et la demeure du bénéficier ; l'abbé de Blangy consentit à cette fondation, à cause de la seigneurie de son abbaye à Febvin, et l'évêque de Thérouanne approuva les actes dressés à cette occasion (3).

FLÉCHIN

1168. — *Felchin*, Gallia Christ., t. X. p. 405.
1192. —   id.   Cart. Tér., p. 68.

(1) Simonis Ogerii..... Epitaphiorum, (suivi de Brugœ), Duaci, Bogard, 1597, in 12.
(2) Comitum Tervanensium seu Ternensium... Annales historici... collectore R. P. Thomas Turpin... Duaci, Derbaix, 1731, in-8°.
(3) Archives de l'église de Febvin-Palfart.

1205-1206. — *Helchin* pour *Fléchin*, ibid. p. 88.
1412. — *Fléchin,* Cart. St-Omer, p. 59.
1466. —   *id.*   Ibid.   p.191,V°.
XV° S. — *Fleschin*, Pouillé de Thérouanne.
1538. —   *id.*   Informations d'Artois.
1559. — *Fléchin*, Partition de l'Ev. de Thér.
1704. —   *id.*   Maillart.

Fléchin est situé dans une vallée étroite, sur le chemin vicinal de grande communication n° 77, de Lignereuil à Saint-Omer, et à l'extrémité de l'un des embranchements de celui n° 95, de Lisbourg à Febvin-Palfart et à Fléchin.

Les hameaux importants de Boncourt et de Cuhem font partie de cette commune, dont la superficie est de 1080 hectares et la population de 698 habitants.

ETYMOLOGIE. — Il est difficile de la formuler; c'est probablement un nom d'homme.

HISTOIRE. — Nous ne trouvons rien qui se rapporte à ce village avant la fin du XII° siècle ; une charte non datée, mais postérieure à 1192, de Pierre, doyen de Thérouanne, mentionne l'alleu de *Felchin*, donné à l'église de Thérouanne par Jean *de Hupehem*, chantre de ladite église.

En 1537, les Français allant secourir Thérouanne, assiégé par les Impériaux, ruinèrent les habitants de Fléchin, par les vivres et les approvisionnements qu'ils tirèrent de ce village.

En août 1542, lors du siége et de la prise de Tournehem, par le Duc de Vendôme, ses troupes prirent tous les chevaux et les bestiaux et emmenèrent 18 habitants, dont ils exigèrent une grosse rançon.

En 1544, le village était encore inhabité ; les Impériaux mirent une garnison dans le château, qui appartenait à M. de Créquy, et que Charles-Quint confisqua,pour le donner, avec la seigneurie, à M. de Neuville, qui en toucha un revenu de 400 florins par an.

Lors de la partition de l'évêché de Thérouanne, Fléchin formait une paroisse du doyenné de Bomy et faisait partie du diocèse de Boulogne.

A l'organisation administrative qui suivit la Révolution de 1789, Fléchin fut une des communes du canton de Bomy.

SEIGNEURIE. — Gerbol de Fléchin figure comme témoin dans une charte de 1106, par laquelle Warnier ou Watier, seigneur d'Hamelincourt, fait une donation à l'église de Saint-Aubert, à Cambray (1).

Au commencement du XIIe siècle la terre de Fléchin tomba dans la famille des châtelains d'Aire, par le mariage du sire d'Heuchin avec Alide de Fléchin, laquelle mourut en 1143 (2), et passe pour avoir fait construire le château, qui fut détruit par un incendie au milieu du XVIe siècle. A cette époque la seigneurie appartenait à Jean de Créqui, prince de Poix.

Le comté de Fléchin appartint ensuite à la famille de Trazegnies ; le seigneur présentait le curé à la nomination de l'évêque de Boulogne et désignait lui-même le vicaire.

EGLISE. — L'église est construite en pierres blanches avec soubassement en grès. Le chœur se termine extérieurement en hémicycle ; une chapelle carrée s'y rattache du côté de l'épitre ; les stalles sont en bois sculpté, la voûte porte la date de 1534.

La nef est unique, sa voûte ogivale, à arêtes saillantes terminées par des rosaces, est formée de pierres de petit appareil, et porte la date de 1613. On lit la date de 1677 sur la voûte du porche.

La tour est beaucoup plus ancienne que la nef ; la partie inférieure est romane, elle porte deux cordons unis, puis un autre plus saillant, soutenus par des consoles, qui alternent avec de petites arcatures et des modillons ; la balustrade supérieure est très-endommagée. La tour est surmontée d'un clocher en bois couvert d'ardoises. Au-dessus des portes cintrées et ornées d'archivoltes se trouve une niche, dont la console porte plusieurs figures sculptées.

---

(1) Généalogie d'Hamelincourt, Archives du Pas-de-Calais.
(2) Mémorial historique et archéologique du département du Pas-de-Calais, par M. Harbaville. Arras, 1842, in-8°, t. II, p. 210.

BONCOURT

1136. — *Bocot*, Cart. Ter., p. 16.
1156. — *Bocolt*, Ibid, p. 27.
1160. — *Bocout*, Ibid, p. 31.
1192. — (après) et 1249, *Bechout*, ibid. pp. 68, 167, 171.
1205-1206. — *Bochout*, Ibid., p. 88.
1249. — *Bocouth*, Ibid., p. 167.
1249-1250.—*Bechouth*, Ibid., p. 171.
1271. —   id.   Ibid., p. 184.
1353. — *Boncoud*. Grand Cart. de St-Bertin, t. IV, p. 493.
XV° S. — *Becoud*, Pouillé de Thérouanne.
1422. —   id.   Cart. Tér., p. 341.
1456. — *Boucout*, Cart. de St-Omer.
1559. — *Boncourt*, Partition de l'Ev. de Thér.

Boncourt est situé sur un petit cours d'eau qui se jette dans le Surgeon, affluent lui-même de la Laquette ; un embranchement du chemin vicinal de grande communication n° 95, de Lisbourg à Febvin-Palfart et à Fléchin, traverse l'agglomération.

ETYMOLOGIE. — Nom d'origine gallo-romaine dérivé de *Bodonis curtis*, en français, jardin de Bodon.

HISTOIRE. — L'église de ce village a été fondée par Eustache *de Bonikorte*, qui vivait en 1079.

Une charte de 1136 mentionne une donation de deux hôtes, *apud Bocot*, provenant d'Arnoult Tireas, que Milon, évêque de Thérouanne, abandonne aux chanoines.

En 1159, une bulle du pape Alexandre III confirme la possession de l'autel *de Bocout*, appartenant aux chanoines de Thérouanne.

Une charte non datée, mais postérieure à 1192, contient la confirmation par Pierre, doyen de Thérouanne, de la donation de *l'alleu de Bechout*, faite au chapitre de Thérouanne, par Jean *de Hupehem*, chantre de cette église.

Boncourt a donné son nom à l'ancien collège fondé à Paris,

en 1353, par Pierre de Bocoud, seigneur de Boncourt et de Fléchinelle, avec affectation spéciale à la jeunesse Wallonne du diocèse de Thérouanne (1).

Cet établissement eut entre autres directeurs le savant Pierre Galland, natif d'Aire-sur-la-Lys et ami de Turnèbe ; il était situé rue Bordet, n° 21; il est occupé maintenant par les bureaux de l'école polytechnique.

En 1537, Boncourt fut plusieurs fois pillé et ravagé par les Français de la garnison de Thérouanne. Les femmes de Boncourt sauvèrent un jour le village, en donnant aux soldats qui voulaient l'incendier 30 écus d'or au soleil.

Avant la guerre on y comptait 22 hommes devant tailles; il n'en restait que 8 en 1538.

En 1542, les Français brûlèrent le château et emmenèrent presque tous les habitants prisonniers à Thérouanne ; il ne resta que trois ou quatre pauvres gens dans le village, qui fut longtemps inhabité.

Après la partition de l'évêché de Thérouanne, Boncourt fit partie de la paroisse de Laires, dont le curé desservait son église ; la famille de Trazegnies, propriétaire de la seigneurie, entretenait cet édifice, qu'elle fit même rebâtir presque complètement, peu d'années avant la Révolution de 1789.

On y voit encore une grande dalle sépulcrale en pierre bleue, portant l'image d'un chevalier armé de toutes pièces, entourée d'une inscription presque illisible.

A l'organisation administrative qui suivit la Révolution de 1789, Boncourt formait une commune du canton de Bomy, il fut réuni à celle de Fléchin, le 30 janvier 1822.

---

(1) Voir l'acte de fondation au Grand cartulaire de St-Bertin. t. 4. p. 493.

CUHEM

1092. — *Culhem*, Ipérius *(*1).
1119. — *Culhem*, Cart. Sith, p. 260.
1199. — *Chuhem*, Cart. Tér., p. 91.
1206. — *Cuhem*,   ibid., p. 79,
1248. — *Cuhem*, Invent. des chartes d'Artois.

Cuhem, traversé par la voie romaine de Thérouanne à St-Pol, est situé au croisement des chemins vicinaux de grande communication n° 159, de Beaumetz-les-Aire à Aire-sur-la-Lys; n° 77, de Lignereuil à St-Omer.

ETYMOLOGIE. — Nom d'origine germanique, formé d'un préfixe incertain et terminé par le mot *hem*, demeure.

HISTOIRE. — *Chuhem* est mentionné dans une charte de 1199, de Lambert, évêque de Thérouanne, à propos d'une donation faite à l'église de Thérouanne par Simon *de Inkenegate*, clerc.

En 1248, Cuhem était une mouvance directe du comté d'Artois, tenue en fief par Jean d'Ergny.

La même année tout le domaine de la dîme de Cuhem fut donné à l'abbaye de Saint-Augustin-lez-Thérouanne par Willaume d'Enguinegatte.

Ce village ne figure pas à la partition de l'évêché de Thérouanne; il forma, en 1790, une commune du canton de Bomy et il fut réuni à Fléchin, le 30 janvier 1822.

Les abbayes de Saint-Bertin, à Saint-Omer, et de Saint-Augustin-lez-Thérouanne, étaient décimatrices des produits du territoire de Cuhem et chargées d'entretenir l'église; la cure était à portion congrue, fournissant un traitement fixe au curé de Fléchin qui la desservait (2).

(1) Cronica sive hystoria monasterii sancti Bertini. Bibliothèque de St-Omer, manuscrits, n° 739, page 329.
(2) Notice sur l'abbaye de Saint-Augustin lez-Thérouanne, par l'abbé Ledé,

En 1537, Cuhem subit les mêmes ravages que Boncourt; les combles de l'église furent brûlés et les cloches emportées.

En août 1542, les Français attaquèrent l'église, qu'on avait fortifiée et dans laquelle quelques habitants se défendaient ; ils furent pris et emmenés à Thérouanne, avec tous les bestiaux, tandis que les autres habitants se réfugièrent à Aire.

LAIRES.

1148. — *Terra de Laris*. Aubert le Mire, t. V, p.17.
1168. — *Terra de Lares*, Gallia Christ. t. X, p. 405.
XVe S.—*Laires*, Pouillé de Thérouanne.
1559.— *Laires*. Partition de l'Ev. de Thér.
1588. — *Layres*. Informations d'Artois,

Laires est situé sur le même plateau que Beaumetz-lez-Aire, le long de l'ancienne voie romaine de Thérouanne à Saint-Pol, au point où le chemin vicinal de grande communication n° 95, venant de Lisbourg, se partage en trois embranchements, allant vers le chemin n° 159, vers Fléchin, vers Febvin-Palfart. La superficie de Laires est de 819 hectares, et sa population de 523 habitants.

ETYMOLOGIE. — Ce village s'appelait jadis *Wilbert*, nom de son possesseur, il s'est aussi nommé *Larre*, et a été latinisé ; Malbrancq dit que ce nom résulte de sa situation sur un plateau élevé.

Derheims, auquel cette étymologie paraît bizarre, pense que Laires est une corruption du vieux mot français *larris*, qui signifie inculte, il appuie cette supposition sur les terrains mouvants que l'on trouve dans cette commune et qui ressemblent à ceux de Fontaine-lez-Boulans, dans l'arrondissement de Saint-Pol. Il en conclut que les terres de Laires ont pu rester longtemps incultes.

HISTOIRE. — Le monastère de Saint-Augustin-lez-Thérouanne posséda longtemps une grande étendue du territoire de Laires, en vertu d'une concession faite par l'église de Corbie, ainsi que nous l'apprend une charte de Nicolas, évêque de Thérouanne, confirmative de la fondation de Saint-Augustin et de ses possessions, notamment de la *terra de Lares*.

En juillet 1537, après la journée des Sacquelets, le territoire de Laires fut complètement dévasté.

En 1542 et 1543, ce village fut encore pillé plusieurs fois, et les Français y brûlèrent 14 maisons

En octobre 1544, les habitants retranchés dans l'église repoussèrent une attaque de la garnison de Thérouanne, qui, en se retirant, brûla 26 maisons et les fermes, ce qui força les habitants ruinés à se retirer à Aire et à Saint-Omer.

Ce village était dans le ressort du bailliage de Lillers, et il figure, avec Boncourt pour annexe, dans le procès-verbal de partition de l'évêché de Thérouanne.

Lors de l'organisation administrative qui suivit la Révolution de 1789, Laires forma une commune du canton de Bomy.

MERCK-SAINT-LIÉVIN

938. — *Merki Fiscus*. Cart. Sith, p. 142.
1139. — *Merkenez*. Cart. St-Om., p. 1.
1289. — *Merquenes*. id. Aniv., p. 95.
1323-24. — *Merques*. Arch. de St-Omer, table alphab., etc., f° 105, V°,
1399. — *Merquenes*. Cart. de St-Omer. Aniv. p. 107, V°.
1507. — *Merques*. Bouthors, t. II, p. 654 et 655.
1538. — *Mergues (et Averoult)*. Informations d'Artois.
1559. — *Merquenes*. Partition de l'Ev. de Thér.
1561. — *Marque*. Bibliothèque de St-Omer, Man, n° 800, f° iii, V°.
XVe S. — *Merkenes*. Pouillé de Thérouanne.
1698. — *Marc et Avroult*. Bignon.
1704. — *Saint-Liévin-Marcq*. Maillart.

Merck-Saint-Liévin, station du chemin de fer d'Anvin à Calais, est bâti le long de l'Aa et du chemin vicinal de grande communication, n° 225, de Fauquembergue à Ardres-en-Calaisis. La commune comprend les hameaux du Forestel, du grand Manillet, du Val, de Piquendal, de Warnecque, du Four à Ban, du Crocq, formant une superficie totale de 1,179 hectares et réunissant une population de 698 habitants.

ETYMOLOGIE. — Peut-être faut-il rapprocher le nom de Merck de celui du premier possesseur, et y voir un nom d'homme successivement altéré.

HISTOIRE. — La tradition fait remonter la fondation de Merck au VII° siècle, et l'attribue à un archevêque d'Hibernie, nommé Liévin, canonisé plus tard, et qui vint en Morinie, vers 630, pour prêcher l'Evangile. Il s'établit au nord de Fauquembergue, et y fit élever un oratoire, qui fut bientôt très-fréquenté, à à cause de plusieurs guérisons miraculeuses qui s'y étaient opérées.

En quittant Merck, Liévin voulut évangéliser le Brabant, mais il y trouva le martyre; après sa canonisation, ses reliques furent transportées dans l'abbaye de Saint-Bavon, à Gand, où ce saint est en très-grande vénération.

En 938, Adèle, femme d'Arnoult, comte de Flandre, se sentant très-malade, sollicita de l'abbé de Saint-Bertin l'autorisation de faire ses dévotions devant l'autel de Saint-Bertin; il en fut référé aux évêques de Thérouanne et de Cambrai, ainsi qu'aux religieux (la règle le défendant), et finalement les deux évêques et l'abbé introduisirent la comtesse dans l'église, qu'elle combla de biens et à laquelle son époux donna, sur sa demande, *fiscum Merki* avec toutes ses dépendances.

En août 1542, après la prise de Tournehem, les Français pillèrent ce village, détruisirent les récoltes, enlevèrent les chevaux, les bestiaux et les grains; 23 habitants furent emmenés et durent payer rançon.

En 1543, la garnison de Thérouanne se jeta sur Merck; plusieurs femmes furent tuées, et les jeunes filles enlevées par les soldats durent être rachetées chèrement.

En 1554, l'armée impériale, commandée par Charles-Quint,

campait à Merck-Saint-Liévin, avant la bataille de Renty; elle se retira ensuite sur Saint-Omer.

En 1638, lorsque l'armée française, sous les ordres du maréchal de Châtillon, eut levé le siège de Saint-Omer, elle vint investir le château de Renty, l'enleva neuf jours après et le détruisit. Le château et l'église de Merck-Saint-Liévin eurent le même sort ; on raconte que plusieurs habitants, réfugiés dans le clocher et suffoqués par la fumée, se recommandèrent à Saint-Liévin et sautèrent dans le cimetière, d'où ils purent s'échapper sains et saufs.

En 1678, Merck-Saint-Liévin fut réuni définitivement à la France, en vertu du traité de Nimègue.

Un usage touchant s'est longtemps maintenu dans ce village ; chaque année, le jour de la Saint-Jean, la jeune fille reconnue la plus vertueuse était couronnée par le seigneur ou son délégué, sur la place publique dite le *Wamlet*, au milieu de ses compagnes, puis conduite solennellement à la place qui lui était réservée dans le banc seigneurial, et qui restait inoccupée le reste de l'année ; cette place, marquée par un voile blanc, portait le nom charmant de : *sied de la blanche vierge*.

Coutumes. — Bouthors a publié les deux textes suivants :

1° Coustumes, usaiges et stilz de la ville de Merque, appartenant aux maieur et eschevins de Fauquemberghe, et, à cause dudit eschevinage de Fauquemberghe, seigneur fonssier de la terre et seigneurie de Merques. Le XXIII° jour d'aoust 1507. (13 articles, tome II, page 654.)

2° Coustumes et communes observances en la terre et seigneurie de Merques, appartenant aux maïeur et échevins de la ville de Fauquemberghe, comme ayant le gouvernement de l'église paroissiale et fabrique de Saint-Léger, audit lieu de Fauquemghe, mises et rédigées par escript le XXVI° jour de septembre mil cinq cens et sept. (11 articles, tome II, page 655.)

Seigneurie. — Les seigneurs résidaient à Warnecque, dans un château-fort aujourd'hui disparu ; vers 1300, le comte Guffroy, l'un d'eux, avait apporté de Gand un os du bras de Saint-Liévin, qui fut reçu et déposé solennellement par Jacques le Moiste, évêque de Thérouanne, et qu'on y vénère encore de nos jours.

Merck-Saint-Liévin appartint ensuite à la famille de Croy, dont les membres portaient le titre de seigneur, puis de marquis de Renty.

Eglise. — A la fin du XVIIe siècle, la fabrique de l'église de Merck-Saint-Liévin possédait un presbytère, deux maisons vicariales avec leurs dépendances, et plus de trente mesures de terre données aux XVe et XVIe siècles, dont les revenus atteignaient environ quinze cents livres. Le curé de la paroisse avait le titre de doyen, et il était secondé par deux vicaires, plus un chapelain uniquement occupé de la chapelle de Saint-Liévin, et habitant un appartement dans l'église, au dessus de la sacristie.

Lors de la partition de l'évêché de Thérouanne, cette cure, sous le nom de *Merquenes*, fit partie du doyenné de Fauquembergue et du diocèse de Boulogne; on y trouve aussi mentionnée la chapelle de *Merques*, il s'agit probablement de la chapelle d'Avroult, que desservait un chapelain dépendant du curé de Merck-Saint-Liévin.

L'église actuelle, commencée en 1571, à l'aide des offrandes des pèlerins et des libéralités de la famille de Croy, ne fut terminée qu'en 1687, elle est toujours visitée par de nombreux pèlerins, surtout par les marins boulonnais, dont les offrandes attestent la piété, la reconnaissance et la foi.

PIQUENDAL.

Ce hameau est situé entre Merk-Saint-Liévin et Fauquembergue.

Etymologie. — Nom d'origine germanique, formé du mot *dal* pour *thal*, vallée, et d'un préfixe difficile à reconnaître,

WARNECQUE.

1139. — *Werneka*. Cart. St-Omer, p. 1.
1271. — Id. Ibid. p. 61.
1456. — *Wernecques et la Motte*. Cart. St-Omer, Aniv., p. 49, V°.
1474. — *Warnecque et le Motte*. Les fiefs et arrière-fiefs de la châtellenie de St-Omer.
1739. — *Lamotte Warnecques*. Procès-verbal de rédaction des coutumes des bailliages et ville de St-Omer, etc.
1704. — *Motte Warneque (la)*. Maillart.

Warnecque est situé sur l'Aa et sur le chemin vicinal de grande communication n° 225, de Fauquembergue à Ardres-en-Calaisis.

ETYMOLOGIE. — C'est peut-être une forme syncopée de *Wariniscus*, nom franc, formé du nom d'homme *Warin* avec le suffixe gallo-romain *iacus*. En français on aurait dit *la Guérinière*.

Warnecque était une seigneurie, appartenant à la famille de Croy, et possédait un château, que Maillart mentionne, en 1704, comme ayant été détruit depuis longtemps.

COUTUMES. — Bouthors a publié le texte suivant :
Coustumes locales et particulières de la terre et seigneurie de Warnecque et le Motte, appartenant à noble et puissant seigneur, Mgr Ferry de Croy, chevalier... de Biaurain et de Contes, mises et rédigées par escript, ce jourd'hui XX° jour d'août, l'an mil cinq cens et sept. (6 articles, tome II, page 167.)

BIBLIOGRAPHIE. — *Abrégé de l'histoire de la vie de Saint-Liévin*, par le R. P. le Clercque. Saint-Omer, Carlier, 1737, in-18.

Notice historique sur Merck-Saint-Liévin, par l'abbé Robert, curé de cette paroisse. Saint-Omer, Van Elslandt, 1812, in-8°.

Histoire de saint-Liévin, archevêque et martyr, par l'abbé Robert. Arras, Lefranc, 1856, in-12.

Les matelots boulonnais à Merck-Saint-Liévin, par Henri de Laplane. Saint-Omer, Chanvin, 1850, in-8°.

RECLINGHEM

828. — *Ricolvingeen,* Cart. Sith. p. 80.
857. — *Ricolvingahem,* bid. pp. 158 et 161.
　　　id. modo *Reclinghem,* Malbrancq, t. 1 p. 61.
1119. — *Reclinghen,* Cart. Ter. p. 430.
1209. — *Riclingehem* ibid. p. 97.
XV⁰ S. — *Reclinghem,* Pouillé de Thérouanne.
XVI⁰ S. — *Herclinghem,* Pouillé de Boulogne.
1559. — *Reclinghem,* Partition de l'Ev. de Thér.
1704. — 　id.　Maillart.

Reclinghem est situé dans la vallée de la Lys, au croisement des chemins vicinaux de grande communication n° 92, de Fiefs à Desvres ; n° 104, de Dohem à Frévent.

Il comprend les hameaux de Lillette, Malfiance, la Riote ; son étendue est de 600 hectares, et sa population de 342 habitants.

ETYMOLOGIE. — Nom d'origine germanique formé du nom patronymique *Ricolving,* derivé de *Riculf,* et de la terminaison *hem,* demeure.

HISTOIRE. — Ce village est compris dans la donation que Guntbert fit à l'abbaye de Saint-Bertin, en 827. En 1209, une charte d'Etienne, mayeur, et des échevins *de Deverna* mentionne l'autel de *Reclingehem* comme appartenant au chapitre de Thérouanne. Reclinghem dépendait du doyenné de Bomy avec Glein pour annexe.

En 1542 et 1544, ce village devint désert, à cause des incursions continuelles de la garnison de Thérouanne.

LILLETTE

XV⁰ S. — *Lilete,* Cart. Ter. p. 344.
1698. — *Lilete,* hameau, paroisse de Dennebrœucq. Maillart.

Derheims indique qu'une communauté de filles y était établie.

MALFIANCE

Le fief de Malfiance du Saint Crucifix. Terrier de la Seigneurie de Wandonne.

1698.— *Malfiance*, château, Maillart.

En 1739, Pierre de Vitry était seigneur de cette terre, ancien fief de la seigneurie de Wandonne, qui fut érigé en marquisat, en faveur de la famille de Dion de Wandonne, peu de temps avant la Révolution de 1789.

LA RIOTTE

1704.— *Riole (La)* hameau, paroisse de Reclinghem. Maillart.

ÉTYMOLOGIE. — Forme féminine de *Riot*, dérivé du latin *Rivus*, ruisseau.

RENTY

XIe Siècle — *Rentica, sive Rentiacum,* Molanus, 5 février, vie de Saint-Bertulphe (1).
S. D. (1155-1176.) *Renthi*, Cart. Ter. pp. 25, 26.
1168. — *Renti* Titres du Prieuré.
1174. — *id.* Cart. Ter. p. 44.
1177. — *id.* ibid.. p.p. 46; 47.
1184. — *id.* ibid. p. 58.
1222. — *Renthi.* Titres du Prieuré.

(1) Natales sanctorum Belgii et eorumdem chronica recapitulatio ; auctore Joanne Nolano. Lovanii, 1594, in 8°.

1225. — *Renty*, Grand Cart. de St Bertin, t. II, p. 319.
1273-1285-1287 et 1294. — *Renti*,Titres du Prieuré.
1323-1324. — *Renti*, Arch. de St-Omer, table alphab., etc. f° 105 V°.
1326. — *Renti*. — Titres du Prieuré.
1439. —   id. —Cart. de St-Omer, aniv. p. 115, v°.
XV° S. — *Renty*, Pouillé de Thérouanne,
1474. —   id. Les fiefs et arrière-fiefs de la châtellenie de St-Omer.
1555. — *Rentiacum*. — J. B. Marchet. de Morini... etc. (1).
1559. — *Renty*. — Partition de l'Ev. de Thér.
1588. —*Renty* et *Renthy*, Chroniques de Jean Ballin.
1698. — id. Bignon.

Renty, situé sur l'Aa et sur le chemin vicinal de grande communication n° 129, de Douriez à Fauquembergue, comprend les hameaux d'Assonval, de Rimeux, du Caurroy, du Valtencheux. Sa superficie est de 1518 hectares et sa population de 770 habitants.

ETYMOLOGIE. — Nom formé vraisemblablement d'un nom d'homme avec le suffixe gallo-romain *iacus*.

HISTOIRE. — L'histoire de Renty a été écrite plusieurs fois, et nous ne prétendons ni la raconter à nouveau, ni l'exhumer de toutes pièces des diverses archives contenant des documents qui s'y rapportent ; nous profiterons largement des travaux de nos devanciers ; nous leur ferons de nombreux emprunts ; et notre rôle se bornera à coordonner leurs récits et les extraits de quelques documents qu'ils n'avaient pas mis à contribution.

L'origine de Renty ne nous est pas connue, mais son nom figure sur la carte de la Morinie, et on pense que c'était un bourg, à l'époque de la domination romaine

Son histoire commence pour nous à l'époque où le christianisme pénétra dans la Morinie.

Omer, premier Evêque de Thérouanne, prit un grand ascendant sur le comte Wambert, seigneur de Fauquembergue, de Renty et de Wandonne, qui fit construire à Renty, en 664, une

---

(1) De Morini quod Terouanam vocant, atque Hedini expugnatione, deque prælio apud Rentiacum. Jacobo Basilico Marcheto... Authore; antverpiæ... 1555, in-8°.

église dédiée à Saint-Denis, martyr, et, en 670, une autre église consacrée à Saint-Vaast.

Les annalistes ajoutent que Wambert bâtit au même lieu, et sur l'emplacement d'une ancienne forteresse, un monastère dont il confia la direction à Bertulphe, son intendant et son ami. D'origine allemande, ainsi qu'Omer, Bertulphe avait suivi celui-ci; et, ses vertus l'ayant fait apprécier par Wambert et par Humburge, sa pieuse épouse; il devint leur fils adoptif et leur héritier, et fut honoré comme un saint dans le pays, avant que l'Eglise eût ratifié ce titre décerné par la reconnaissance publique. Au jour anniversaire de sa mort, arrivée le 5 février 705, il fut longtemps d'usage de distribuer mille pains aux pauvres.

L'histoire de Renty reste muette pour nous jusqu'à la fin du VIII° siècle, mais, en 812, en 881, en 918, ce bourg fut ravagé par les Normands.

Les reliques de Bertulphe furent sauvées par Erkengarius, comte de Boulogne, et transportées dans cette ville; plus tard elles furent données à l'église d'Harlebecque, en Belgique, et enfin au monastère de Saint-Pierre, de Gand.

En 1320, quelques habitants de Saint-Omer ayant été outragés par des habitants de Renty, les bourgeois marchèrent contre ce bourg et y exercèrent le terrible droit d'*Arsin*, sur plusieurs maisons qui furent brûlées. Les échevins de Renty portèrent leur plainte au Parlement de Paris, qui, par arrêt de février 1323, déclara que les gens de Saint-Omer avaient usé d'un droit conforme à leurs anciens privilèges.

La chronique inédite de Pierre le Prêtre rapporte que, le 14 juillet 1477, après la prise de Fauquembergue, le château de Renty tomba au pouvoir des Français.

En 1492, dit Molinet, des aventuriers anglais s'emparèrent pour quelques jours de la forteresse de Renty (1).

---

(1) Chroniques de Jean Molinet, publiées d'après les manuscrits de la Bibliothèque du Roi, par J. A. Buchot. Paris, Verdière, 1828, tome XLVI.

En 1521, le Duc de Vendôme reprit Renty ; les Espagnols y rentrèrent l'année suivante.

En 1540, le château de Renty fut réduit en cendres par les Anglais. mais il ne tarda pas à être reconstruit.

Le 8 août 1554, l'année française, partant de Frévent et de Cercamp, vint camper à Fruges, d'où le gouverneur du château de Renty, Denis de Bryas, fut sommé de rendre la place ; sur son refus, Henri II, qui arrivait de Thérouanne, la fit investir et battre en brèche.

Charles-Quint se porta de suite au secours de Renty, et établit ses troupes en face de celles des Français ; leur artillerie continuant d'écraser la forteresse, l'empereur plaça son armée sur le plateau entre Merck-Saint-Liévin et Fauquembergue, de telle sorte qu'un vallon de 150 pas de large, sur une profondeur à peu près égale, séparait les deux adversaires.

De l'autre côté se trouvait la vallée de l'Aa et un marais ; en face était le *bois Guillaume*, aujourd'hui défriché, et qui servait d'objectif aux Impériaux. Le duc de Guise, commandant en chef l'armée française, secondé par le prince de Ferrare, le duc de Nevers, l'amiral de Coligny, le maréchal de Saint-André, le défendit avec succès.

On était au 13 août et la brèche grandissait ; l'empereur n'hésita plus et lança ses troupes contre les Français ; elles étaient conduites par le duc de Savoie, don Fernand de Gonzague, le comte Jean de Nassau, le maréchal de Clèves, et le comte de Schwartzemberg ; cette nouvelle attaque contre le *bois Guillaume* échoua encore.

Néanmoins, le duc de Guise fit exécuter une retraite simulée, afin d'attirer les Impériaux sur un terrain plus favorable ; le roi, dont l'armée était rangée entre Assonval et l'Aa, accepta la bataille, et le duc de Guise fit marcher en avant les ducs d'Aumale et de Nemours, qui commandaient la cavalerie légère et la gendarmerie ; les Suisses s'avancèrent en même temps du côté de Renty.

Au premier choc, les Français furent énergiquement repoussés et perdirent bon nombre d'officiers, mais le duc de Guise et

Gaspard de Tavannes reprirent vivement l'offensive et mirent les Espagnols en pleine déroute.

Le duc de Nevers, maître du champ de bataille, y releva dix-sept enseignes d'infanterie, cinq cornettes de cavalerie et quatre pièces d'artillerie de campagne. La nuit seule mit fin au combat, et il fallut s'arrêter pour ne pas compromettre les avantages de cette journée, si honorable pour les armes françaises, et dont Henri II récompensa noblement les vainqueurs.

Les deux armées passèrent la nuit sous les armes ; celle de France, se trouvant sur un terrain découvert, pouvait craindre une attaque nocturne ; celle d'Espagne devait redouter que l'ennemi ne s'en tînt pas à ce premier avantage.

La position fortifiée qu'occupaient les Impériaux commandait la prudence, et le conseil de guerre décida qu'il ne fallait pas essayer de livrer un assaut à la forteresse. En conséquence, l'armée française reprit le chemin de la Picardie. Pourtant le Roi fit déclarer à l'Empereur qu'il l'attendrait pendant quatre heures sur le champ de bataille, et, qu'arrivé au premier endroit où il trouverait des fourrages, il l'attendrait encore quatre jours. On attendit, mais personne ne vint.

La glorieuse journée de Renty coûta environ 240 hommes aux Français, et 1800 à 2000 combattants aux Impériaux ; mais elle n'eut pas de résultats importants pour le vainqueur, puisqu'il dut abandonner le siège de Renty et se retirer, par la Picardie, jusqu'à Compiègne, tandis que l'armée ennemie demeurait auprès de Merck-Saint-Liévin et réparait les brèches du château (1).

La forteresse avait beaucoup souffert, et l'on resta longtemps sans la restaurer ; en 1593, le magistrat de Saint-Omer fut consulté sur l'opportunité d'une restauration ou d'une démolition, et il se prononça pour que les murailles fussent relevées.

---

(1) Commentaires des dernières guerres en la Gaule-Belgique, par François de Rabutin. Paris, 1574, in-12, f° 185. — Recueil des chroniques de Flandre et Artois, par Loys Bresin. Bibliothèque nationale, manuscrits, fonds français, n° 24046, f° 693. (M. E. Mannier en a publié une *analyse et extraits*. Paris, Dumoulin, 1880, in-8°.

et pour que le château reçût une garnison, sous le commandement d'un gouverneur.

En 1638, l'armée française venait de lever le siège de Saint-Omer ; conduite par le maréchal de Châtillon elle investit Renty, que M. de Calonne commandait, et y entra par capitulation après neuf jours de siége.

Quelques jours après la forteresse fut démolie.

En 1678, un article du traité de Nimégue attribuait à la France le terrain et les restes du château de Renty.

CHATEAU. — L'histoire de cette forteresse est résumée dans les indications qui précèdent, mais nous devons dire quelques mots de la construction en elle-même.

Ce château, l'un des plus forts de la contrée, était situé dans la vallée, au milieu d'un marais ; les eaux de l'Aa se divisaient pour baigner ses murailles ; il formait un rectangle, avec un cavalier à chacun de ses quatre bastions ; il renfermait un logis pour le gouverneur, un autre pour les officiers, des casernes, des magasins distincts pour la poudre, les armes, les vivres, les mèches, et un corps-de-garde. On y entrait par la porte *Major*, située en aval, et dont on aperçoit l'emplacement sur le terrain, dont le relief accuse encore la forme des fortifications.

Henri de Laplane pense que cette place pouvait contenir trois mille défenseurs. Elle servait, en temps de guerre, de dépôt pour les troupes et pour les munitions. Il ne reste plus aujourd'hui que les ruines sans importance de quelques constructions souterraines.

COUTUME. — Bouthors a publié le texte suivant :

Coustumes et usaiges locaulx et particuliers de la terre et chastellenie de Renty, appartenant à hault et puissant seigneur, Mgr Philippe de Croy, comte de Porcean, de Seguinegehem, seigneur de Croy et dusdit Renty, le XXII° jour d'août 1507. (11 articles, tome II, page 657).

PRIEURÉ. — Avant la révolution de 1789, Renty possédait un prieuré, mentionné dans le Pouillé de Thérouanne, et que la tradition considère comme ayant remplacé le monastère dit de

Saint-Bertulphe, du nom de son fondateur.

Les archives départementales du Pas-de-Calais possèdent un dossier de douze chartes originales, depuis 1168 jusqu'à 1326, se rapportant à des donations, ventes, accords, etc, entre ce prieuré et divers particuliers.

Couvent des Récollets. — Renty avait aussi un couvent de cet ordre, fondé au commencement du XVII° siècle, par un d'Egmont, seigneur de Renty.

Cette maison religieuse, construite sur deux hectares soixante ares, renfermait, en 1793, huit pères et quatre frères, qui durent l'abandonner. Elle ne fut démolie qu'en 1818.

Seigneurie. — L'histoire a conservé les noms de plusieurs seigneurs de Renty, aux VI° et VII° siècles : Robert, Wilbérick, Fumers, Walbert. Wulmar, Frémond, Helwin, Baudouin, etc.

Au VII° siècle, un comte de Saint-Pol eut en dot la terre de Renty, dont le nom fut porté par son fils Robert.(1)

En 1225, Alard prend, le premier, le nom de Renty ; depuis lors les seigneurs de Renty ne cessèrent de figurer dans l'histoire de notre région.

En 1320, Oudart, sire de Renty, compta parmi les chefs des insurgés d'Artois ; souvent mêlé aux grandes affaires du pays (1346-1347), surtout dans les guerres des flamands, il fut banni de France à la rébellion de Robert d'Artois, mais il finit par être gracié et nommé gouverneur de Tournay.

En 1354, la seigneurie de Renty changea de mains ; elle avait donné son nom à une branche qui s'éteignit au XIV° siècle, elle passa dès lors par mariage dans la famille de Croy.

En 1410, Rasson et Oudart de Renty figurent comme huissiers d'armes.

En 1415, un autre Oudart de Renty fut tué à Azincourt, avec le comte de Fauquembergue et Jean de Croy de Renty.

---

(1) Notice historique sur Renty, par H. Piers. Saint-Omer, Lemaire, 1833, in 8°.

En Août 1447, Jean, bâtard de Renty, maître d'hôtel de Charles, duc de Bourgogne, fut nommé commissaire pour le renouvellement de la loi, à Saint-Omer.

En 1452, le même personnage suivit Philippe-le-Bon dans son expédition contre les Gantois ; en même temps Morclet de Renty commandait les archers du Prince.

Philippe de Croy, comte de Porcien, seigneur de Croy, d'Arschot et de Renty, épousa Jacqueline de Luxembourg et mourut en 1511.

En 1492, après la prise d'Arras par les Bourguignons, Eustache de Renty, conseiller pensionnaire de cette ville, fut député vers l'archiduc Maximilien, pour obtenir la confirmation des privilèges de la cité et de Saint-Waast.

En 1475, Jean, seigneur de Croy, d'Airaines et de Renty, Grand-Maître de France et gouverneur-général de Picardie, écartela le premier les armes de Croy et de Renty, du vivant de son père.

Antoine de Croy, son second fils, fut également Grand-Maître de France.

En 1486, Monseigneur Antoine de Croy Renty était Evêque de Thérouanne, il mourut en revenant de la Terre-Sainte.

En 1520, un sire de Renty assista au camp du drap d'Or; son nom est inscrit au livre des tournois de Louis de la Gruthuse.

En 1532, Louis de Renty était mayeur de Saint-Omer.

La même année, la terre de Renty, la première de tout l'Artois, fut érigée en marquisat par Charles-Quint, en faveur de Guillaume de Croy, prince de Chimay, duc d'Arschot, capitaine-général du Hainaut, etc.

En 1539, Jean de Renty, prévôt d'Aire, mourut en son château de Bruay.

Charles-le-Téméraire excepta de la trêve conclue avec Louis XI le sire de Renty, qui avait été le conseiller de son père.

En 1553, Adrien de Renty, comte de Rœux, commandait l'armée qui assiégeait Thérouanne ; il mourut au château d'Upen d'Aval, le 5 juin 1553.

En 1563, Philippe de Croy, duc d'Arschot, marquis de Renty

représenta l'Empereur Ferdinand Ier, à la diète de Francfort, lorsque son fils Maximilien fut couronné roi des Romains.

Son fils Guillaume n'ayant eu qu'une fille, qui épousa Emmanuel de Lallaing, la seigneurie de Renty passa dans cette famille, en 1596.

Emmanuel de Lalaing, marquis de Renty, baron de Montigny, etc, fut gouverneur et capitaine-général du Hainaut, amiral de Flandre, etc. et se trouva mêlé à tous les évènements accomplis en Artois pendant la seconde moitié du XVI° siècle.

Son fils, Alexandre de Lalaing, marquis de Renty, se rendit célèbre dans les troubles des Pays-Bas et mourut en 1604.

En 1608, sa sœur Jeanne, marquise de Renty, épousa Jean de Croy, baron de Molenbaix, capitaine des archers de la garde royale d'Espagne, qui mourut sans postérité en 1649.

La terre de Renty passa ensuite par mariage dans la famille d'Egmont, et, en 1739, le comte d'Egmont, duc de Bisache, comparut au procès-verbal de rédaction des coutumes des bailliages et ville de Saint-Omer, Tournehem, etc, comme seigneur de Renty, Assonval et Rimeux.

ASSONVAL.

1272. — *Assonval*, Cart. Ter. p. 186,
1285. — *Assonis Valle*, Titres du prieuré.
1287-1294. — *Assonval*, ibid.
1559. — *id.* Partition de l'Ev. de Thér.
1704. — *id.* Maillart.

Assonval est situé sur l'embranchement du chemin vicinal de grande communication n° 129, de Douriez à Fauquembergue, qui part de Renty et qui rejoint à Rimeux celui n° 126, de Berck à Aire-sur-la-Lys.

ETYMOLOGIE. — Nom formé du radical *Val*, vallée et d'*Adso*, au génitif *Asdonis*, qui est un nom d'homme, forme familière d'*Adalbertus*.

HISTOIRE. — Lors de la partition de l'Evêché de Thérouanne, Assonval était l'annexe de Verchocq, pour former une paroisse du doyenné de Fauguembergue. A l'organisation de 1790, Assonval était une commune du canton de Fauquembergue; elle fut réunie à Renty le 3 Avril 1822.

RIMEUX.

1474. — *Assonval* et *Rimeux*, Les fiefs et arrière-fiefs de la châtellenie de St-Omer.

Rimeux est situé sur un plateau, au point où l'embranchement du chemin vicinal de grande communication n° 129 rejoint celui n° 126, auprès d'une halte du chemin de fer d'Anvin à Calais.

SEIGNEURIE. — En 1474, Philippe de Bourgogne, chevalier, seigneur de Beures et de la Viefville, possédait la seigneurie d'Assonval et de Rimeux.

Les deux hameaux d'Assonval et de Rimeux ont une église et une école, et gardent quelque chose de leur existence propre d'autrefois.

VALTENCHEUX (LE).

Ce hameau est situé sur l'Aa.

ETYMOLOGIE. — Nom formé, pour la première partie, du mot *Val*, vallée, et, pour la seconde, soit d'un nom d'homme, soit du vieux mot français *tencheux*, querelleur.

SEIGNEURIE. — La terre du Valtencheux, originairement aux

comtes d'Egmont, appartenait, vers le milieu du XVII⁰ siècle, à la famille de Bryas. La chapelle du château avait été bénie le 16 septembre 1695.

BIBLIOGRAPHIE. — *De Morini quod Terouanam vocant, atque Hedini expugnatione, deque prœlio apud Rentiacum*... J. B. Basilico... authore. Antverpiæ, 1555. pet. in-8°.

Un brief et vray recit de la prinse de Therouane et Hedin, avec la bataille faite à Renti... par J. B. Marchet. Anvers, 1555, pet. in-8°.

Ces deux ouvrages ont été réimprimés par Félix le Sergeant de Monnecove, avec introduction et pièces justificatives. Paris, Léon Techener, 1874, in-8°.

M. Alvin a réimprimé le second, avec introduction, notes et plans ; Bruxelles, F. J. Olivier, 1872, in-8°.

Renty en Artois, son vieux château et ses seigneurs, par Henri de Laplane. Saint-Omer, Fleury-Lemaire, 1858, in-8°.

Combat du bois Guillaume, par Jules Lion. Saint-Pol, Becquart, 1858, in-8°.

Notice historique sur Renti, par H. Piers. Saint-Omer, Lemaire, 1833, in-8°.

Notice historique sur Renty, par M. B. (Bayart) curé de Renty. Arras, Tierny, (1835) in-8°.

Chartes inédites du prieuré de Renty, publiées par Félix le Sergeant de Monnecove. Saint-Omer, Fleury-Lemaire, 1881, in-8° de 24 pages.

SAINT-MARTIN-D'ARDINGHEM

877. — *Dakingahem*, Cart. Sith, p. 124.
1016. — *Dardingahem*, Aubert le Mire, t. IV, p. 176.
1156. — *Dardingehem*, Cart. Ter., p. 26.
1179. — *Dardinghehem*. Ibid., p. 51.
1446. — *Dardinghem*, Ibid., p. 295.

XVᵉ S. — *Sanctus-Martinus, Falcobergensis,* Pouillé de Thérouanne.
XVIᵉ S. — *Saint-Martin,* Pouillé de Boulogne.
1538. — *Ardinghem,* Informations d'Artois.
1559. — *Notre-Dame de Saint-Martin,* Partition de l'Ev. de Thér.
1698. — *Ardinghem-Saint-Martin,* Bignon.
1704. — *Saint-Martin-d'Ardinghem,* Maillart.

Saint-Martin-d'Ardinghem, qui confine absolument à Fauquembergue, est situé sur l'Aa, à la rencontre du chemin vicinal de grande communication n° 158, du bois de Thiembronne à Fléchinelle et à Enguinegatte, avec celui n° 191, de Fauquembergue au cap Gris-Nez. Ses hameaux sont le Bout-de-la-Ville, Hervare et Willametz ; sa superficie est de 869 hectares et sa population de 468 habitants.

ETYMOLOGIE. — Nom germanique forme de *Harding,* qui est un nom patronymique, et de la terminaison *hem,* demeure.

HISTOIRE. — La dîme *de Dardinghehem* figure, en 1179, dans une bulle du pape Alexandre III, contenant la nomenclature des revenus du chapitre de Thérouanne.

Harbaville dit que ce village avait sa coutume particulière ; il avait le titre de prévôté, d'après Courtois, et relevait de la salle épiscopale de Thérouanne; plus tard, de celles de Saint-Omer et de Boulogne, par indivis.

Les évêques de Thérouanne y possédaient une maison de plaisance, dont l'emplacement se nomme encore la *Cour l'Evêque.*

SEIGNEURIE. — Nous n'avons trouvé aucune mention des seigneurs de ce lieu avant 1739, époque à laquelle Charles-Antoine-Joseph Bard comparut au procès-verbal de rédaction des coutumes des bailliages et ville de Saint-Omer, etc., comme seigneur de Saint-Martin-d'Ardinghem.

EGLISE. — L'église est ancienne, ses voûtes épaisses, ses nefs aux cintres surbaissés, ses piliers massifs rappellent l'architecture du XIIᵉ siècle. Elle renferme une dalle tumulaire portant la figure couchée d'Anne de Vergelot, fille de Charles, seigneur de Norcamp, avec la date de 1670.

BOUT DE LA VILLE (Le)

1016. — *Helbodingahem*, Aubert le Mire, t. IV, p. 176.
1156. — *Helbodingehem*, Carl. Ter., p. 26.
1879. — *Heldebodinghehem*, ibid. p. 51.

Ce hameau, qui forme presque un faubourg de Fauquembergue, est situé sur la rive droite de l'Aa et le long de la route nationale n° 28, de Rouen à St-Omer.

Etymologie. — La véritable orthographe doit être *Helbodeville*, c'est à dire la ville d'Hellebode ou d'Helleboid ; ces deux noms sont encore communs dans la région avoisinante. On a voulu franciser un nom ancien et on l'a défiguré.

HERVARE

1562. — *Hervarre*, Dénombrement du duc de Croy.
1739. — *Herrewart*, Coutumes locales..des bailliages, ville..de St-Omer, etc.

Hervare est situé dans la vallée de l'Aa, au confluent de la rivière de Thiembronne, et au point où le chemin vicinal de grande communication n° 225, de Fauquembergue à Ardres-en-Calaisis, se rattache à celui n° 191, de Fauquembergue au cap Gris-Nez.

Hervare possédait un château-fort dont il ne reste plus que la tour.

Seigneurie.—Parmi les seigneurs de cette terre on trouve les noms d'Antoine d'Avroult, seigneur d'Helfaut, en 1560; d'Antoine Dominique, prince de Rubenpré; de Claude d'Oignies; de Messire de Courrières ; de M. Bouvart; de Gille Bonnières; de

François Macau, premier conseiller et pensionnaire de la ville de Saint-Omer ; de Jacques-François Macau, qui comparut, en 1739, au procès-verbal de rédaction des coutumes des bailliages, ville.... de Saint-Omer, etc.

WILLAMETZ

1704. — *Willamez*, Maillart.
1739. — *Willametz*, Coutumes locales des baillages, ville de St-Omer, etc.

Willametz est situé sur la rivière de Thiembronne et sur le chemin vicinal de grande communication n° 158, du bois de Thiembronne à Fléchinelle et à Enguinegatte.

Etymologie. — Nom formé de *William*, qui est un nom d'homme, et de la terminaison *metz*, demeure, dérivé du latin *mansus*.

Seigneurie. — En 1739, la seigneurie de Willametz était dans les mêmes mains que celle d'Hervare.

THIEMBRONNE

1136, 1184, 1192. — *Tembrona*, Cart. Ter., pp. 16, 57, 65, 66, 67.
1178. — *Tinbronna*, Chron. Andr., p. 472.
1179. — *Tembronella*, Cart. Tér., p. 51.
1184. — *Tinnebronne*, Chron. Andr., p. 486.
1184-1192. — *Tembrona* et *Tembrone*, Cart. Tér., pp. 57, 58, 65, 66, 67.
XII° S. — *Timbonia*, Chron. de Guînes et d'Ardres, chap. LXXX.
XIII° S. — *Tinkebron*, Porte St-Nicolas, à Arras.
1214. — *Tiembronna*, Chron. Andr., p. 610.
1271. — *Tienbronne*, Cart. St-Omer, aniv., p. 6

1588. —   Id.   Chron. de Jean Ballin.
XV° S. — *Thiembrone*, Pouillé de Thérouanne.
Id.   — *Tiembronne*, Cart. Tér., p. 356.

Thiembronne est la commune la plus étendue du canton ; une petite rivière, qui porte son nom, prend sa source sur son territoire et se jette dans l'Aa, à Hervare.

L'agglomération centrale est située au croisement des chemins vicinaux de grande communication n° 158, du bois de Thiembronne à Fléchinelle et à Enguinegatte ; n° 132, d'Elnes à Remilly.

Cette commune comprend les hameaux suivants : Le Bourguet, La Bucaille, Cloquant, Drionville, Ecuire, Le Fay, Le Loquin, Le Val Restaut.

Sa superficie est de 2,282 hectares et sa population de 1054 habitants.

ETYMOLOGIE. — Nom formé, pour la seconde partie, du mot germanique *brunn*, fontaine, et d'un préfixe incertain.

HISTOIRE. — Les historiens ne parlent de ce village que vers le commencement du VIII° siècle; il formait alors une des paroisses du diocèse de Thérouanne ; il fut plusieurs fois ravagé par les Normands, et son château fut pillé par eux en 881 ; mais, vers 892, Odgrin, châtelain de Saint-Omer, à la tête d'une troupe de bourgeois, des habitants de Thiembronne et de ceux de Wismes, battit les Normands près de ce dernier village.

En 912, sous Charles-le-Simple, un traité conclu avec Roll, chef des Normands rendit le Boulonnais à la France, et Thiembronne devint l'une des douzes baronnies du comté de Boulogne.

En 998, Thiembronne fut ravagé par les troupes qu'Adelstan, roi des Anglais, avait envoyées au secours du roi de France.

En 1477, le village fut brûlé par les troupes du duc de Bourgogne, et tous ses habitants durent se réfugier dans le bas-Boulonnais.

En 1521, Thiembronne fut complètement ravagé et détruit par les Français, qui venaient de prendre Bouchain.

En 1544, avant la bataille de Renty, une partie de l'armée de

Charles-Quint était campée à Thiembronne ; peu après, quand Henry II leva le siège de Renty, il fut reçu dans le prieuré du Val-Restaut.

En 1595, le château de Thiembronne fut dévasté par les Français.

Renty et Thiembronne s'étaient juré une haine implacable, et, chaque année, à la kermesse, des luttes sanglantes se livraient sur la place du cimetière, autour de l'église. Pour arrêter ces rixes, l'autorité fixa au même jour la kermesse de ces deux villages, et les habitants, retenus ainsi dans leur localité respective, renoncèrent à leurs querelles.

Thiembronne était dans la sénéchaussée de Boulogne et dans le doyenné d'Helfaut, du diocèse de Thérouanne ; à la partition de cet évêché, il passa dans le doyenné de Fauquembergue, du diocèse de Boulogne.

Coutume. — Thiembronne avait d'anciennes coutumes, qui furent confirmées en 1483 et en 1491, mais dont le texte ne nous est pas connu.

Seigneurie. — Les chroniques manuscrites de l'abbaye de Saint-André-au-Bois, par Lédé et par Boubers (1), donnent les noms de quelques possesseurs de la seigneurie.

En 1071, le seigneur de Thiembronne se nommait Walter.

En 1176, Clarembold de Thiembronne est mentionné dans une charte de Didier, évêque de Thérouanne, confirmative d'une donation faite par lui à l'église du Val-Restaut.

En 1208, Guillaume de Thiembronne, son fils, augmenta ces libéralités.

En 1222, 1250, 1253 et 1261, Aelis de Thiembronne, fille de Guillaume, confirma et accrut ces donations.

En 1264, Robert de Thiembronne, neveu et héritier d'Aelis, fit de nouvelles libéralités à la même église.

En 1339, N. de Lambersart, seigneur de Thiembronne, figure dans divers procès et accords avec les religieux du Val-Restaut.

En 1407, Guillaume de Lambersart, seigneur de Thiembronne,

(1) Ces deux chroniques manuscrites appartiennent à M. Foconnier, à Dommartin.

eut de nouvelles difficultés, terminées par une transaction avec la même maison.

En 1414, le seigneur de Thiembronne était un des 121 gentilshommes présents aux Etats-d'Artois ; en 1415, il périt avec l'élite de la noblesse française à la bataille d'Azincourt.

Josse et Jean le Vasseur, ce dernier seigneur de Fernehem, partagèrent les périls de cette journée, le second fut fait prisonnier, et il ne recouvra la liberté qu'au prix de son fief, qu'il racheta toutefois après avoir payé une forte rançon.

En 1421, Louis de Thiembronne, du parti du Dauphin, fut pris par les Bourguignons à la bataille de Mons-en-Vimeu.

En 1485, Louis de Bournel était seigneur de Thiembronne ; il épousa Guillemette de Melun, et il eut, en 1508, de nouveaux dissentiments avec les religieux du Val-Restaut.

Il résulte du procès-verbal de bénédiction d'une cloche, que le marquis de Bullion était seigneur de ce lieu en 1714.

En 1739, le marquis de Favracques comparut en la même qualité au procès-verbal de rédaction des coutumes des bailliages, ville de St-Omer, etc.

En 1775, d'après un autre procès-verbal de bénédiction d'une cloche, la baronnie de Thiembronne, appartenait au duc de Luembourg (1).

Eglise. — Cet édifice, du style gothique du XV° siècle, a été élevé, de 1863 à 1866, pour remplacer une construction sans caractère.

Chateau. — On voit encore l'emplacement des anciens fossés, mais, de l'ensemble des anciennes constructions, il ne reste qu'un bâtiment servant de grange, dont les murs sont formés de briques et de pierres taillées, et quelques traces de souterrains.

CLOQUANT

1271. — *Clocamp (Ville de)*, Cart. de St-Omer, p. 71.
1704. — *Cloquant, hameau près Saint-Liévin*, Maillart.

Ce hameau est situé sur le chemin vicinal de grande communication n° 191, de Fauquembergue au cap Gris-Nez.

(1) Archives de l'église de Thiembronne.

ETYMOLOGIE. — Nom vraisemblablement formé de deux mots wallons : *Clos, Camp*, champ clos.

DRIONVILLE

Ce hameau occupe le point de rencontre des chemins vicinaux de grande communication n° 52, de Thérouanne à Boulogne-sur-Mer ; n° 132, d'Elnes à Rumilly ; n° 191, de Fauquembergue au cap Gris-Nez.

ETYMOLOGIE. — Nom formé du mot latin *villa* et du nom d'homme *Drion* ou *Druon*.

ÉCUIRE

Ce hameau est situé sur le chemin vicinal de grande communication n° 158, du bois de Thiembronne à Fléchinelle et à Enguinegatte.

ETYMOLOGIE. — Ecuire, plus anciennement Escuire, est sans doute un vieux mot wallon, représentant le latin *Scoria* ; alors il indiquerait une ancienne exploitation métallurgique.

VAL-RESTAUT (Le)

1176. — *Vallis Restaudi*, Cart. de Saint-André-au-Bois (1).
1208. — *Valrestauld*, Ibid.
1253. — *Varestauld*, Ibid.

Le Val-Restaut est situé sur le chemin vicinal de grande communication n° 131, de Lumbres à Zoteux.

(1) Prémontrés de Saint-André-au-Bois ; cart. dit *livre rouge* ; 2 vol. pet, in.f°. Arch. du Pas-de-Calais.

ETYMOLOGIE. — Nom formé du mot *Val*, vallée, et de *Restaud*, qui est un nom d'homme.

PRIEURÉ. — Le prieuré du Valrestaud, dépendant de l'abbaye de Saint-André-au-Bois, fut fondé en 1176, lorsque Clarembold, seigneur de Thiembronne, fit donation de ce domaine, pour la construction d'une chapelle, que son fils Guillaume fit bâtir en 1208. Les seigneurs de Thiembronne se plurent à doter et à enrichir cette maison.

En 1254, la maison et chapelle du Valrestaud furent déclarées exemptes de la juridiction épiscopale, par Radulphe, évêque de Thérouanne, ce qui fut confirmé par l'archidiacre de Thérouanne, en 1272, et par l'évêque Henri de Muret, en 1285.

En 1339, N. de Lambersart, seigneur de Thiembronne, ratifia le droit de haute, moyenne et basse justice de l'abbaye, au Valrestaud.

Mais, en 1407, Guillaume de Lambersart, seigneur de Thiembronne, eut de longs débats avec les religieux, concernant la justice au Valrestaud.

Ceux-ci cédèrent la haute justice qu'ils avaient sur leurs terres, sauf dans l'enclos des murs anciens de leur ferme. De plus, il fut stipulé que l'abbaye ne serait plus tenue de fournir qu'un religieux, au lieu de deux, pour desservir la chapelle du Valrestaud.

Les différents qui s'élevèrent plus tard, entre les seigneurs de Thiembronne et les religieux du Valrestaut, eurent peu d'importance, et ce prieuré continua son existence modeste, jusqu'au moment où la guerre, qui n'épargnait rien dans cette contrée, vint lui apporter le pillage et la destruction complète.

En 1646, le frère Antoine Godart, qui s'était réfugié à Saint-Omer, depuis 1635, vint relever la maison de ses ruines et, en 1647, son œuvre était presque achevée, mais les gens de guerre revinrent et tout fut pillé et dispersé de nouveau.

En 1658, la chapelle fut rebâtie.

En 1710, pendant le siège d'Aire-sur-la-Lys, les alliés vinrent ravager le Valrestaud et ruiner le prieuré et la ferme, qui ne furent restaurés qu'en 1714, et qui disparurent pendant la Révolution de 1789.

BIBLIOGRAPHIE. — *Notice historique sur Thiembronne,* par l'abbé Robert. Saint-Omer, Van Elsandt, 1842, in-8°.

FÉLIX LE SERGEANT DE MONNECOVE,
Conseiller Général du Pas-de-Calais

CANTON

DE

LUMBRES

ACQUIN

Acquin s'est appelé *Atquicinium* en 651, *Atcona*, au IXe siècle et plus tard *Acquina, Acquinum, Acquinium*. Nous trouvons déjà la forme *Aquin*, au XIIIe siècle, dans le cartulaire de Sith. p. 340 : *Curtis de Aquin*.

Acquin, dit M. Courtois, était l'un des nombreux domaines de l'abbaye de St-Bertin, de la mouvance du château et du ressort du Bailliage de St-Omer, et, au spirituel, du Doyenné d'Alquines.

En 1188, Walter de St-Omer, du consentement de Wilelme, châtelain du même lieu, avait donné à l'abbaye de St-Bertin, le Comté d'Acquin, par acte signé du donateur, de son fils et de plusieurs témoins. Deneufville, t. 1er f° 124.

Wilelme, ou Guillaume III, châtelain de St-Omer, donna en 1188 une charte contenant la donation que Walter, ou Gauthier son fils, encore fort jeune fit, de son consentement, au monastère de St-Bertin par laquelle ce châtelain transporta à cette abbaye la terre d'Acquin. Deneuville, t. III f° 263.

Guillaume et son fils se croisèrent cette année pour accompagner Philippe, comte de Flandre, dans le deuxième voyage qu'il fit en terre sainte ; ce comte y mourut de la peste ainsi que plusieurs grands seigneurs parmi lesquels fut Guillaume III (1191) selon Meyer, Ferri de Locre et Malbrancq.

En 1595 le château d'Acquin fut attaqué inutilement par les français.

Acquin, dit M. Parenty, est un village à une demie-lieue de Lumbres, à droite de la route de Boulogne, dans une vallée assez profonde, pays qui reçoit les eaux d'une côte longue et escarpée qui forme une chaîne de collines qui s'étend de Bouvelinghen jusqu'à la rivière d'Aa au village de Setques au hameau de Leauwette.

La vallée d'Acquin est sourceuse et produit pendant l'hiver des sources qui alimentent un ruisseau qui sert d'irrigation à des prairies très fertiles. C'est peut-être le lit d'une ancienne rivière qui a donné son nom au village lui-même (Acquin, Aqua). Ceci est cependant loin d'être certain.

L'Eglise est entourée d'un groupe d'habitations qui forment le noyau du village, elles sont isolées les unes des autres.

Les hameaux sont 1º Le pauvre au sud de l'église. Il s'étend dans la plaine, du côté de Séninghen, 2º Le Wal d'Acquin, pour le discerner du Wal de Lumbres, à l'ouest, comprend 40 ménages et renferme environ 200 âmes. 3º Nordal (voir la carte du département) c'est peut-être Nordwal (vallée du Nord), renferme une douzaine de maisons dans le prolongement de la susdite vallée vers Quercamp.

4º La Wattiné, au dessus de la montagne, entre Quercamp et Boisdinghem. Ce hameau qui se partage entre Acquin et Mentque, se compose de 20 maisons et contient environ 100 habitants, sans y comprendre la partie qui appartient à Mentque.

5º Lauverdal ou la Auverda, à l'est de l'Eglise, sur un plateau situé au dessus de la colline inculte qui sert de pâture commune. Il s'y trouve une ferme et un moulin qui appartenaient aux religieux de St-Bertin.

Noove, hameau compris dans *le pauvre*, renferme 4 à 5 maisons.

Diverses pièces de terre portent des noms qui peut-être se rattachent à d'anciens fiefs ; ce sont : Briez, grand Briez, petit Briez, les Près Alvings, la Flaque Briquez, au fond de la vallée.

La Vallée qui se prolonge vers Westbécourt, se nomme Vallée de Mersoie, elle conduit à un hameau du nom de Mersoie qui se compose d'habitants de Nortbécourt et de Bouvelinghen.

Commune remarquable par la longévité de ses habitants, on y comptait, il y a quelques années, plusieurs octogénaires et notamment un vieillard de 97 ans.

On voit sur la cloche d'Acquin l'inscription suivante :

Gerardus (*de hamericourt*) Dei gratia Episcopus audomarensis, Divi Bertini abbas. GVERARDINE anno Domini MCCCCCLXIIII.

AFFRINGUES

Affringues se nomme *Arfrenges* en 1186, *Haffrenges* en 1240, *Affringues* en 1566 dans le Pouillé de Boulogne.

Désiré ou Didier, Ev. de Térouanne, érigea la paroisse d'Affringues à la requête de Willelme seigneur d'Affringues, par acte de 1186. Bauduin, grand chantre de Térouanne qui en avait le personnat, le céda aux religieux de Blendecques. Deneufville, t. I f° 123.

Christophe Bomard d'Haffringues, prêtre du Diocèse de St-Omer, devint chanoine de la cathédrale, le 18 octobre 1655 et mourut en 1676. ibidem, t. III f° 216.

Antoine d'Haffringues possédait une autre prébende dans la même église, le 13 juin 1643. ibidem, f° 217 verso.

Le domaine était tenu en fief du Comte d'Artois en 1259. (Godefroy. *Invent. chron. Tome I.*) Dépendances : *Cœurlu*, ferme; *Lannoy*, id.

ALQUINES

Alquines est écrit *Alekina* en 654, *villa Alekin, Alekine, Alekines*, aux XII° et XIV° siècles. La forme *Alquines* est du XVI°, 1566, dans le grand cartulaire de St-Bertin.

Collet, d'accord avec les autres historiens, en parle ainsi à la page 225.

Village situé à 2 lieues quatre cinquièmes sud d'Ardres et à 3 lieues deux tiers sud-est de Guînes, dans une vallée très-boisée où se trouve une des sources de la petite rivière de *hem* ou de St-Louis.

Son existence est très ancienne. On prétend même que c'était autrefois un bourg très-considérable du gouvernement de Montreuil. Les Evêques de Térouanne y avaient une maison de campagne qu'ils habitaient fréquemment avant l'arrivée des Normands. Outre cette maison, qui paraît avoir été fortifiée, d'après les vestiges qui en restent, il y avait deux forts en terre de forme triangulaire, environnés de fossés, l'un dans le bois de M. Duhamel, à l'orient du village, et l'autre dans celui de la forte taille à l'occident.

L'exploitation des bois occupe un certain nombre d'habitants de ce village, compris dans le canton de Seninghem depuis 1790 jusqu'en 1801 qu'il fut annexé à celui de Lumbres.

1452. — 3 et 19 janvier. Acte passé devant les Bailly et hommes de fief de la terre et seigneurie d'Alquines portant vente par Jean de Rebergues écuyer, à Messire Jacques de Fouxolles, chevalier, de toute une terre et seigneurie, séant à Rebergues et à Alquines, consistant entre autres dans le douzième de la dîme champêtre, au lieu dit de Rebergues. Archives de Licques.

L'ancien bourg d'Alquines, aujourd'hui simple village, était le chef-lieu du 4e des 13 doyennés de l'archidiaconé d'Artois qui comprenait la partie Wallonne de l'ancien diocèse de Térouanne. Voici quelles étaient les paroisses comprises dans ce doyenné : *Alquines, Coulomby, Audrehem, Selle, Journy, Bouvelinghem, Seninghem, Quelmes, Acquin, Boningues-les-Ardres, Ruminghem, Bayenghem-lez-Eperlecques, Recque* et *Polincove, Licques* et *Hocquinghem, Alembon, Guémy, Surques, Nordausque* et *Tournehem*. Lors de l'érection du diocèse de Boulogne, ce doyenné fut divisé, et Tournehem devint le chef-lieu d'un doyenné particulier.

Le doyenné d'Alquines se composa alors ainsi qu'il suit :
Alquines et *Le Loquin, Colembert* et *Nabringhem, Bournonville* et *Hennevent, Manneville, St-Martin* et *Vieux-Moutier, Selle* et *Brunembert, Quesque* et *Lottenghem, Longueville, Surques* et *Esqueulles, Bainghem-le-Comte, Hocquinghem* et *Herbinghem, Licques, Journy* et *Rebergues, Bouvelinghem* et *Westbecourt, Acquin, Coulomby* et *Haffreingues, Seninghem* et *Bayenghem*.

Les dépendances de ce village sont ; *Le Fromentel, Neuville, le Buisson, le Warlet, la Haute-Planque, les Bulescamps*.

BAYENGHEM-LES-SENINGHEM.

On trouve ce nom écrit *Bavingahem* en 850.

Cette commune appartenait comme secours à la cure de Seninghem, du diocèse de Saint-Omer : elle fut après le Concordat érigée en succursale et on lui donna Affringues pour annexe. On pense que l'église est du XIVe siècle ; elle a perdu le peu de terre qu'elle possédait avant 1790. Depuis son érection en succursale elle a reçu de Jacques Loisel et Louise Bailleul deux donations en bien fonds à charge de services religieux.

Un autel de Saint-Eloi est un but de pèlerinage le jour de la fête de ce saint (1ᵉʳ décembre). On y vient en assez grand nombre des communes environnantes.

Une fontaine dite de Saint-Martin qui verse ses eaux abondantes dans la rivière d'Aa, était visitée autrefois aux processions des Rogations, mais le chemin qui y conduisait n'existant plus cet usage a cessé.

Janvier 1596. — Ce village fut brûlé par les troupes françaises qui dès l'année précédente avaient causé de grands ravages dans divers villages des environs. Hist. manuscrite de Saint-Omer, t. II, folio 103.

Le château seigneurial de Bayenghem était le siège d'une chapellenie ; *Capellania Castri de Bayenghem (Pouillé de Térouanne)*.

Les dépendances sont : *La Motte, le Val du Bois*, châteaux.

BLÉQUIN.

Bléquin s'est d'abord appelé *Blekingahem*, puis *Belkinium* au XIIᵉ siècle, *Blekin* et *Blequin* au XIIIᵉ.

Bléquin, aux temps du diocèse de Térouanne, était compris dans le doyenné d'Hellefaut. Plus tard il devint lui-même un chef-lieu de doyenné, lors du diocèse de Boulogne.

Voici la composition de ce doyenné : *Bléquin* et *Lédinghen, Nielles-lez-Bléquin* et *Vaudringhen, Lumbres* et *Secques, Quelmes, Esquerdes* et *Lœulinghen, Wavrans* et *Eulme, Wismes* et *Saint-Pierre, Remilly, Wirquin* et *Ouve, Westecque, Quiestelle, Roquetoire, Rebecque, Herbelles, Upen d'amont* et *Upen d'aval, Dohem* et *Cléty, Delettes* et *Nielles-lez-Térouanne, Coyecques, Radinghen*.

BOISDINGHEM.

En 850, on trouve le nom écrit *Botingahem* ; en 1139 c'est *Bodingehem* ; on en fait ensuite *Boudinghem*, puis *Bodinghem*. Puis le *Bo*, pris sans doute pour le synonyme *patois* de Bois, est francisé en *Bois*, d'où *Boisdinghem*, qui ne ressemble guère à la primitive dénomination et en change absolument le sens. Ce village (que l'on a aussi appelé *Baudricq*), nous fournit quelques notes qui ont de l'intérêt.

1183. — Charte en parchemin par laquelle Ide, comtesse de Boulogne donne à l'abbé et aux religieux de Licques, l'église de Bodrick, maintenant Boisdinghem qui était revenue en son fief et qu'Eustache le Chien tenait d'Eustache de Cauquelle.

1185. — Confirmation de ladite dîme de *Boderye* par Didier, évêque de Térouanne.

1185. — L'église de Boisdinghem (autrefois Baudricq) fut donnée à l'abbaye de Licques par Eustache le Chien, chevalier, qui la tenait en fief d'Eustache de Coquelle, *quam ecclesiam in feodum ab Eustachio de Coquelle tenebat*. La donation a été confirmée par Didier, év. des Morins en 1185, en présence dudit Eustache de Coquelle.

La cure ne jouit que d'un tiers de la dîme à Boisdinghem et ce tiers appartient à l'abbaye de Licques. Le chapitre de Saint-Omer a les deux autres tiers et donne, dit-on, un supplément au curé.

1223. — Adam, évêque de Térouanne, confirma par une charte, ce tiers de dîme. Mémoire rédigé en 1784.

Gilles de Boisdinghem fut le premier mayeur de la ville de Saint-Omer en 1221, c'est du moins le plus ancien qu'on ait pu reconnaître ; selon les registres de cette ville, il laissa deux enfants, savoir : Gillon et Jean de Boisdinghem.

En 1297, Jean fut avoué ou tuteur des deux enfants de Gillon, son frère; dont est venu Etienne, chevalier, seigneur de Boisdinghem après la mort duquel Jean, chevalier, seigneur de Boisdinghem, releva les fiefs tenus du château de Saint-Omer en 1420. Ce Jean épousa N. Boulart ou Bollart qui lui donna six enfants, savoir : Jean, Hanon, Lypin, Thomas, Clet et Pierre, lesquels ont continué la postérité.

1234. — Charte de Pierre, évêque de Thérouanne, par laquelle il conste que la dame de Morcamp confie à l'abbaye de Licques l'administration de l'hôpital qu'elle a fait construire à Boisdinghem pour les pauvres de Morcamp, d'Alembon et de Licques : instituant l'abbé de Licques, procureur et proviseur dudit hôpital. Archives de Licques.

Cet hôpital existait encore en 1665.

Lettre du 16 janvier 1783 d'un minime d'Abbeville suivant laquelle son couvent aurait acquis cet hôpital d'un seigneur de Licques par contrat du 7 août 1698 devant notaire à Abbeville. (Voir aux notes sur Licques, XIII° siècle.)

1738. — 20 décembre. Arrêt par défaut rendu en la Cour de Parlement au profit des prieur et religieux de Licques contre Antoine-Louis d'Auvergne, écuyer, vicomte de Boisdinghem. Archives.

BOUVELINGHEM.

Le nom a peu changé depuis l'origine. Il n'y a guère de diminution que dans la suppression de l'*a* qui a certainement suivi primitivement le *g*, comme on l'a expliqué ailleurs de tous les noms saxons qui se terminent en *ingahem* (1).

---

(1) Voir le tome III° de l'arrondissement de Béthune, dissertation sur les noms saxons.

Bouvelinghem était au nombre des douze pairies du comté de Guînes.

On trouve sur ce village les renseignements qui suivent :

1218. — Charte en parchemin de Manassès de Guînes, chevalier, par laquelle il donne à l'église de la B. V. M. de Licques, en pure et perpétuelle aumône tout son bois contenant 29 mesures qui est entre le bois d'Habert de Bouvelinghem et le bois de Raoul de Conchy que ladite église possédait dès lors. Laquelle charte est scellée sur lacs de fil de soie et d'or d'un scel en cire empreint d'un côté d'un cheval monté d'un homme ayant au bras un écu aux armes de Bourbourg et au revers un écu aux mêmes armes. Archives de Licques.

C'est un village du doyenné d'Alquines, gouvernement d'Ardres, recette de Boulogne. La cure est à la collation de l'évêque et a Bécours pour secours. C'est une ancienne baronie érigée en marquisat en 1671, en faveur de M. de Calonne, marquis de Courtebourne, originaire de Calais et dont les ancêtres se sont distingués dans le siège qu'elle a soutenue contre les Anglais et les Espagnols. (*Le Père Ignace*. Recueils, t. IV, folio 189.)

Bouvelinghem est un village situé à trois lieues un quinzième sud-sud-est d'Ardres et à quatre lieues un quart sud-est de Guînes, dans une vallée assez boisée. Il n'est remarquable que pour avoir été la première des douze pairies de l'ancien comté de Guînes et avoir eu un château fort, monument de la féodalité, qui fut dans la suite converti en maison d'agrément, habitée en dernier lieu par le marquis de Courtebourne et enfin démolie pendant la Révolution après avoir été vendue comme domaine national.

Bouvelinghem fit partie du canton de Seninghem, depuis 1790 jusqu'en 1801, qu'il fut réuni à celui de Lumbres.

L'exploration des forêts et la vente des bois sont les principales ressources des habitants. Collet, p. 230.

CLÉTY.

Cléty s'appelait *Kilciacum* en 857, *Kiltiacum* cent ans plus tard, puis *Kiltaca* en 1016, puis *Kelti* en 1139, *Cléti d'Amont* en 1292, *Cléty* en 1364.

Cléty était annexe de Dohem. *Kilciacum* avait été compris, avec ses dépendances, dans la donation de Gontbert à Saint-Bertin en 827.

Ce domaine appartenait en 1773 au comte de Sainte-Aldegonde.

On trouve un *Jean de Cléty* chantre de la collégiale de Saint-Omer, le 22 septembre 1365.

COULOMBY.

Ce nom est écrit *Columbi* en 1281. On l'appelait *Vallis-Columbarum* en 1239. Le pouillé du diocèse de Térouanne l'écrit *Colomby*.

La terre de Coulomby relevait du château de Seninghem. La paroisse, avec Affringues pour annexe, a toujours fait partie du doyenné d'Alquines.

En 1285, le sire Gilles de Coulombi fut arbitre d'un litige suscité à l'église de Bourbourg.

Les Français attaquèrent vainement le château-fort en 1595.

Coulomby était du ressort du bailliage de Saint-Omer, et la paroisse était, comme on vient de le voir, du diocèse de Boulogne.

DELETTES

Ce village se nomme *Delethes* en 1200, *Delettes* en 1374. On l'a aussi appelé *Adelettes* et *Dalettes* au XVI° siècle et plus tard.

On lui donne pour dépendances : *Westrehem, Upen d'amont, Upen d'aval, Radometz.*

Nous parlerons plus loin des *deux Upen.*

Donnons ici, à titre de spécimen de l'état assez général de nos églises de village avant la Révolution, les détails qui concernent Delettes et que l'on pourrait souvent répéter.

Le patron de l'église de Delettes est saint Maxime ; elle existait avant la Révolution à titre de succursale.

Ses revenus annuels étaient de mille soixante treize livres monnoie tournois. Elle fut autrefois dotée par plusieurs bienfaiteurs dont voici la liste. 1° Etienne Pingrenon lui a légué deux tiers de mesure. 2° Marc Delecroix trois quartiers. 3° Margueritte Delcroix, un quartier de jardin. 4° Jacline Petit, deux mesures demi. 5° Margueritte Delbreune, une mesure trois tiers. 6° François Delbreune, idem. 7° Pierre Normand, une mesure demi. 8° Pierre Derain, une demie mesure. 9° Charles Pingrenon, et Marie de Bomy, sa femme, quatre mesures. 10° Michel Debarre, cinq mesures. 11° Catherine Brunet, deux mesures un quartier. 12° Jean Brechon, une mesure un quartier. 13° Hubert Chrestien, curé de Delette, trois quartiers. 14° Nicolas Halutte, une mesure un quart. 15° Antoinette Blo, une mesure trois quarts. 16° Michel Delbarre, cinq mesures. L'Église avait soixante-six mesures environ de terre d'après une ancien registre de la fabrique. Mais une partie des donateurs sont inconnus.

DOHEM

Dohem est l'équivalent vocal de *Dalhem*, ancienne orthographe, 1016, 1089, 1139. *Al* se prononçait *aul*, d'où *ol*, d'où *Dohem*, pour *Daulhem*.

La paroisse de Dohem dépendait originairement du doyenné d'Hellefaut. Elle passa, avec Cléty, son annexe, dans le doyenné de Bléquin, lors de l'érection de l'évêché de Boulogne, en 1566.

La notoriété de Dohem date du siècle actuel, qui a vu s'établir et se développer dans ce village un collège d'une certaine importance, qui a fait place à l'Ecole normale. Nous trouvons, dans une lettre de M. Joyez, fondateur de la Société de Saint-Bertin, l'historique fort court mais très-précis, de ce collége. Nous insérons ici cette lettre, que le vénérable M. Joyez adressait, le 18 mai 1839, à M. Parenty, en réponse au questionnaire posé par l'évêque d'Arras, Ch. de la Tour d'Auvergne, qui gouvernait alors le Diocèse.

« Je ne sais pas s'il y a quelque chose de bien digne de trouver place dans les monuments historiques dans notre histoire de Petit-Séminaire.

« Vers 1801, M. Braure, l'un des ecclésiastiques de l'ancien diocèse de Boulogne les plus distingués par leur science, leurs vertus et leur zèle, frappé de la pénurie des élèves pour le sacerdoce, qui était effrayante, à la suite de nos troubles politiques et civils, ouvrit un pensionnat dans l'ancien presbytère de la paroisse de Dohem, et dans la maison d'un particulier, qui furent bientôt remplis d'aspirants.

« Le triste aspect de ces petits bâtiments couverts de chaume, où l'on ne pouvait loger les élèves que dans des greniers de campagne, ne rebuta personne, tant la confiance qu'inspiraient les fondateurs était grande.

« En 1801, M. Paternelle, curé à Amettes (1), aussi distingué que M. Braure par son rare mérite, consacra son presbytère à la même œuvre. Ces deux maisons prospérèrent au-delà de toute espérance. Elles devinrent insuffisantes, tant le besoin de l'Eglise et de l'éducation chrétienne était généralement senti.

« Après le rétablissement de l'Eglise de France, en vertu du Concordat de 1801, Mgr l'Evêque d'Arras, ravi de trouver ces précieuses ressources dans son diocèse, pour commencer à réparer les ruines du sanctuaire, en forma des petits Séminaires, qu'il combla de ses faveurs, autant que les difficultés du temps le permettaient.

« La prospérité de ces établissements excita bientôt la jalousie de l'Université, que le Dominateur de la France avait créée en 1808. Un décret de Moscou 1812, les supprima et les força de s'établir dans les villes. Le zèle de nos vénérables prêtres ne fut pas ébranlé de ce coup. Ayant obtenu, après bien des démarches, de s'établir à Saint-Omer, et favorisés par les ressources de la Providence, ils parvinrent à fonder une maison où se fit la fusion des deux pensionnats de Dohem et d'Amettes. Le Gouvernement le reconnut comme Petit-Séminaire.

« Toujours favorisé par la grande considération de ses fondateurs et par la protection spéciale de Monseigneur, il eut tous les succès qu'on pouvait désirer. La révolution de 1830 n'y changea rien. Cependant, en 1834, cette maison étant la propriété d'un particulier, ne put être considéré comme établissement public, sans avoir à rendre ses comptes, et alors il perdit son titre de Petit-Séminaire, rentra, comme pensionnat, sous le régime universitaire, et prit le titre de pensionnat Saint-Bertin (2).

« Cette nouvelle dénomination ne diminua pas sa réputation et sa prospérité.

« C'est alors que les Directeurs et l'ancien Supérieur conçu-

---

(1) Ces deux ecclésiastiques jouissaient de toute la confiance de M. Asseline, qui les avait faits ses vicaires généraux, sous le titre de Préfets de mission, pendant la persécution.

(2) A cause du voisinage des ruines de l'ancienne abbaye de ce nom.

rent et exécutèrent le projet de lui adjoindre une seconde maison, le pensionnat de Dohem, qui avait continué de subsister et de rendre des services à l'Eglise et à la Société. Il se trouvait entre les mains du curé même de la paroisse, M. Lenglet. Ne pouvant remplir les deux fonctions de Pasteur et de Directeur, il se détermina à céder sa maison aux Directeurs du Pensionnat de Saint-Bertin, qui en prirent possession au mois d'août 1834.

« Vous connaissez le reste. Nous y avons trouvé un bâtiment assez important : nous avons ajouté et embelli. La Providence continue de le bénir. Enfin, vous connaissez la situation si vous devez en parler. Comme ce sont des évènements présents, ils n'appartiennent pas encore à l'histoire. »

ELNES

En 1365, on l'appelait *Enle*. On l'a aussi nommé *Henne* et très anciennement *Enela*, 668.

Du long la rivière parmy Ouve, Wirquin, Rumilly, Assinguehem, Wavrans, Eules, Lumbres..... Sur le quelle rivière estoit pareillement assise le dicte seigneurie d'Eule qui estoit tenue en parrie de la dicte conté de Fauquemberghe..... 1447, Cart. Saint-Omer, p. 108, cité par M. Courtois.

Elnes était l'annexe de Wavrans, citée comme telle dans le Pouillé de Boulogne.

Dépendances : *Ponchinte, la Roussie*.

ESCŒUILLES

En 1084, ce village se nomme *Scules ;* plus tard on dit *Esquelles, Escueles,* puis *Escœulles, Esquieulles, Ecueil,* et même *Escoueüille.* La prononciation actuelle est identique à notre mot *écueil.*

Le village d'Escœuilles, dit M. Courtois, compris dans le bailliage de Saint-Omer, était au spirituel, l'annexe de la paroisse de Surques.Quelques-uns des fiefs de son territoire étaient dans la mouvance du château de Tournehem et dans le ressort judiciaire de cette châtellenie.

Notre-Dame d'Escœueilles, dit M.Harbaville,était jadis l'objet d'une dévotion particulière. On l'invoquait pour la guérison des aliénés.

ESQUERDES

On trouve le nom d'Esquerdes écrit *Skerda* dans le VIIe siècle, *Squerda,* dans le Xe. Dès le XIIe, on lisait *Esquerdes.*

La seigneurie d'Esquerdes relevait du château de Saint-Omer, sous le ressort du baillage de Saint-Omer.Ce village était primitivement, ainsi que sa chapellenie, du doyenné d'Arques. A partir de 1566, érection de Boulogne en évêché, il appartenait au doyenné de Bléquin.

De 1791 à 1801, il fut chef-lieu d'un des cantons du district de Saint-Omer, puis de l'arrondissement. Ce canton comprenait 14 communes : *Esquerdes, Lumbres, Quelmes, Leulinghem, Setques, Wisques, Hallines, Wizernes, Helfaut, Tilques, Heuringhem, Inghem, Pihen et Remilly-Wirquin.*

Le célèbre Philippe de Crévecœur, maréchal de France et sénéchal du Boulonnais sous Louis XI, était seigneur d'Esquerdes. Il joua un grand rôle dans les affaires de la Province en trahissant les intérêts de la duchesse Marie, après la mort de Charles-le-Téméraire, duc de Bourgogne.

Dans le siècle suivant, cette terre passa par alliance dans la maison de Fiennes.

Laurent d'Esquerdes était échevin de Saint-Omer en 1319. Jacques d'Esquerdes était secrétaire du chapitre de Saint-Omer en 1353.

Esquerdes avait sa coutume locale en 1507. Elle fut chef-lieu de canton en 1795. Le gouvernement a établi depuis longtemps à Esquerdes une poudrerie importante.

HALLINES

Hallines se nommait *Halines* en 1139, *Hainlines* en 1240, *Hallines* en 1416.

Hallines était doyenné d'Arques au temps du diocèse de Thérouanne ; lors du diocèse de St-Omer il appartient au doyenné d'Hellefaut.

Alode, seigneur d'Hallines, établit un curé dans l'église de ce lieu, en 1280, à la sollicitation de Henri de Mure, Evêque de Thérouanne. Avant cette époque Hallines était annexé à Wizernes.

Pierre d'Halines était mayeur de St-Omer en 1318.

Guillebert de Hallines l'était en 1321.

HAUT-LOQUIN

En 1213 ce village se nomme *Lockin*.

On dit Haut-Loquin pour distinguer ce lieu de Bas-Loquin, hameau d'Audrehem. Communément on dit *Loquin*, comme on le disait toujours autrefois. Ce village a toujours été l'annexe d'Alquines. Il faisait partie du bailliage de St-Omer.

La dîme des religieux de Lisques en a lieu et reprise dans une charte d'Adam, Evêque de Térouanne de l'an 1223. Archives de Licques.

LEDINGHEM

Ledinghem est écrit *Ledinghem villa* en 948. C'est le nom très exact, avec la redondance latine *villa*, qui exprime l'idée déjà exprimée par *hem*. En 1240 on écrit *Ledingheham*, transposition des voyelles *a* et *e*. En 1698 on lit *Eldinghem*, curieux spécimen de la prononciation de ce pays: *el* pour *le*. Ces noms de lieux sont de vraies médailles qui indiquent souvent les habitudes de diverses époques. Même à ce point de vue spécial l'étude en est intéressante. La terre de Ledinghem relevait du château de Seninghem, elle était dans le ressort du Bailliage de St-Omer, Ledinghem a toujours été annexe de Bléquin.

Les dépendances sont : *Maisnil-Boutry, Beaumont, Galopin, Neufmanoir*, La Bouchoy, *le Moulin de Breucq*, ou *Le Breu*.

La seigneurie était tenue en fief du Comte d'Artois en 1239.

LEULINGHEM

Leulinghem est écrit *Lolingahem*, d'après M. Courtois, en 850 (cart. sith.) d'après M. Harbaville c'est *Lulinga*. Les indications topographiques subséquentes semblent donner raison à M. Courtois : *Le parroche de Luninghem, le ville de Luninghehem*, 1329 ; *En le parroche de Loninghem, bosten* à l'est de *le Hougherie, par d'aval*, 1317 ; *Lulinghem*, 1180 ; *Leulinghem-les-Quelmes*, 1433 ; *Leulinghem-les-Etrehem*, Bignon, Maillart.

Leulinghem était l'annexe d'Esquerdes, Baillage de St-Omer.

Les dépendances sont : *Estrehem, Arquingoul, ln Houguerie*.

Le domaine d'*Arquingoul* était une des douze Pairies de Guines en 987.

LUMBRES

Lumbres est l'ancienne *Laurentia* située sur la voie militaire du *Septemvium* à *Sithiu*. Lumbres est ensuite nommé *Lumeres : Laurentia seu Lumbras*, XV° siècle, Pouillé de Térouanne ; *Laurentia, modo Lumeres ad Agniona*, Malbrancq de Morinis, t. 1, index ; *Lumeres*, 1184, chron. d'Andres ; *Hugo de Lumeres*, 1191 ; *Parrochia de Lumbres*, 1240, cart. s. omn. anniv. p. 110 ; *Es villes de Setque et de Lumeres*, ibid.; *la paroisse de Lumres*, 1286 ; Lumbres, 1407, grand cartulaire de Saint-Bertin ; *Lumbres*, 1447, cart. s. omn. anniv., p. 108, etc. Evidemment le *b* s'est introduit par la prononciation, *attiré* par la lettre *m : Lumres* a fait naturellement *Lumbres*. C'est un fait grammatical très-fréquent. Lumbres, du baillage de Saint-Omer, faisait partie du doyenné d'Helfaut sous le diocèse de Térouanne, et du doyenné de Bléquin sous le diocèse de Boulogne. Il relevait immédiatement du château de Seninghem.

L'église ancienne de Lumbres était assez remarquable, parait-il ; mais elle était dans un état complet de délabrement et ne pouvait plus suffire aux besoins du culte et aux devoirs des fidèles. M. Gérard, encore aujourd'hui doyen de Lumbres, en entreprit la reconstruction, et il réussit, grâce à l'appui de riches familles et au dévouement édifiant de toute la population. Cette église nouvelle, l'une des œuvres de notre grand architecte Grigny, est fort remarquable. Elle a trois nefs, sous un toit unique, des voûtes d'égale élévation, le tout de style du XIII° siècle. La longueur est de 32 mètres, la largeur de 14 mètres, et les voûtes sont également élevées de 14 mètres au-dessus du sol. La tour carrée a 22 mètres de haut, et elle est surmontée d'une flèche à huit côtés, de 18 mètres d'élévation, qui émerge du milieu de quatre clochetons du goût le plus pur. L'ensemble est charmant.

Le mobilier est en harmonie avec l'architecture : autels, bancs de communion, stalles, chaire, tout s'accorde, tout est de bon goût. L'église a été consacrée par Mgr Parisis en 1863. Le même évêque avait posé la première pierre en 1854 et bénit d'abord l'église en 1859. On voit que l'œuvre a été sagement conçue et vivement exécutée.

Le canton de Lumbres ayant un très grand nombre de communes, depuis longtemps déjà l'évêché d'Arras l'a divisé en deux doyennés. L'un de ces doyennés est Dohem, l'autre est Lumbres. Les divisions administrative et religieuse ne se correspondent pas d'une manière complète. Lumbres a sous sa dépendance les paroisses suivantes : Bayenghem avec Affringues, Boisdinghem, Beuvelinghem avec Westbécourt, Bléquin avec Ledinghem, Coulomby, Escœuilles, Nielles-lez-Bléquin, Quelmes avec Leulinghem, Quercamps, Seninghem, Surques, Vaudringhem, Zudausque avec Cormette. L'autre moitié du canton de Lumbres appartient au doyenné de Dohem.

NIELLES-LES-BLÉQUIN

Le nom de ce village était *Nieles* en 1240, on disait aussi *Niles*. Dans le Pouillé de Térouanne on dit : *Nielles in Bolonesio*. En 1458, on trouve la désignation : *La ville, mairie et eschevinage et vicomté de Nielles-les-Boullenois*. Le Pouillé de Boulogne dit : *Nielles-les-Bléquin*. Ce village, du ressort du bailliage de Saint Omer, fit d'abord partie du doyenné d'Hellefaut, puis de celui de Bléquin, dans l'ordre de choses qui exista avant la Révolution.

Les Français s'emparèrent de Nielles au mois de mai 1595.

Le clocher est une construction qui paraît être du XVIe ou XVIIe siècle, assez lourde. La tour est surmontée d'une flèche hexagone en pierres blanches calcaires comme tout le reste de l'édifice ; cette flèche porte aux angles des crosses dont plusieurs sont frustes ou détachées. Elles représentent des figures bigarrées.

La nef et les autels latéraux placés dans deux chapelles qui forment un bras de croix irrégulier, n'a rien de remarquable par son architecture ; elle a pour voûte un plancher horizontal.

Le chœur est du style de transition. Sa voûte se compose de deux croisillons, travées séparées par un arc doubleau à plein cintre. Les nervures qui forment deux croisillons sont ornées de tores assez prononcées. Cette voûte est soutenue par des colonnettes engagées qu'on a mutilées pour établir un lambris fort prosaïque, il en reste des chapiteaux qui sont historiés, mais couverts de couches de badigeon tellement épaisses, qu'on ne peut plus analyser les sculptures. *(Note de M. Parenty)*,

OUVE-WIRQUIN.

En 1348, on trouve ce village désigné sous le nom de *Ouue*, en 1352 sous la forme *Owe* ; en 1559 on l'écrit *Ouve*, et plus tard *Houve*.

Ouve-Wirquin a toujours formé avec Remilly une seule paroisse, dont le chef-lieu est Remilly. Ouve n'est donc qu'une annexe.

PIHEM.

En 1139, ce village s'écrit *Pithen* ; en 1423 on le trouve écrit comme aujourd'hui. Au VIIe siècle on l'écrivait *Pithem*.

Avant la Révolution, Pihem était du ressort du bailliage de Saint-Omer, et paroisse du diocèse de Boulogne.

QUELMES.

Dans les siècles reculés Quelmes s'écrivait *Kelmias*, *Kelmis*, *Kelmas*, puis *Kelmes*.

On trouve les premières dénominations du VIe siècle au XIe.

Ce domaine fut cédé à Erkembold, évêque de Térouanne en 722. On le voit pourtant figurer, dit M. Harbaville, dans le relevé des possessions de l'abbaye de Saint-Bertin en 858, ainsi que le hameau de *Noircarme*.

Norcarmes ou Norquermes est une terre érigée en baronie en faveur de Maximilien de Sainte-Aldegonde par les archiducs Albert et Isabelle, princes souverains des Pays-Bas. Cette terre est dans le bailliage de Saint-Omer, à deux lieues de cette ville séant au nord de la paroisse de Quelmes. C'est pourquoi je pense qu'on prononce Norquelmes ou Norkelmes comme on écrivait anciennement. Elle a donné son nom à une ancienne famille dont une fille héritière, dame de ce lieu, la porta en dot de mariage à un seigneur de la famille de Sainte-Aldegonde dont la branche aînée de ses descendants a pris le titre et les armes. (*Deneuville*, t. III. folio 299.)

QUERCAMPS.

En 1207 on écrivait le nom de ce village *Kercamp*, puis on le trouve écrit *Quiercamp*, *Quiescamp*, *Kerscamp*, *Querscamp* et, en dernier lieu, *Quercamp*.

Avant la Révolution, ce village n'avait pas d'église et dépendait de Mentque.

Il fut érigé en commune après 89, ses habitants se sont construit une église, qui fut annexée d'abord à celle de Bouvelinghem et aujourd'hui est une église paroissiale.

Anselme de Crézekes donna, en 1204 à l'abbaye de Saint-Augustin de Térouanne quatorze mesures de terre sur Quercamp. Ce domaine relevait du comte d'Artois en 1239, ainsi que le hameau de la Wattines, alors nommé *Wattenes* et *Wartenes*, qui avait titre de sénéchaussée.

REMILLY-WIRQUIN.

Dès le VII° siècle, ce lieu est connu sous le nom de *Rumiliacum* et *Rumliacum*.

Au reste, la finale *y* d'aujourd'hui indique la terminaison première en *iac*, dont *iacum* est simplement un arrangement latin, *ac* étant évidemment gaulois. Dans le pouillé de Térouanne on lit *Rumilly*, et *Remilly* dans celui de Boulogne : *Remilly et Wilquin et Houve*.

Ce village était du bailliage de Saint-Omer. La paroisse fut d'abord du doyenné d'Hellefaut, puis de celui de Bléquin.

Un noble, du nom d'Eodbert, dit M. Harbaville, vendit ce beau village à Rigobert, abbé de Saint-Bertin. L'abbaye y établit un prieuré qui, au XIV° siècle, était soumis à la règle de Cluny. L'acte dont il est ici question se trouve dans le grand cartulaire de Saint-Bertin.

Le *Rumiliacum* qui s'y voit mentionné est attribué par M. Guérard à *Rombly*, mais nous pensons, avec M. Harbaville comme avec M. de Laplane (abbés de Saint-Bertin, tome Ier), qu'il s'agit ici de Remilly.

SENINGHEM.

Voici un vieux village à nom saxon, qui s'appela d'abord *Seningahem*, forme complète et primitive, *Sinningahem*, puis *Sinninguehem*, commencement d'altération, *Sinninghem*, *Senigehem*, *Seninghem*. On a même altéré ce nom dans le XIII° siècle en écrivant *Selingueham* et *Sellingueham*.

Avant la Révolution Seninghem faisait partie du doyenné d'Alquines.

Ce domaine fut compris dans la donation de Gontbert à Saint-Bertin en 827.

Seninghem résista, en 1320, aux bourgeois de Saint-Omer, qui finirent par marcher en armes contre ce village et y exercèrent *le droit d'arsin*. En 1595, les Français s'emparèrent du château. Ce bourg avait titre de comté : il s'y tenait, le jour de Saint-Denis, un marché considérable.

La terre de Seninghem appartenait à Philippe de Croï en 1475, et, en 1789, au comte de la Tour Saint-Quentin.

Le hameau de *Waterdale* était, en 1240, une sénéchaussée relevant du comte d'Artois.

SETQUES.

Dans le VI° siècle on appelait ce village *Sethiacum*, latinisation de *Sethiac*.

Au VIII° siècle nous trouvons *Sethiaco super fluvium Agniona* (sur l'Aa).

Au IX° on disait *Sethliaco* ; au XIV° siècle *Setheka* et *Seteque*.

Enfin, au XV° siècle, on disait déjà *Setque*, en 1449.

Ce village était du bailliage de Saint-Omer.

Sethiaco et ses dépendances, dit M. Harbaville, furent cédés en 722 à Erkembod, évêque de Térouanne, par Rigobert, abbé de St-Bertin.

SURQUES.

Surches était le nom de ce lieu en 1084. On l'appelait aussi

Surlces et *Surlcas* (*Surkes* et *Surkas*), et plus tard *Surdches*, *Surkes*, et en dernier lieu (XIII° siècle) *Surques*.

Ce village, dit M. Courtois, avait Escœuilles pour annexe et faisait partie du doyenné d'Alquines. C'était un fief du comté de Guînes, et l'une des 19 paroisses du gouvernement d'Ardres.

Hugues de *Surches* fut témoin de la donation faite par Baudoin de Guînes à l'abbaye d'Andres en 1085.

Nous extrayons des archives de Licques les renseignements suivants :

Février 1223. — Charte d'Adam, évêque de Térouanne, confirmative de la donation d'un lot de terres située à Surques donné aux religieux de Licques. Archives de Licques.

Février 1247. — Charte latine en parchemin d'Enguerrand Goel de Surques, chevalier, par laquelle il confirme le don que Matthieu Gargate, son homme, a fait à l'abbaye de Licques de deux bustiaux de froment et les droits de justice de la terre. Ibidem.

Octobre 1265.- Charte d'Enguerrand, official de Térouanne, portant confirmation du don fait à l'abbaye de Licques par Enguerrand Goheams, chevalier, seigneur de Surques de toute la dîme qu'il avait ès-paroisses de Rebergues et Surques.

Septembre 1285. — Charte en parchemin par laquelle Enguerrand dit *Ghoians*, seigneur de Surques donne à l'abbaye de Licques du consentement de Clémence, sa femme, d'Enguerran leur fils aîné, et d'Arnoul, comte de Guînes, son seigneur, toute la dîme qu'il avait ès-paroisses de Roberghes et de Surques, à charge de son anniversaire et de celui de sa femme après leur décès et d'une messe du Saint-Esprit à célébrer tous les ans pendant leur vie : à tout quoi l'abbé et couvent se sont obligés. (Archives de Licques.)

Ce qui suit concerne encore le même village et est extrait de Collet.

Village situé à trois lieues un quinzième sud-sud-ouest d'Ardres, et à trois lieues quatre quinzièmes sud-sud-est de Guînes, dans une vallée très boisée et un peu aquatique. Il y avait une baronie et une pairie de la dépendance de l'ancien comté de

Guînes ; la baronie était au lieu nommé Val-en-Surques, et la pairie auprès de l'église. On y remarquait un château-fort entouré d'eau, monument de la féodalité, dont il reste encore trois tours, qui servait, avec l'église également fortifiée, de refuge aux habitants en temps de guerre.

En 1645, le 3 mars, le duc d'Orléans, commandant l'armée de Flandre, a établi son quartier général en ce village.

De 1650 à 1653, le territoire de Surques n'a pu être cultivé ayant toujours été occupé par différentes armées, entre autres par celles des maréchaux d'Aumont, de Gassion, de Turenne et du comte d'Harcourt.

Surques a éprouvé de semblables désastres lors du siège d'Aire par Marlborough en 1710.

Ce village fit partie du canton de Seninghen depuis 1790 jusqu'en 1801 qu'il fut réuni à celui de Lumbres. (*Collet*, p. 245.)

VAUDRINGHEM

Ce village a pour véritable nom primitif, d'origine saxonne : *Vualdringhem*. C'est un des noms qu'il est le plus facile de décomposer : *Walder inga hem, habitation des enfants de Walder*.

Plus tard on a défiguré, comme partout, le nom primitif, et on a dit : *Waldringhem, Watringhem, Waudringhem, Vuaudringhem, Vaudringhem*.

Ce village, dont la seigneurie relevait de Seninghem, faisait partie du bailliage de Saint-Omer.

L'église était annexée à la cure de Nielles-les-Bléquin, sous l'ancien diocèse de Boulogne ; elle en fut détachée en 1820, et obtint en même temps le titre de succursale. Les habitants supportèrent à cette même époque les frais de la reconstruction du chœur de l'église, qui n'a qu'une nef de 65 pieds de long et 30 de large. Le clocher a 60 pieds environ de hauteur.

Jean de Vaudringhem, chevalier seigneur dudit lieu et de Nielles, Bailly de Saint-Omer en 1308, selon les registres de la ville. Il descendait de ce fameux Eustache de Vaudringhem, fils d'Arnoud qui florissait en 1214. (Deneuville, tit. 14, f° 278).

1261. — Les religieux de Saint-André au-Bois acquirent d'Enguerrand de Vaudringhem 12 mesures de terre qu'il possédait à Thiembronne. *(Chronique manuscrite de Saint-André-au-Bois, par Antoine Boubert, 36ᵉ abbé de ce monastère).*

WAVRANS

Ce lieu s'appelait dans le Xᵉ siècle *Wavrantis villa*. Dans le Pouillé de Térouanne il est nommé *Wavrants* et ailleurs *Wavrans* comme aujourd'hui, dès le XIIIᵉ siècle.

Wavrans était dans le bailliage de Saint-Omer et relevait de Fauquembergues. Il fit partie du doyenné d'Hellefaut, puis de celui de Blequin.

C'est à Wavrans que mourut saint Omer, le grand apôtre des Morins. Aussi a-t-on quelquefois appelé ce village *Wavrans-Saint-Omer*. On désigne encore la maison où le saint Evêque rendit le dernier soupir, et le lit sur lequel il mourut fut longtemps conservé comme une relique pieuse, souvenir bien naturel pour tant de bienfaits.

Les historiens ne sont pas d'accord sur l'année de la mort de saint Omer. Il se trouvait à Wavrans quand il fut atteint d'une fièvre qu'il pressentit devoir en peu de temps le mener au tombeau. Il se fit alors conduire à l'église, où il célébra à l'ordinaire les saints mystères et distribua lui-même aux assistants la communion du corps et du sang du Sauveur. Puis il les bénit tous pour la dernière fois et leur adressa pendant quelque temps des paroles pleines d'onction et de charité. « Mes chers enfants, leur disait-il, vous qui m'avez fait éprouver des douleurs si vives pour vous enfanter à Jésus-Christ, vous voyez le pasteur, indigne de porter ce titre auguste, à qui vous avez été confiés, sur le point d'entrer dans la voie de ses pères. J'ai eu à gouverner un vaste diocèse ; il n'en est aucune partie que je n'aie visitée, il n'est aucun coin du pays des Morins que je n'aie tenté de défricher. Plût à Dieu que mes exhortations eussent été plus efficaces et que les fruits en eussent été plus abondants, que la foi et les vertus que la religion nous prescrit eussent jeté dans ce pays de profondes racines ! J'ai au moins la consolation d'avoir consacré plusieurs temples au culte du vrai Dieu, d'en avoir abattu dans des lieux où l'on adorait des idoles, d'avoir élevé plusieurs monastères et de les avoir peuplés de pieux cénobites qui les rendent comme autant de forteresses que toutes les attaques du démon ne pourront renverser. Ce sont les œuvres du Tout-Puissant. Vous qui avez été les témoins de toutes ces bénédictions du Ciel, si vous désirez me marquer votre reconnaissance, tenez une conduite digne de la religion que vous professez, suppléez à ce que je n'ai pu faire. J'ai semé, j'ai planté, que vos bonnes œuvres fassent connaître à la postérité que le Seigneur a béni mes travaux. Que l'esprit qui anime cette Eglise naissante ne se corrompe jamais. Je vous embrasse tous dans le sein de Jésus-Christ. La miséricorde du Seigneur est sans bornes; puisse-t-il m'accorder la grâce de vous voir tous heureux dans l'éternité! » Alors il retourna dans sa maison, se mit sur son lit, et la fièvre s'empara de lui avec plus de violence; mais son visage ne perdait point sa sérénité et sa gravité accoutumée. Peu après il rendit son âme à Dieu dans ce calme qui est l'annonce du bonheur réservé aux amis du Seigneur. On connut le moment de sa mort à l'odeur suave que son corps commença d'exhaler. Saint Bertin et ses religieux vinrent prendre le corps du saint apôtre et le conduisirent en grande pompe à l'église de Sithiu sur la montagne, où ils l'inhumèrent. Un grand nombre de miracles s'opérèrent à son tombeau et firent connaître que le crédit dont le saint avait joui auprès du Seigneur pendant sa sa vie n'avait fait qu'augmenter après sa mort.

(Légendaire de la Morinie, pp. 269 et 270).

VVavrans, dit le P. Ignace, est du diocèse de Boulogne. La

cure est à la nomination de l'évêque d'Ypres, et Conteville est son secours. La seigneurie de Conteville appartient à Lejosne de la Ferté à Arras. *(Recueils*, t. IV, f° 32),

---

WESTBÉCOURT

Lambert d'Ardres désigne ce lieu sous le nom de *Bochout juxta aquinum*. Dans le terrier de Tournehem on l'appelle : *la terre et seigneurie de Westboucoud, en laquelle il a justice et seigneurie vicomtière, court, bailly et hommes cottiers par lesquels il fait exercer sa dite justice*. On l'a appelé plus tard *Wesbeaucourt* et *West-Bécourt*.

Ce village, du bailliage de Saint-Omer, était l'annexe de Bouvelinghem, du doyenné d'Alquines. Il est encore aujourd'hui l'annexe de Bouvelinghem.

West-Bécourt rappelle *Nort*-Bécourt : c'est une désignation en rapport avec la situation. Cela est d'autant plus remarquable que le nom ancien de Norbécourt est *Boucout* et *Bochoud* ou *Buchout*, exactement comme le nom ancien de Westbécourt. On a donc voulu dire tout simplement : *Bochout de l'ouest* et *Bochout du Nord*.

WISMES.

Wismes s'est appelé *Wima* en 1168, *Wyma*, *Wimes* et *Wismes* un peu plus tard.

Wismes, dit M. Courtois, est passé de la régale de Térouanne dans le bailliage de Saint-Omer, et du doyenné d'Hellefaut dans celui de Bléquin. En patois, ce nom se prononce *Wême*.

La renommée de Wismes repose toute entière sur St-Maxime. Nous avons donné sur la question historique et liturgique concernant ce saint, un mémoire développé dans le volume de l'Académie d'Arras qui est sous presse. Ici nous ne pouvons que l'analyser. Voici donc les faits exacts, débarrassés des légendes et dires du P Malbrancq.

Le 12 septembre 954, l'évêque de Térouanne, Wicfrid, trouva dans le village de Wismes, où il était mort, les reliques d'un saint apôtre du pays, que la tradition connaissait sous le nom de Saint-Maxime.

Il leva de terre ces ossements vénérés, les plaça dans sa cathédrale, composa en l'honneur du saint une série d'Hymnes et de poésies que nous avons retrouvées dans le Bréviaire de Térouanne de 1507, et que nous publions dans le volume cité plus haut. Cette liturgie très curieuse avait laissé des traces dans l'ancien propre de Boulogne. Elle a complètement disparu dans le Bréviaire de Saint-Omer.

Saint Maxime, honoré à Térouanne, puis à Arras, est-il le grand Saint Maxime de Riez du Ve siècle ? — On va voir qu'il faut répondre à cette première question : *Non*.

Saint Maxime, honoré à Arras, est-il le même que S. Maxime honoré à Reggio. — *Non*.

Quel est donc le Saint Maxime que nous honorons ici, et comment y a-t-il eu erreur sur la personne ?

1° Ce n'est pas Saint Maxime de Riez du Ve siècle.

En effet, la légende de Térouanne fait passer son saint Maxime à Luxeuil ; or, Luxeuil n'a été fondé que plus tard par Saint Colomban.

On dit que notre Saint Maxime est mort à Wismes ; or, le grand Saint Maxime est mort à Riez ; on suit l'histoire détaillée de toutes ses reliques ; son panégyrique est écrit par Fauste, son successeur.

Nous avons d'autre part, l'histoire de toutes les reliques de notre Saint Maxime, dont les ossements furent pieusement partagés entre les trois églises de Boulogne, de Saint-Omer et d'Ypres. Ce n'est donc pas la même personne évidemment.

2° Le Saint Maxime de Reggio est dans les mêmes conditions. On a aussi ses reliques et son histoire, et l'identité avec le nôtre est impossible.

3° Quel est donc notre saint Maxime ?

Nous avons cherché, scruté, pris des renseignements en Provence et en Italie, et voici ce que, d'accord avec les érudits de ces pays-là, intéressés comme nous à savoir la vérité, ce que, dis-je, nous croyons être la vérité.

Il y a eu, au VII° siècle, un second Maxime, qui fut, comme le premier, abbé de Lérins, puis évêque de Riez. Ce saint homme, dans le désir de mieux vaquer aux affaires de son salut, prit la fuite avec deux compagnons. Dans ces conditions nouvelles, la légende de Térouanne a raison de dire que saint Maxime fut reçu d'abord à Luxeuil : car alors Luxeuil existait.

S'ils ont ensuite traversé la Germanie et s'ils sont venus peu à peu par cette route jusques dans la Germanie inférieure, et finalement à Térouanne, c'est que cette route était fort connue au VII° siècle : elle s'appelait *la Voie des Saints*. Cet itinéraire annonce même quelle était leur intention ultérieure : passer la mer dite *fretum gallicum* et aller dans la Bretagne, l'Angleterre d'aujourd'hui, l'Ile des Saints.

Ils s'arrêtent à Wismes à la suite d'une vision céleste, et ils exercent là leur zèle de missionnaire, au moment même où Saint-Omer faisait les plus grands efforts pour arracher au paganisme le sol des Morins.

Maxime travaille, lui aussi, avec succès, à cette œuvre capitale, et son souvenir reste dans le cœur reconnaissant des populations.

Voilà ce que nous avons établi dans le Mémoire précité. Déjà l'historien Ph. Luto, avec sa sagacité bien connue, avait pressenti cette manière exacte de rétablir les faits.

Wismes eut toujours une assez grande célébrité, due à Saint Maxime, qui y séjourna plus de huit ans et y mourut. Aussi ce village a-t-il une des belles églises de la contrée.

Cette église a été décrite avec soin et publiée par notre regretté collègue feu M. le président Quenson, avec belles planches, dans le second volume de la statistique monumentale du Pas-de-Calais. Nous renvoyons nos lecteurs à ce beau travail.

Robert de Montmorency, chevalier, seigneur de Wismes et Liencourt, était fils de Philippe de Montmorency, premier du nom, et de Marie de Hornes, dame de Montmorency en Ostrevent, de Farbus, de Vimy, etc. Il fut pourvu de l'état et office de capitaine et bailly de Saint-Omer au lieu et place de Jacques de Ricourt, baron de Licques par lettres patentes de l'empereur Charles V, données à Arras le 29 novembre 1545.

Robert de Montmorency mourut en 1554 sans laisser d'enfants. Il portait pour armoiries d'or à la croix de gueule cantonné de seize ailerons d'azur. (*Deneuville*, t. III, folio 287 verso.)

Wismes, dit le P. Ignace, est du bailliage de Saint-Omer, diocèse de Boulogne. L'avocat Mailliard ajoute à cette paroisse les hameaux de Sal-Wik et Cante-Merle.

Wismes à titre de baronie, il est du doyenné de Bléquin. La cure est à la nomination du chapitre de la cathédrale. St-Pierre est secours. La seigneurie appartient à Bloquel d'Arras, originaire de Lille. Il en porte le nom. (*Recueils*, t. IV, folio 84.)

WISQUES.

Au VIIe siècle, ce lieu s'appelait *Wiciaco*. On le trouve écrit *Wiske*, *Wisque*, *Wiscum*; plus tard *Wisceka* et *Wisseke*, et enfin *Wisque*.

Le château de Wisque, flanqué de tourelles, existe encore. Au spirituel, cette commune qui était dans la banlieue de Saint-Omer, est l'annexe d'Hallines.

Une section de ce petit village s'appelle *le Bourg*.

ZUDAUSQUES.

Zudausques est en relation avec Nordausques, comme Westbécourt avec Nortbécourt.

Le nom vrai et ancien est *Elciac, Elciaco, Alcio villa*. Le nom *Ausque* seul se trouve encore au XIVe siècle.

Compris dans le bailliage de Saint-Omer, ce village, au spirituel, était l'annexe de Cormettes, aujourd'hui sa dépendance.

Noircarmes est une autre dépendance de Zudausques. Ce nom qui s'écrivait et s'écrivit longtemps *Nortkelmes, Nortquelmes*, s'explique par la situation du hameau au nord Quelmes, comme on l'a déjà vu.

L'Abbé E. VAN DRIVAL.

ERRATA

PAGE		AU LIEU DE	LISEZ
111	note (3).	Arrières-Fiefs:	*Arrière-Fiefs*.
115	7ᵉ ligne.	F° 139.	*F° 147*.
115	9ᵉ ligne.	Averchout.	*Averchoud*.
125	6ᵉ ligne.	Une.	*Un*.
136	21ᵉ ligne.	La Canroio	*La Carnoïe*
142	9ᵉ ligne	Fauquemberghe	*Faucquemberghe*
151	dernière ligne.	786	1786
155	10ᵉ ligne (après la)	Ajouter	Variété : la croix est cantonnée aux 1ᵉʳ et 4ᵉ quartiers
155	14ᵉ ligne	Au lieu de : DN.	Lisez : DE.
155	17ᵉ ligne (après la)	Ajouter	Variété : mêmes types avec DN. au lieu de DE.
155	29ᵉ ligne	Au lieu de : Sause	Lisez : Sanse
158	19ᵉ ligne.	XVᵉ siècle	*XVᵉ et XVIᵉ siècles*

TABLE

DES NOTICES CONTENUES DANS CE VOLUME

Canton Nord de St-Omer, par M. Deschamps de Pas . . . . . . 1 à 47

    Notices sur Clairmarais, Houlle, Moringhem, Moulle, Saint-Martin-au-Laert, Salpervick, Serques, Tilques.

Canton Sud de St-Omer, par M. Deschamps de Pas. . . . . . . 49 à 107

    Notices sur Arques, Blandecques, Campagnes-les-Wardrecques, Helfaut, Longuenesse, Tatinghem, Wizernes.

Canton de Fauquembergue, par M. Félix le Sergeant de Monnecove. 109 à 194

    Notices sur Audincthun, *Wandonne*, Avroult, Beaumetz lez-Aire, Bomy, *Greuppe, Pétigny*, Coyecques, *Capelle sur la Lys, Ponches*, Dennebreucq, *Glein*, Enguinegatte, Enquin, *la Carnoie*, Fléchinelle, *Serny*, Erny-St-Julien, Fauquembergue, *le Hamel*, Febvin-Palfart, *le Courouge, Honinghem, Livossart, Pippemont*, Fléchin, *Boncourt, Cuhem*, Laires, Merck-Saint-Liévin, *Piquendal, Warnecque*, Reclinghem, *Lillette, Malfiance*, la *Riotte*, Renty, *Assonval, Rimeux*, le *Valtencheux*, Saint-Martin-d'Hardinghem, le *Bout de la Ville, Heroare, Willametz*, Thiembronne, *Cloquant, Drionville, Ecuire*, le Val-Restaut.

Canton de Lumbres, par M. le chanoine Van Drival. . . . . . . 195 à 227

    Notices sur Acquin, Affringues, Alquines, Bayenghem-les-Seninghem, Bléquin, Boisdinghem, Bouvelinghem, Cléty, Coulomby, Delettes, Dohem, Elnes, Escœuilles, Esquerdes, Hallines, Haut-Loquin, Ledinghem, Leulinghem, Lumbres, Nielles-lez-Bléquin, Ouvre-Wirquin, Pihem, Quelmes, Quercamps, Remilly-Wirquin, Seninghem, Setques, Surques, Vaudringhem, Wavrans, Westbécourt, Wismes, Wisques, Zudausques.

    Errata. 228

Arras. — Imp. Sueur-Charruey, Petite-Place 20 et 22.

www.ingramcontent.com/pod-product-compliance
Lightning Source LLC
Chambersburg PA
CBHW071950160426
43198CB00011B/1628